融合型·新形态教材
复旦学前云平台 fudanxueqian.com

婴幼儿托育·早期教育系列教材

U0710709

婴幼儿家庭教育指导

主　编　翁治清

副主编　邹　莹　熊凤英　刘　思

编　者　黎秀云　李　婷　张　俞

　　　　刘世云　赵　丹　龙　凤

复旦大學出版社

内容简介

教材旨在让学生对婴幼儿家庭教育指导有一个全景似的理解。从婴幼儿家庭教育指导的概念、作用、目的、任务、原则和方法着笔(模块一),逐步介绍我国婴幼儿家庭教育的现状(模块二)、不同阶段的婴幼儿家庭教育指导(模块三)、特殊婴幼儿的家庭教育指导(模块四)、婴幼儿情商的家庭教育指导(模块五)、婴幼儿创造的家庭教育指导(模块六)、婴幼儿素质的家庭教育指导(模块七)、家长与婴幼儿沟通的家庭教育指导(模块八)和家、园、社区合作共育(模块九)。充分了解婴幼儿家庭教育指导理论之后,呈现大量的案例,进入项目实践,通过实践教学,帮助学生掌握婴幼儿家庭教育指导技能,懂得如何开展婴幼儿家庭教育指导活动。

本教材力求做到理论与实践相结合、指导与评价相结合,对婴幼儿托育服务与管理从业人员的培育具有理论的引领性和实践的指导性,为提升婴幼儿托育服务与管理从业人员的教育指导能力,促进其全面发展提供有价值的理论支持和可借鉴的实践经验。

本教材可作为婴幼儿托育服务与管理专业、早期教育专业和学前教育专业学生的教材,也可作为托育机构、早教机构、幼儿园等从业人员的培训教材,还可供婴幼儿保育和早期教育等研究者以及婴幼儿家长参考使用。

本书配有课件、教案等教学资源,可登录复旦学前云平台免费获取(www.fudanxueqian.com),课后习题可扫码在线练习。

复旦学前云平台
数字化教学支持说明

为提高教学服务水平，促进课程立体化建设，复旦大学出版社学前教育分社建设了"复旦学前云平台"，为师生提供丰富的课程配套资源，可通过"电脑端"和"手机端"查看、获取。

【电脑端】

电脑端资源包括 PPT 课件、电子教案、习题答案、课程大纲、音频、视频等内容。可登录"复旦学前云平台"www.fudanxueqian.com 浏览、下载。

Step 1 登录网站"复旦学前云平台"www.fudanxueqian.com，点击右上角"登录 / 注册"，使用手机号注册。

Step 2 在"搜索"栏输入相关书名，找到该书，点击进入。

Step 3 点击【配套资源】中的"下载"（首次使用需输入教师信息），即可下载。音频、视频内容可通过搜索该书【视听包】在线浏览。

📱【手机端】

PPT 课件、音视频、阅读材料：用微信扫描书中二维码即可浏览。

扫码浏览 ➡️

📖【更多相关资源】

更多资源，如专家文章、活动设计案例、绘本阅读、环境创设、图书信息等，可关注"幼师宝"微信公众号，搜索、查阅。

平台技术支持热线：029-68518879。

"幼师宝"微信公众号

✏️【本书配套资源说明】

1. 刮开书后封底二维码的遮盖涂层。

2. 使用手机微信扫描二维码，根据提示注册登录后，完成本书配套在线资源激活。

3. 本书配套的资源可以在手机端使用，也可以在电脑端用刮码激活时绑定的手机号登录使用。

4. 如您的身份是教师，需要对学生使用本书的配套资料情况进行后台数据查看、监督学生学习情况，我们提供配套教师端服务，有需要的老师请登录复旦学前云平台官方网址：www.fudanxueqian.com，进入"教师监控端申请入口"提交相关资料后申请开通。

前　言

　　中共中央政治局2021年5月31日召开会议，审议《关于优化生育政策促进人口长期均衡发展的决定》，提出实施一对夫妻可以生育三个孩子的政策及配套支持措施。为解决日益突出的婴幼儿托育服务供需矛盾，国家陆续出台了一系列指导托育行业发展的纲要与政策，意在构建公共托育服务的社会支持体系。在政策的支持下，我国托育市场迎来了全新的发展空间。同时，也应看到，托育服务发展的前提和保障是数量充足的托育专业人才。

　　2019年5月国务院办公厅印发的《关于促进3岁以下婴幼儿照护服务发展的指导意见》(以下简称《指导意见》)中提出："发展婴幼儿照护服务的重点是为家庭提供科学养育指导，并对确有照护困难的家庭或婴幼儿提供必要的服务。""加强对家庭的婴幼儿早期发展指导，通过入户指导、亲子活动、家长课堂等方式，利用互联网等信息化手段，为家长及婴幼儿照护者提供婴幼儿早期发展指导服务，增强家庭的科学育儿能力。"然而长期以来，师范院校本科和专科学前教育专业的人才培养目标定位是为幼儿园培养师资，所用教材较少涉及婴幼儿照护内容，导致托育师资在整个师资培养体系中处于十分薄弱的地位。

　　"婴幼儿家庭教育指导"是婴幼儿托育服务与管理专业学生必修的专业课程。本教材旨在让学生对婴幼儿家庭教育指导有一个全景式的理解，从婴幼儿家庭教育指导的概念、作用、目的、任务、特点、原则和方法开始着笔(模块一)，逐步介绍我国婴幼儿家庭教育的现状(模块二)、不同阶段的婴幼儿家庭教育指导(模块三)、特殊婴幼儿的家庭教育指导(模块四)、婴幼儿情商的家庭教育指导(模块五)、婴幼儿创造的家庭教育指导(模块六)、婴幼儿素质的家庭教育指导(模块七)、家长与婴幼儿沟通的家庭教育指导(模块八)和家、园、社区合作共育(模块九)。在体例设计上,本教材先梳理婴幼儿家庭教育指导理论,再呈现大量的案例,然后引导学生进入项目实践,即通过实践教学帮助学生掌握婴幼儿家庭教育指导技能,懂得如何开展婴幼儿家庭教育指导活动。

本教材力求做到理论与实践相结合、指导与评价相结合,对婴幼儿托育服务与管理从业人员的培育具有理论的引领性和实践的指导性,以为提升婴幼儿托育服务与管理从业人员的教育指导能力,促进婴幼儿托育服务与管理从业人员的全面发展提供有价值的理论支持和可借鉴的实践经验。

本教材既可作为婴幼儿托育服务与管理专业、早期教育专业和学前教育专业学生的教材,也可作为托育机构、早教机构、幼儿园等从业人员的培训教材,还可供婴幼儿保育和早期教育等研究者以及婴幼儿家长参考。

为了更好地使学生掌握婴幼儿家庭教育指导的理论知识和实践操作技能,本教材基于工作过程,将教学内容模块化。每一个模块分解为若干任务,每一个任务从具体案例导入,启发学生针对案例中的现象或出现的问题进行思考,寻找解决问题的方法或途径;再由此引入婴幼儿家庭教育指导的相关理论,给出更多的案例或创设情境,引导学生模拟场景,并用理论来分析和解决问题。每一个模块的结尾,均设有围绕该模块内容的同步实训和教学做一体化训练,并根据具体的评价标准对学生进行全面的评价和检测。本教材尽量融入鲜活的案例(贴近现实生活的热点问题和社会现象),并涵盖了实践运用,教材结构脉络清晰,理论与实践相结合,保障学习者既能掌握婴幼儿家庭教育指导的相关理论,又能掌握相关的专业技能。

本教材采用**活页式的**方式,源于职业典型工作任务,基于校企合作双元、工学结合一体人才培养模式,服务于企业用人需求,满足学习者职业生涯发展需求,帮助学生学会如何工作。在内容选择方面,可按照工作过程的内容和学生自主学习的要求调整教学设计与教学活动,实现理论教学与实践教学融通合一、能力培养与工作岗位对接合一、实习实训与顶岗工作学做合一。本教材的主要的特色如下。

(1) **在教材功能方面**,除了一般教材具有的思想品德教育功能外,本教材还突出了职业引导功能。通过教材使学生了解职业、热爱职业岗位,帮助学生树立正确的价值观、择业观,培养良好的职业道德和职业意识。不仅传授知识,而且突出技能和能力的培养,真正做到把课程思政融入教材和教学中。

(2) **在教材内容的遴选、取舍方面**,本教材突出教学内容的实用性和实践性,坚持以职业能力为本位,以应用为目的,以必需、够用为度。以高度概括的婴幼儿家庭教育指导工作任务为载体来组织课程内容,形成以工作任务为中心、以实践操作为主线、以理论知识为背景的课程内容结构,实现了课程内容由学科结构向工作结构的转变,满足职业岗位的需要,与相应的职业资格标准或行业技术等级标准接轨。

（3）**在教材内容的组织结构方面**,本教材按照"以全面素质为基础""以职业能力为本位"的教学理念,以职业活动内容为情境,符合学生的认知规律和技能养成规律;遵循劳动过程的系统化,符合工作过程逻辑;坚持以应用为主线,不强调理论知识的系统性、完整性,不追求教材的学科结构与严密的逻辑体系,以适应课程的综合化和模块化的需要。

为此,本教材设计了一系列职业活动情境,将学生置于职场中,由"以学科为中心""以知识为本位"的传统学科教育的教学理念和"教师讲,学生听"的被动行为,逐步向"以就业为导向""以能力为本位"的职业教育需要和向学生的主动探索行为（完成某项活动）转变。在工作过程中可以完成"资讯、决策、计划、实施、检查、评价"的学习过程,同时在职业氛围中鲜活地实现了职业教育的育人功能。

（4）**在教材内容的表达、呈现方面**,本教材采用活页式教材方式,可根据教学需要调整或替换教学内容;图文并茂;配有音频、视频,可直接扫码观看;实用性较强,融视、听、赏、学为一体,将幼儿园工作过程清晰、直观地呈现给学生,便于他们的学习和实践。

（5）**在教材编写队伍的组成方面**,本教材以职业技能证书为参照,联合国内高职院校和行业、企业专家,组成课程开发小组,科学概括职业典型工作任务,根据职业成长规律,确立学习情境素材并进行教材设计和编写,使学习目标具体、明确、系统,学习内容先进、取舍合理、结构清晰、层次分明。在方便学生职业技能养成的同时,兼顾了学生获取相应职业资格证书的需要。

本教材由常州纺织服装职业技术学院翁治清担任主编并进行全书的大纲拟订和统稿工作,常州纺织服装职业技术学院邹莹、贵州电子商务职业技术学院熊凤英、常州纺织服装职业技术学院刘思担任副主编并协助主编统稿,其他参编人员有宁波卫生职业技术学院黎秀云和赵丹、贵州电子商务职业技术学院刘世云、安康职业技术学院李婷、上海星优儿宝贝学能启发中心张俞、常州红黄蓝教育集团龙凤。各模块编写分工如下:模块一由翁治清编写,模块二由刘世云编写,模块三由邹莹编写,模块四由李婷编写,模块五由黎秀云和翁治清编写,模块六由赵丹编写,模块七由张俞编写,模块八由熊凤英编写,模块九由龙凤编写,全书插图由刘思绘画。

　　本教材在编写过程中,参考了许多同类教材和文章,并深受启迪,在此,对这些文献的作者表示诚挚的谢意。本书虽然经过了全体编写人员的多次修订和改正,但仍可能有疏漏和不当之处,希望能够得到读者的批评与指正,以便于我们不断地修订与完善。

编者

2023 年 5 月

目　录

模块一　走近婴幼儿家庭教育　001

　　任务一　了解婴幼儿家庭教育的概念、作用　002
　　任务二　领会婴幼儿家庭教育的目的、任务　011
　　任务三　知晓婴幼儿家庭教育的特点、原则　017
　　任务四　掌握婴幼儿家庭教育的方法　023

模块二　我国婴幼儿家庭教育的现状　033

　　任务一　了解我国婴幼儿家庭教育的传统特点　034
　　任务二　领会影响我国婴幼儿家庭教育的主要因素　037
　　任务三　知晓我国婴幼儿家庭教育的现状和发展趋势　045

模块三　不同阶段的婴幼儿家庭教育指导　050

　　任务一　掌握对 0～12 个月婴儿的家庭教育指导　051
　　任务二　掌握对 13～24 个月幼儿的家庭教育指导　060
　　任务三　掌握对 25～36 个月幼儿的家庭教育指导　069
　　任务四　掌握对 3～6 岁幼儿的家庭教育指导　077

模块四　特殊婴幼儿的家庭教育指导　088

任务一　掌握对单亲家庭婴幼儿的家庭教育指导　089
任务二　掌握对留守儿童的家庭教育指导　093
任务三　掌握对隔代抚养婴幼儿的家庭教育指导　098

模块五　婴幼儿情商的家庭教育指导　104

任务一　了解婴幼儿情商教育的意义　105
任务二　知晓婴幼儿情商教育的任务　106
任务三　掌握婴幼儿情商教育的方法　110
任务四　开展婴幼儿情商教育的指导活动　113

模块六　婴幼儿创造的家庭教育指导　120

任务一　了解婴幼儿创造教育的意义　121
任务二　知晓婴幼儿创造教育的任务　123
任务三　掌握婴幼儿创造教育的方法　127
任务四　开展婴幼儿创造教育的指导活动　133

模块七　婴幼儿素质的家庭教育指导　140

任务一　了解婴幼儿素质教育的意义　141
任务二　知晓婴幼儿素质教育的任务　144
任务三　掌握婴幼儿素质教育的方法　148
任务四　开展婴幼儿素质教育的指导活动　151

模块八　家长与婴幼儿沟通的家庭教育指导　160

任务一　了解家长与婴幼儿传统的沟通模式类型　161
任务二　知晓传统的家庭沟通模式的主要成因　163
任务三　掌握建立新型的家长与婴幼儿沟通模式的方法　166

模块九　家、园、社区合作共育　　173

　　任务一　了解家、园、社区合作共育的意义　　174

　　任务二　知晓家、园、社区合作共育的目标和内容　　179

　　任务三　掌握家、园、社区合作共育的原则和方法　　182

模块一
走近婴幼儿家庭教育

学习目标

- 识记：婴幼儿家庭教育的概念、作用。
- 领会：婴幼儿家庭教育的目的、任务。
- 理解：婴幼儿家庭教育的特点、原则。
- 应用：婴幼儿家庭教育的方法。

模块描述

本模块主要通过走近婴幼儿家庭教育,理解婴幼儿家庭教育的概念和作用,领会婴幼儿家庭教育的目的和任务,掌握婴幼儿家庭教育的特点、原则和方法。

思维导图

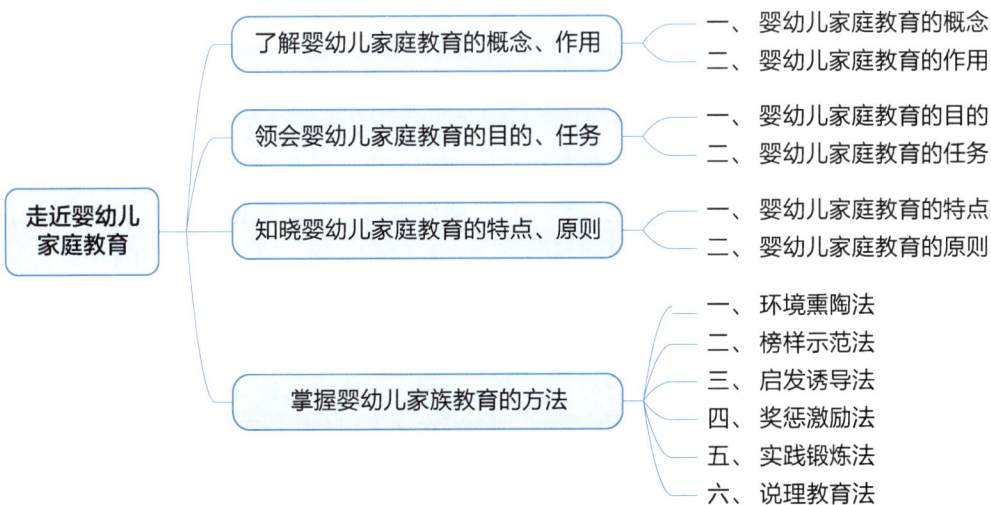

走近婴幼儿家庭教育

- 了解婴幼儿家庭教育的概念、作用
  - 一、婴幼儿家庭教育的概念
  - 二、婴幼儿家庭教育的作用
- 领会婴幼儿家庭教育的目的、任务
  - 一、婴幼儿家庭教育的目的
  - 二、婴幼儿家庭教育的任务
- 知晓婴幼儿家庭教育的特点、原则
  - 一、婴幼儿家庭教育的特点
  - 二、婴幼儿家庭教育的原则
- 掌握婴幼儿家族教育的方法
  - 一、环境熏陶法
  - 二、榜样示范法
  - 三、启发诱导法
  - 四、奖惩激励法
  - 五、实践锻炼法
  - 六、说理教育法

任务一　了解婴幼儿家庭教育的概念、作用

案例导入

儿子5岁时，有一天我陪他在一家书店看书，那家书店很好，允许读者自己挑选喜爱的书在店里阅读。儿子挑了一本他超级喜欢的《灌篮高手》动漫，我陪着他一起坐在书店里读。因书厚，儿子翻书的时候没有拿稳，书在手上滑了一下，"刺啦"一声，把一页撕开了一厘米左右的小口子。儿子惊住了，茫然地看着我。

案例思考

请问，如果你是孩子的家长，你会怎么做？

常言道，"家是孩子的第一所学校，父母是孩子的第一任老师"。

当孩子还在母亲体内时就受到母亲"体内环境"的直接影响。母亲的情绪是否愉悦、心境是否平静，直接影响着胎儿的健康。

孩子呱呱落地以后，一直生活在家庭中，最先熟悉的人是父母，接受父母的教育，从父母那儿学会了第一句话，学走了第一步路，懂得了第一个"为什么"。

无论是父母的政治态度、思想作风，抑或性格修养、爱好特长，都潜移默化地影响着孩子人生观、社会观和价值观的形成。

从某种意义上来说，"孩子是家庭最好的镜子"。孩子往往映照了其家庭。这面镜子是否光洁，直接体现出家庭的教育环境。

图1-1

在一部短片中，一对年轻的父母为了照顾孩子，在家里装了一个摄像头。有一天，他们1岁的孩子忽然大哭，为了了解情况，他们查看了监控视频。结果，他们看到了非常有趣的真相。原来，他们的孩子在独自玩耍时，不小心撞到桌子，跌坐在地上，当时，孩子并没有哭，反而爬起来朝妈妈所在的方向跑了过去。当他探头看到了妈妈时，立即倒在地上，号啕大哭起来。

几乎所有人看了这样的场景都哈哈大笑，但笑过之后，我们要思考孩子的行为背后在表达什么。

那么，什么是婴幼儿家庭教育？婴幼儿家庭教育有什么作用？

一、婴幼儿家庭教育的概念

婴幼儿家庭教育是人生整个教育的基础和起点,它开始于孩子出生之日(甚至可上溯到胎儿期),是"人之初"的教育,旨在孩子进入社会接受集体教育之前,保障孩子身心健康地发展,为接受幼儿园及学校的教育打好基础,在人的一生中起着奠基作用。它直接或间接地影响着一个人人生目标的实现,是对人的一生影响最深的一种教育。

什么是婴幼儿家庭教育?

根据《全国家庭教育指导大纲》和中外家庭教育工作者,尤其是婴幼儿教育工作者对"婴幼儿家庭教育"所做的界定,婴幼儿家庭教育有广义和狭义之分。

(一) 广义的婴幼儿家庭教育

广义的婴幼儿家庭教育就是家庭成员之间的相互影响和教育。在日常的家庭生活中,家庭成员中的父母或其他年长者会通过言传身教、生活方式、情感交流等方式,对婴幼儿施以一定教育影响。同时,他们也会受到婴幼儿的影响。

再回到"案例导入"所提到的案例,一起来看看这位妈妈是如何做的。

我当时想,裂口很小并不会被注意到,把书一合就掩盖过去了。但转念一想,觉得这正是一个教育孩子的好机会。

我问他:"我们现在怎么办?"

儿子还是有些不知所措。

我引导他:"你好像犯了一个错误哟,好好想想看,怎么解决它。"

我们讨论了一会儿,决定由儿子把这本书拿给收银台的店员,告诉店员事情的经过,请教店员他应该负什么责任。如果需要他把这本书买下来,我可以帮他付钱,但是之后他需要用做家务的方式来"偿还"这笔费用。

当时,儿子抱着那本书缓慢而笨拙地走到收银台前,告诉店员发生的事情,并将那道撕破的小口子展示给店员看。店员看了,微笑着点点头,温和地说:"只有一点点哦,没有关系的。"整个过程他自己完成,我则躲在一边准备着,一旦有突发状况就出来帮忙。当听到店员的话和看到儿子如释重负地松了一口气时,我也长长地松了一口气。

回家的路上,我问儿子:"你学到了什么?"他的小脸竟罕见地认真起来,说:"我

图 1-2

知道自己犯错了。虽然开始很害怕,但没想到我说了实话,然后被原谅了。"

我想,儿子经历的这件事情,对他是一次很重要的学习,于我,也是做母亲的再一次学习。

不论是父母对婴幼儿、婴幼儿对父母,还是长者对幼者、幼者对长者,一切有目的、有意识施加的家庭成员彼此相互影响终身的社会活动,都是广义的婴幼儿家庭教育,是全面促进家庭建设与发展的教育活动,是受社会各界共同作用和影响的。

(二) 狭义的婴幼儿家庭教育

狭义的婴幼儿家庭教育是在家庭生活中,由家长(首先是父母)对其婴幼儿实施的教育和施加的影响,即家长有意识地通过自己的言传身教和家庭生活实践,对婴幼儿施以一定的教育影响。这种教育主要发生在家庭生活中,既可以是自觉的、有意识的,也可以是不自觉的、无意识的,是促使婴幼儿生命品质成长,即生命个体增值的教育活动,是通过家庭内部进行交互作用和影响的。

狭义的婴幼儿家庭教育以亲子关系为中心,根据社会的发展需要,围绕德、智、体、美、劳等方面对婴幼儿实施教育。

✿ 案例

一位年轻妈妈带着小女孩坐飞机,妈妈因害怕孩子的哭闹会给其他乘客造成困扰,就事先准备了一张小卡片,并给每位乘客赠送了一副耳塞和两颗糖果。

礼物虽轻,但最动人的是卡片背面打印的那段话——

"您好! 我是来自宁波的温迪,我刚刚一岁半。这不是我第一次出门旅行了,可是独自带我的妈妈还是担心我的哭闹会打扰到您,因为飞机气压变化会让我感到很烦躁。在公共场合打扰别人的可不是好孩子,我会尽力保持安静的。这里有耳塞和小糖果,希望能减轻对您的打扰。温迪祝您旅途愉快哟。"

飞行全程,宝宝不哭不闹,也特别懂事,不仅没给乘客造成困扰,还带去了令人感动的温暖。

孩子是非常善于模仿的,好的家庭教育是以身作则,家长的修养就是孩子的教养。上面的案例中,年轻的妈妈无疑是用自己的言行给孩子作示范。

二、婴幼儿家庭教育的作用

家庭是婴幼儿生命的摇篮,是婴幼儿出生后感知世界的第一个场所,父母是婴幼儿接受熏染的开端,家庭是婴幼儿开始感知世界的起点,而此时家庭教育则是婴幼儿教育的起点和基础。由于婴幼儿对父母和家庭的依赖,父母对婴幼儿具有天然的权威性,因此,父母为婴幼儿制定的行为准则对于婴幼儿形成自己的世界观起着重要作用,对家庭的美满、幸福和社会的稳定、进步,也具有深远的意义。

家庭教育对婴幼儿的成长和发展的作用,主要表现在以下五个方面。

(一) 为婴幼儿机体的正常生长保驾护航

1. 出生前良好的胎教保障了胎儿的健康孕育和出生

婴幼儿家庭教育指导并非从婴幼儿出生后开始,而是在孕妈妈怀孕初期就开始了。

（1）保健和营养胎教：胎儿在孕育过程中有了味觉，孕妈妈所吃下的食物，会给胎儿留下深刻的"印象"，而这种"印象"会左右胎儿长大后对食物的选择和接受程度。如果孕妈妈懂得胎儿的保健，懂得如何避免对胎儿成长不利的因素，懂得注意摄取各种有益的营养，做到饮食简单合理，多吃蔬菜、水果、鱼和肉类，则可保障胎儿的正常发育，防止畸形和出生后挑食。

（2）音乐胎教：妊娠 30 周后，胎儿对外界声音，尤其是妈妈的声音和音乐有不同程度的应答反应。一听到音乐，胎儿心率就增加，胎儿听到不同节奏和旋律的音乐，心率也不一样，甚至胎动也不一样。

出生后，孩子听到妈妈的声音，会停止啼哭而安静下来。因此，从怀孕开始到分娩，孕妈妈应该多为胎儿唱歌，让胎儿感受到妈妈歌声的震动，使胎儿获得感情、感觉上的满足。

同时，好的胎教音乐能改善孕妈妈不良的情绪，产生美好的心境，并把这种信息传递给胎儿。孕妈妈可采用室内播放和耳机聆听的方式进行音乐胎教。增强胎儿的听觉识别能力，提升大脑功能水平，促进其感官发育。随着乐曲的播放，孕妈妈在欣赏时加入丰富的想象，在脑海中浮现各种美好事物，并通过神经系统将这

图 1-3

些信息传递给胎儿，让胎儿也能一同感受到音乐的魅力和美感。受过如此胎教的胎儿，出生长大后更可能是一个情绪稳定、乐观向上的人。

（3）运动胎教：怀孕后，孕妈妈可以经常做一些运动，从而间接地促进胎儿在腹中活动，促进胎儿肌肉的生长与大脑的健康发育。运动胎教的最佳时间段为怀孕的第 12 至第 16 周。

孕妇瑜伽可以让孕妈妈活动四肢，血液流通更加顺畅。适当的运动会让孕妈妈消耗掉一定的体力与能量，使食欲增加，摄入更多的营养物质，从而满足母体与胎儿对不断增加的营养的需求；能加速孕妈妈肠胃的活动，减少或避免发生便秘。孕妇瑜伽还能够增加孕妈妈身体各部位的肌肉力量，比如腰部、腹部等，这样能够调节盆腔充血情况，从而为生产做好准备，以便安全顺利地娩出胎儿。

（4）抚摩胎教：胎儿体表绝大部分细胞已具有接受信息的初步能力，通过触觉神经来感受体外的刺激，而且反应渐渐灵敏。父母通过抚摩的动作配合声音与子宫中的胎儿沟通信息，可以使胎儿产生安全感，并感到舒服和愉快。

抚摩胎教可以锻炼胎儿皮肤的触觉，并通过触觉神经感受体外的刺激，从而促进胎儿大脑细胞的发育，加快胎儿的智力发展；激发胎儿活动的积极性，促进运动神经的发育。经常受到抚摩的胎儿，对外界环境的反应也比较机敏，出生后翻身、抓握、爬行、坐立、行走等大运动发育都明显较好。在进行抚摩胎教的过程中，不仅可让胎儿感受到父母的关爱，还能使孕妈妈身心放松、精神愉快，也加深了一家人的感情。

抚摩胎教方法主要有推动散步法、来回抚摩法、触压拍打法、亲子游戏法。

图1-4

（5）语言胎教：孕妈妈或家人用文明、礼貌、富有感情的语言，有目的地对子宫中的胎儿讲话，给胎儿期的大脑新皮质输入最初的语言印象。

孕妈妈用语言向胎儿描述外面的世界，可以锻炼胎儿的听觉能力。当准爸爸用低沉的声音对胎儿进行语言胎教时，能增加胎儿的愉悦感和安全感，使胎儿及孕妈妈的心情更加愉快。

无论是孕妈妈还是准爸爸，在孕期有目的性地跟胎儿进行交流，对胎儿进行语言胎教，不仅能给胎儿传递美好、愉悦的感觉，更能促进胎儿语言能力的发育，使其出生后能更快地学会交流。经过语言胎教训练的胎儿，出生后3～4天就可以用声音与爸爸妈妈们交流，连续发出"咿咿呀呀"的声音。

总之，良好的胎教，不在于特意为胎儿"做什么"，而是你为他"改变了什么"；拥有良好的兴趣、爱好，健康的生活习惯，这其实就是最好的胎教。

2. 出生后良好的家庭教育为婴幼儿身体的健康成长提供了保障

婴幼儿家庭教育的作用首先体现在婴儿出生后的养育和训练方面。

（1）母乳喂养：人类的哺育史早已证明，母乳喂养为婴儿提供了最好的生理和精神食粮。母乳是婴儿最好的食物，可以以恰到好处的成分配比满足婴儿所需的全部营养。母乳里充满了抗体，特别是初乳中富含大量免疫物质，坚持给婴儿喂养母乳，可以增强婴儿的免疫力。母乳喂养甚至能够提高疫苗的有效性，确保婴儿从各种途径得到最大的健康保证。

此外，母乳喂养是开发婴儿感知、激发其人类独有的感情和高级神经中枢的综合活动。因为在哺乳过程中，母亲声音、心跳、气味和肌肤的接触能刺激婴儿的大脑，促进婴儿早期智力的开发。心理学专家认为，0～1.5岁是婴儿的"口欲期"，母乳喂养是满足婴儿口欲的重要方式。如果未能满足，婴儿长大后则需要补偿，会出现咬手指、吸烟、酗酒、爱吃零食等问题。妈妈哺乳时的怀抱形成了类似胎儿在子宫里的环境，让婴儿有一种安全感，从而身心得到健康成长。婴儿通过频繁地与母亲皮肤接触，接受母亲照料，从而获得并促进心理与社会适应性的发展。

（2）婴儿抚触：婴儿出生后，来到缤纷的大千世界，离开母亲温暖、舒适的宫腔，消极情绪较多，常啼哭不安。对婴儿进行抚触是父母与婴儿进行感情交流的较好方法，对婴儿的身心发展起着非常重要的作用。

婴儿抚触就是养育者与婴儿的皮肤接触。这种皮肤与皮肤的接触能够给婴儿带来非常多的好处。首先，父母或家人与婴儿肌体的接触以及帮婴儿做轻微的运动，会使其吃奶的量逐渐增多，体重增加明显，提高他们动作的协调性和感官的灵敏度。抚触的同时还可以活动婴儿全身的肌肉，使其机体长得更健壮。

其次，充满爱意的抚触通过皮肤的刺激，有助于刺激大脑神经反射、促进智能快速发展，使父母把自己的爱传达给婴儿，给婴儿更多的安全感，有助于其安定情绪、减少焦虑。同时，抚触后婴儿莫名其妙的哭吵会减少,入睡也很快,不易惊醒,睡得较踏实。经常接受抚摸的婴儿心理更为健康。抚触按摩的作用可能在婴儿小的时候并不明显,但是这种安全感、信任感,会让婴儿在将来的学习、生活和工作中,更加自信、勇敢,充满爱和正能量,同时表达也更加强烈而准确。

最后,抚触也是一种流传久远的医疗方法,尤其适合生病的孩子,能减轻其疼痛和不适的感觉,缩短治疗的过程。抚触还能促进早产儿的生长发育,缓解脑瘫患儿的肌张力障碍状况等。

(3)婴儿体操:体操是促进婴儿身体能力发展的良好方式,与婴儿一起做体操能促进亲子关系。婴儿体操分为被动体操和主动体操,按年龄组分 1～3 月龄、4～7 月龄、8～12 月龄 3 套。满月以后,婴儿的动作渐渐多起来了,父母可以帮着婴儿做体操,让婴儿在愉快的情绪中活动四肢,伸展全身,不仅可以促进血液循环,还可增强骨骼、肌肉的发育。帮婴儿做操也是一种亲子游戏,做操时爸爸妈妈要亲切温和,面带微笑,与婴儿边说边做,以促进其认知能力的发展,有利于大脑的发育与成熟。做操的过程也是观察婴儿运动能力和运动模式的过程,有利于神经运动异常的早期发现。

(二)良好的家庭教育有利于婴幼儿智力潜能的开发

美国心理学家布鲁姆认为,如果把一个人的智力发展 17 岁时达到的水准算作 100%,那么 4 岁时就达到了 50%,4～8 岁又增加了 30%,8～17 岁又获得了 20%。可见婴幼儿在 5 岁以前是智力发展最迅速的时期,也是进行早期智力开发的最佳时期。如果家长在这个时期所实施的家庭教育良好,将是孩子早期智力发展的关键,既可以让婴幼儿在进入幼儿园接受集体教育之前就能得到良好的身心发展,又有利于婴幼儿早期智力的开发。

以"父子书法家"著称的王羲之、王献之,一代文学巨星郭沫若、茅盾,大发明家爱迪生,科学家爱因斯坦,大诗人歌德等名人的成长过程说明了家庭教育对早期智力开发是十分重要的。反之,人的幼年时期得不到良好的家庭教育而影响智力正常发展的事例也是不少的。如印度"狼孩"卡玛拉,从小被狼叼去,8 岁时被人发现,但其生活习惯已与人两样,其生活习惯几乎与狼一样,四肢爬行,吃生肉,昼伏夜行,后来经过人为的训练,卡玛拉 2 年后才能站立,6 年后可以像人一样行走,4 年内学会了 6 个单词,在他 17 岁时,智力仅达到 3 岁孩子的水准。因此不可忽视家庭教育早期性的作用。

(三)良好的家庭教育促进了婴幼儿社会化进程

婴幼儿社会化是指婴幼儿在与他人的交往中,通过学习知识、技能和社会规范,取得社会生活和正式社会成员的资格,形成、发展和逐步完善自己的社会性的过程。在此过程中,家庭是第一个教育场所。

1. 良好的家庭教育有助于婴幼儿了解社会规则

婴儿出生后,一方面父母有意识地进行抚养、教育,使其获得一些基本的生活技能知识,并逐步认识自己同周围一些人的人际关系,初步掌握基本的社会规范,学习承担自身的社会角色;另一方面,婴幼儿也在成长过程中不断观察、模仿父母的行为,从父母那里学习为人处世的道理,内化父母的价值观和行为方式。

图 1-5

比如,家长带着孩子在十字路口等红绿灯以及在地铁站等地铁,有的父母无视交规,直接闯红灯,在地铁站等待也不按照地上的标识排队,而是直接站在中间的空白地带,或者干脆插队,在这样的家庭中长大的孩子以后也更可能会像家长那样无视规则。反之,生长在懂得教育以及有良好行为的家庭中的孩子,长大以后则会懂得遵守规则。

婴幼儿时期是接受社会化的最佳时期,这一时期社会化的执行者主要是父母、家庭;以后各个时期,父母、家庭作为执行者的作用会逐渐弱化,但并没有完全消失。家庭教育在为个体社会化打好基础后,又成为沟通学校、社会的桥梁,三者紧密联系,相互补充,促进个体进一步实现社会化。俗话说,一流的父母做榜样,二流的父母做教练,三流的父母做保姆。父母能够给孩子做的最好的榜样,便是教给孩子正确的三观。

2. 教养方式直接影响个体社会化进程

有研究结果表明,父母与婴幼儿间存在的一种爱恋关系,是实现社会化的重要力量,因为婴幼儿不愿意使自己对父母的依恋和爱恋联系遭受威胁。父母限制婴幼儿的行为和惩罚冒犯行为在程度上各有不同,但限制和惩罚的效果在很大程度上取决于父母的态度、方法。如果父母在婴幼儿出生后就建立了良好的亲子关系,选定他们所希望的社会化行为,采用温和、一贯一致的惩罚,在禁止他们某些行为时,向孩子说明理由,同时,懂得让孩子学会怎么正确地表达情绪、控制情绪、转化情绪和学会如何与人沟通,对婴幼儿社会化进程将起到积极的作用。

我儿子 6 岁时,有一次带着他喜爱的变形金刚到我同学家玩。同学的儿子强强和他年龄差不多,看到儿子的变形金刚,也想玩,可我儿子却不想把变形金刚给他玩,所以,强强就一直追着抢。后来,我儿子急了,就和强强打了起来,两个人扭打成一团。大人们见状赶紧把他们拉开,让他们平静下来。虽然大人们劝说他们两个握手言和,但两个小家伙都不愿意。

回家的路上,儿子主动对我说:"妈妈,关于刚才和强强打架的事情,我想和你聊一聊。"(这竟然是一个 6 岁孩子的情商!)

我回答:"好啊,刚刚怎么了?为什么突然转身和强强打起来了?"

儿子说:"我把变形金刚放在背包里了,强强不经过我的同意就自己去拿,我一急来不及阻止,就打他了。"

"哦！你那时候一定是被逼急了。"

"是啊,他就一直追着我要。"

"那下一次你可以怎么做？你是否愿意和他分享这个玩具呢？"

"可以呀。"

"那你这次怎么不借给他呢？"

"因为他在我玩时总在旁边大喊大叫或捣乱,我没有同意他就自己来抢,所以我不想借给他。"

"如果他先征求你的意见,并且在一旁安静地等待你的答复,你愿意借给他玩吗？"

"嗯。我会观察他。当他能安静等待,并且答应小心玩这个玩具时,我就会借给他。"

"太好了,就这么办！"

儿子认真地点点头。

我又问:"但是如果他办不到,而你又不想借给他的时候,是否可以用别的方法来表达,而不是动手呢？"

图 1-6

儿子想了想说:"我可以用说的方式,然后把我的玩具保护好。"

随后,我就和儿子做角色扮演的游戏。我扮演强强,要抢他的玩具,儿子努力地保护自己的玩具,瞪着眼睛对我说:"我不想借你！"口气非常肯定。

说完,我们俩都笑了。

游戏后,我问儿子:"如果强强太小,他听不懂,还是抢你的玩具,怎么办？"

儿子想了好久,终于想到一个解决办法,就是去他们家玩的时候不带玩具。这样,强强没有看到这个玩具,就不会要了。

过了几天,我又带儿子去强强家玩。这次,他没有带变形金刚。强强发现儿子没有带变形金刚,抱怨了两句就忘记了,两个小家伙玩得也很开心。

（四）家庭教育对个性发展有特别深刻的影响

个体社会化的过程同时也是个性发展的过程。婴幼儿的个性,是在社会化过程中逐渐形成、发展的。婴幼儿期个性的形成是以后个性发展的重要基础。遗传素质只是个性差异形成的生理基础和物质前提,起决定作用的还是后天的环境、教育和社会实践。家庭教育诸因素,包括家长的教育目标、教育内容、教育态度、教育方式以及教育环境等,都在不同程度上对孩子个性形成、发展起着潜移默化的作用。

家庭教育对于孩子具有很强的感染性,父母与孩子之间的亲缘天性是无法分割的,孩子与父母接触的时间具有长期性,家庭教育具有先天的优势。婴幼儿时期,孩子对于周围具有超强的感知能力,父母的喜怒哀乐都能对孩子产生强烈的感染力,所以家庭教育是时时刻刻存在的。当父母开心的时候,孩子会感受到快乐的气氛;当父母情绪不佳时,孩子也能感知到消极的氛围。另外,父母的待人接物和处事方式都是孩子效仿的对象。所谓言传身教,家庭教育很重要的一点就是父母能够以身作则,做个好榜样,为孩子打下一个好的基础。

如果家长随便丢弃垃圾,孩子也会不顾公共卫生环境;如果家长随意插队,孩子也不会遵守秩序;这不是孩子的问题,在孩子的世界里,家长做的就是正确的。他们以家长为榜样和模仿对象。再大一点,家长依旧这样做的同时,教育孩子不要这样,那么试问,有说服力吗?孩子会听吗?甚至很多父母在争取物质利益的时候,抛弃了最基本的道德与修养,不知不觉中为孩子作出了不好的榜样。

对于孩子来说,教育主要有两种:家庭教育与学校教育。而两者之中,家庭教育对孩子人格的塑造所起到的作用更是至关重要。很多父母竭尽全力,只为了给婴幼儿创造更好的物质生活,却疏忽了最基本也是最必要的家庭教育。

美国学者对不同类型父母教养方式对婴幼儿个性的影响做过比较研究,发现:在民主、宽容型的家庭中,孩子的个性是谦虚、有礼貌、待人诚恳、亲切、自立、乐观、自信的;在权威、专制型的家庭中,孩子的个性是畏缩、怯懦、说谎、不信任、内向、孤僻、性情暴躁的;在放纵、溺爱型的家庭中,孩子的个性是自理能力差、好吃懒做、自私蛮横、不负责任、任性、没礼貌的。

日本心理学家关于母亲的态度与婴幼儿性格的关系的研究也表明:母亲对婴幼儿如果采取保护的、非干涉的、合理的、民主的和宽大的态度,婴幼儿一般富有积极性、独立性,态度友好,善于协作,情绪安定。相反,如果母亲采取拒绝的、干涉的、溺爱的、支配的、专制的态度,婴幼儿将变得适应能力差,依赖性强,精神不稳定。国内研究者的研究还表明,父母的情感态度对孩子性格的导向作用十分重要。现代父母的情感流露比以往更明显,频率和强度更高,这样会使孩子变得脆弱和更具依赖性。一般情况下,娇气脆弱的孩子常缺乏足够的心理承受力,一旦受到挫折极容易出现心理障碍。

(五)良好的家庭教育是婴幼儿未来成长和发展的重要因素

家庭是人才成长的摇篮。父母的优生,为人才成长提供了先天条件,而家庭对婴幼儿后天的早期培养和良好的家风、家教影响较大,是人才成长的更为重要的因素。心理学研究表明,婴幼儿的心理发展存在着"关键年龄",也叫"最佳期",其中许多方面的"关键年龄"就在婴幼儿期。我国婴幼儿脑电图研究的材料也表明,5~6岁间的发展存在着一个显著的加速期。家长若能针对孩子的年龄特点及个别差异,适时地给予相应的教育训练,把孩子自身的潜能充分挖掘出来,使孩子在其天赋所及的领域能有出色的表现,自然可以收到最佳的教育效果。

日本的学者认为,每个孩子都具有不凡的可塑性,但可塑性发挥得如何,则在很大程度上取决于早期教育。若经过良好的早期教育,可望达到六七成以至高达八九成,而理想的教育甚至可以使之达到百分之百。相反,如果置之不理,即便是一个天生具有百分百可塑性的孩子,大概也只能成为一个只有20%或30%能力的成年人。

中国人才学的研究表明,人才的成长,存在着"人才链"的现象,包括"血缘人才链"和"师徒型人才链"。如北宋文学界的"三苏",父亲苏洵是老苏,哥哥苏轼是大苏,弟弟苏辙是小苏,在"唐宋八大家"中,苏氏父子就占 3 个席位,这种血缘型人才链的形成,虽然不完全排除遗传的因素,但起决定作用的是后天家庭文化氛围的熏陶和家庭有意识的教育、培养。

任务二　领会婴幼儿家庭教育的目的、任务

案例导入

中班的浩浩让老师十分头疼,已经开学 3 个月了,大多数幼儿已经熟悉幼儿园的作息,偶尔需要老师的提醒,唯独浩浩要老师时时提醒他该做什么事。早上经常迟到的浩浩被妈妈送进教室后,会呆站在门口,直到听见老师的提醒,才慢慢移往置物柜放书包和餐袋;看到同学便开始聊天嬉戏,书包和餐袋就随意丢在地上。生活中无论是收玩具、排队上厕所,还是吃饭后整理桌面这类事情,浩浩容易被周围的人或事物所吸引,而忘记当下该做的事情。他也无法观察团体中其他幼儿正在做的事情,总是自顾自地在一旁玩耍,需要其他人来协助善后。

案例思考

请问,浩浩为什么有这样的表现? 浩浩的爸爸妈妈应该怎么做?

教育都是有目的的,围绕目的才能确定相应的原则、任务、内容和方法等,才能有效地指导教育过程,客观地评价教育效果。没有目的,教育就会杂乱无章,达不到教育的效果。婴幼儿家庭教育也是如此。

一、婴幼儿家庭教育的目的

国际 21 世纪教育委员会提出新世纪教育的宗旨是使婴幼儿"学会认知",善于学习;"学会做事",具有较强的动手能力、解决问题能力、人际交往能力和冒险精神;"学会共同生活",能够了解别人,尊重别人,参与别人的活动,与别人进行合作;"学会生存",发展体力、记忆力、判断推理能力,增强自主性和责任感,提高审美能力,充分展现自己的人格特征。

家庭教育的目的,是要把孩子培养成具有适应各种环境和独立生存能力的"社会人",所以父母应较为轻松地对待婴幼儿的教育,把婴幼儿个性中积极的成分最大限度地挖掘出来,让婴幼儿实现自我价值。就算达到目的,也并不追求一些功利性的目标,如高学历、好职业。但事实上,这样的教育反而会产生许多"无心插柳柳成荫"的效应,天才产生在不经意中。另外,在这个目的的指引下,确实能培养婴幼儿的自主意识和独立生存的能力。例如,婴幼儿从小就独立睡;当会行走时,就自己玩耍,很少要父母抱着玩;再大些时,就有自己的空间,房间内的摆设、布置和清理全由孩子自己负责。

反观有些家庭教育，家长的目的是想把孩子培养成"才"，只关心孩子的学业成绩，对孩子的唯一要求就是专心、安静地坐下来读书、学艺，忽视孩子的天分，限制他们的创造力，结果为了培养所谓的"人才"反而扼杀了天才，产生"有心栽花花不发"的效应。而且由于很少考虑孩子的性格、社会适应能力、公民意识等问题，即使学业成绩好，将来也未必能顺利地立足社会，有时候，还会使父母的期望落空。

根据我国最新的《全国家庭教育指导大纲》，我国婴幼儿家庭教育的目的是让家庭成为终身教育的场所，家长在婴幼儿出生前做好充分准备，迎接婴幼儿的到来，为婴幼儿营造良好的家庭生活环境和学习成长环境；孩子出生后，家长对孩子进行身体、智力、道德、情感和艺术修养等方面的养育和教育，促进婴幼儿身心健康的全面发展，使婴幼儿的个性得到生动活泼的成长，培养其成为有益于家庭、有益于他人、有益于社会的合格人才。

二、婴幼儿家庭教育的任务

以《中华人民共和国教育法》《幼儿园管理条例》《幼儿园工作规程》（以下简称《规程》）为依据制定的《幼儿园教育指导纲要（试行）》（以下简称《纲要》），按照婴幼儿学习活动的范畴将婴幼儿教育的内容相对划分为健康、语言、社会、科学、艺术五个领域，各领域的内容相互渗透，从不同的角度促进婴幼儿情感、态度、能力、知识、技能等方面的发展。而家庭教育是教育人的起点和基点，与学校教育、社会教育并称为教育的三大支柱。因此，婴幼儿家庭教育的任务也是围绕五大领域展开的。

（一）健康教育的任务

健康的体魄是实施婴幼儿教育的先决条件。婴幼儿家庭教育健康领域的任务就是增强婴幼儿体质，培养婴幼儿健康生活的态度和行为习惯。

第一，在怀孕前，父母不抽烟、不喝酒，不熬夜，保持健康的身体，为婴幼儿的孕育做好准备，因为良好的遗传素质是婴幼儿健康体魄的前提。

第二，在婴儿出生后，家长根据婴幼儿的生理发展需要，适时给婴幼儿加强营养，合理安排婴幼儿的饮食结构，培养婴幼儿不挑食、不厌食、不偏食、不暴饮暴食的良好饮食习惯，关注其饮食安全。

第三，随着婴幼儿的不断成长，教给他们一些简单的生活常识和卫生常识，培养他们良好的生活习惯和卫生习惯，使其掌握基本的生活自理能力，做到生活起居有规律，早睡早起，中午休息和劳逸结合。

第四，激发婴幼儿参加户外锻炼的兴趣和愿望，提高其对环境的适应能力，培养婴幼儿独立生活和自我保护的能力，促进其身心的健康发展。

第五，培养婴幼儿初步的安全知识和健康知识，使其懂得关心自己和保护自己。例如，父母带领婴幼儿到动物园等地游览时，不要让婴幼儿靠近危险的动物，以免对婴幼儿造成伤害。不要让婴幼儿看恐怖片，以免婴幼儿啼哭不止，情绪不定，睡眠紊乱，产生焦虑感和恐惧感，婴幼儿保持情绪稳定。

生活中很多事情爸爸妈妈无法等待孩子自己做：动作太慢，太耗时间，更无法坐视孩子失败的挫折和情绪，总是忍不住伸手代孩子完成。然而，我们也得替孩子想得远一些，他们稚嫩的心灵、纤细的小手就是得经由这些学习的过程反复练习,去磨炼意志,增强力量,进而苗壮成长,为未来学习奠定身心的良好基础。

> 宁宁是个爱笑的可爱的女孩,但从宝宝阶段就不太喜欢动,她在保姆家很喜欢坐在地上玩玩具,很少爬来爬去。其他年纪比较小的弟弟妹妹已经会走路了,宁宁仍不肯自己走,直到1岁7个月终于踏出第一步,却因为平衡不好、容易跌倒,总是要保姆抱。保姆向妈妈反映宁宁的双脚力量太弱,妈妈说她带宁宁出门时,会让宁宁自己走路,若换成爸爸带她出门就是一路抱着走。
>
> 宁宁进幼儿园小班以后,依旧不太爱动,无论是体能课还是去游乐场玩,总是坐在一旁看。有时她心血来潮,想和同学一起玩溜滑梯,或和小朋友一起玩追逐游戏,却总是跌倒,摔得鼻青脸肿。有一次,宁宁跌倒刚好撞到游乐设施,额头血流如注,还去医院缝了七针。从此以后,爸爸妈妈再也不带宁宁去游乐场玩了。

孩子的动作能力会直接影响脑力发展,不论是翻身、坐、爬、站、走、跑等各种动作,都能给大脑提供丰富的触觉、前庭觉、本体觉等感觉刺激,让大脑神经元彼此之间产生更强大、紧密的连接,使动作能力更精进,动作能力不断提升,从而增加探索环境的机会,给大脑更多学习经验,促进脑力发育。

在学走路到学跑的1～3岁阶段,跌倒的经验是非常重要的动作学习过程,能诱发孩子的保护反应(快失去平衡时,会跨步或伸手撑)。而孩子也在每日不断的练习过程中,强化肌肉力量及协调性,使动作能力越来越成熟。

无奈现代孩子活动空间越来越小,缺乏充分奔跑、活动四肢的机会,以致越来越多的孩子出现感统失调现象——坐着不专心、总是扭动,站起来活动身体却又四肢无力、协调性差,进而影响学龄阶段的专注力及学业表现。因此,在学龄前留意孩子的动作发展,并给予足够的动作机会,是奠定日后学习的基础。

案例中宁宁的爸爸妈妈应该怎么做才能使宁宁强化肌肉力量及协调性?

一方面,用引导和鼓励取代禁止。与其限制孩子的行动(不要跑、不要跳、不要爬),不如引导孩子在安全的地方、用安全的方式尽情地跑、跳、爬,满足孩子的好奇心和提供运动机会,这不仅能促进其动作发展,也能让孩子情绪更加稳定。

另一方面,每天让孩子户外活动至少1小时。一旦孩子学会走路后,爸爸妈妈会发现孩子很喜欢往外跑,公园里的草地、石头、小花等都能让孩子玩很久。所以,无论是一两岁的婴幼儿,还是上幼儿园的孩子,每天动态活动时间至少1小时,孩子动得够,才吃得多,也才能睡得香。

(二) 语言教育的任务

语言是思维的外衣和社会交往的工具,婴幼儿的语言能力是在运用的过程中发展起来的,因此,婴幼儿家庭教育语言教育的任务就是:

(1)培养婴幼儿注意倾听的习惯,发展婴幼儿倾听语言的能力。

(2)发展婴幼儿的语言理解能力,能理解日常用语。

（3）家长尽量创设一个能使孩子想说、敢说、喜欢说、有机会说并能得到积极应答的自由宽松的语言交往环境，支持、鼓励、吸引婴幼儿使用适当的、礼貌的语言与家长、同伴或与其他人交谈，讲话礼貌，体验语言交流的乐趣。

（4）发展婴幼儿运用语言的能力。鼓励婴幼儿大胆、清楚地表达自己的想法和感受，尝试说明、描述简单的事物或过程，发展语言表达能力和思维能力。能清楚地说出自己想说的事。

（5）引导婴幼儿接触优秀的婴幼儿文学作品，使之感受语言的丰富和优美，并通过多种活动帮助婴幼儿加深对作品的体验和理解。喜欢听故事、看图书；利用图书、绘画和其他多种方式，引发婴幼儿对书籍、阅读和书写的兴趣，培养前阅读和前书写技能。

（6）培养婴幼儿对生活中常见的简单标记和文字符号的兴趣。

（7）能听懂和会说普通话。提供普通话的语言环境，帮助婴幼儿熟悉、听懂并学说普通话。少数民族地区还应帮助婴幼儿学习本民族语言。

妞妞是家中的第一个孙女，大家都十分宠爱这个可爱的女娃，妈妈甚至在产后请了一年的假，在家专心照顾妞妞、回应她所有的需求。妞妞从八九个月大开始发出很多声音，包含"妈妈"等有意义的叠字。

妈妈在妞妞一岁两个月大的时候回去上班，而妞妞白天就由爷爷奶奶照顾。到了一岁半时，妈妈渐渐察觉，和同事的小孩比起来，妞妞会讲的单字或发出的声音并没有增加，在有需求时，多半拉着大人的手指给大人看，有时会用"嗯、啊"的声音来表达要或不要。如果大人无法猜到妞妞的需求，她就会躺在地上生气大哭。妈妈尝试陪妞妞念绘本，但妞妞总是跑开、要出去玩，完全无法安静地坐着听妈妈念书。当时怀孕二胎到了后期的妈妈，一边忍着身体的不适和疲累，一边感到无比的挫折。

在妈妈坐月子期间，妞妞都是由爷爷奶奶照顾的，偶尔爸爸带妞妞到月子中心看妈妈时，妈妈发现妞妞更不爱说话了，除了喊爸爸、妈妈和摇头，没有其他言语表达，不如她意时，非常容易失控暴走。妈妈急着想纠正妞妞的行为，但结果总是：妈妈暴怒，妞妞大哭，爸爸赶紧把妞妞带回家。

根据婴幼儿语言发展的阶段性标志，1～1.5岁的孩子，能用点头、摇头表达自己的想法，也会模仿大人说的词语，并说简单的叠字如"妈妈""抱抱"，只是发音仍不太清楚；1.5～2岁的孩子，会说至少50个词条（发音可能不标准），也开始组合不同词条形成短句，如"妈妈""爸爸抱抱"；2岁之后通常就会进入语言爆发期，词条量及句子长度会明显增加。

上述案例中，妈妈描述妞妞能听懂大人的指令并做出动作，这表明妞妞的听觉及理解能力属于正常范围，但口语能力明显落后，这跟环境刺激有关。语言的功用是跟外界沟通，当婴儿发现自己发出声音和动作会让大人有回应（笑着对宝宝说话、抱起宝宝），便会努力用这样的沟通方式来和他人互动。随着认知发展及口腔动作能力进步，孩子能发出的声音越来越多，也慢慢从日常生活中累积语言的概念。

但假使孩子周遭的大人并未回应孩子的牙牙学语，而在孩子有需求时采取直接满足的照顾方式,孩子学习到的是:只要用一个眼神、一个动作,大人就能满足其所有需求,这样一来,孩子就失去了用语言来沟通的途径,更缺乏用语言沟通的动机,因而错失了学习语言的机会。

婴幼儿语言的发展还与其感情、经验、思维、社会交往能力等方面的发展密切相关,因此,发展婴幼儿语言的重要途径是通过互相渗透的各领域的教育,在丰富多彩的活动中扩展婴幼儿经验,提供促进语言发展的条件。对有语言障碍的婴幼儿,家长要和幼儿园以及有关方面密切配合,积极帮助他们提高语言能力及语言交往的积极性。

(三) 社会教育的任务

照护者应把婴幼儿社会态度和社会情感的培养渗透在多种活动和一日生活的各个环节之中,创设一个能使婴幼儿感受到接纳、关爱和支持的良好环境,为婴幼儿提供人与人之间相互交往和共同活动的机会与条件,通过和幼儿园、社会密切合作,协调一致,增强婴幼儿的自尊、自信,培养婴幼儿关心、友好的态度和行为,养成良好的品德,促进婴幼儿个性健康发展。

(1) 引导婴幼儿参加各种集体活动,体验与教师、同伴等共同生活的乐趣,帮助他们正确认识自己和他人,养成对他人、社会亲近、合作的态度,学习初步的人际交往技能。

(2) 为每个婴幼儿提供表现自己长处和获得成功的机会,增强其自尊心和自信心。

(3) 提供自由活动的机会,支持婴幼儿自主地选择、安排活动,鼓励他们通过多方面的努力解决问题,不轻易放弃克服困难的尝试。

(4) 在共同的生活和活动中,以多种方式引导婴幼儿认识、体验并理解基本的社会行为规则,学习自律和尊重他人。

(5) 教育婴幼儿爱护玩具和其他物品,爱护公物和公共环境。

(6) 与家庭、社区合作,引导婴幼儿了解自己的亲人以及与自己生活有关的各行各业人们的劳动,培养其对劳动者的热爱和对劳动成果的尊重。

(7) 充分利用社会资源,引导婴幼儿实际感受祖国文化的丰富与优秀,感受家乡的变化和发展,激发婴幼儿爱家乡、爱祖国的情感。

(8) 适当向婴幼儿介绍我国各民族和世界其他国家、民族的文化,使其感知人类文化的多样性和差异性,培养理解、尊重、平等的态度。

✿ 案例

我的母亲是一个非常善良而且有爱心的人。她教我看到别人的好处,不要随便说别人的坏话,多说好话。而这就是关于爱的流动法则。

因为母亲这份善良与爱的教育,多年以来,我一直坚持做公益。我帮助过许多生病的人,也帮助过许多上不起学的孩子。我尽力支持他们朝更健康快乐、更成功的方向走。这一切都是我从母亲那里学到的——一份善良的爱心。

我做公益的时候会尽量把我儿子带在身边,让他学习这份爱与善。所以,对于弱小者,他也会充满悲悯。从五六岁开始,每次在路上遇到可怜的乞讨者,比如身患残疾或岁数比较大的,儿子都会拉着我的衣袖指着那个乞丐说:"妈妈,他好可怜。"这个时候,

图 1-7

我就会拿出一些钱让他布施给对方。后来,他上学了,路上再遇到这样的事情,他总是把自己的零花钱捐给那些需要帮助的人。

对于一些弱小的动物,他同样充满了爱心。周末,我总会带他去爬峨眉山。一次,路上有几个小孩抓了好些蝴蝶放在一个透明的小塑胶桶里。被抓的蝴蝶在塑胶桶里东冲西撞,无望地挣扎着。那时他只有五岁,面对那些比他大的孩子,他毫无畏惧之色,指着那些蝴蝶说:"它们好可怜,你们应该把它们放回家,要不然它们会死掉。"那些孩子的家长也在旁边,听了我儿子的话很是赞赏,劝说自己的孩子把那些蝴蝶都放回大自然。

我想,真正的品德教育应该就是这样的,父母以身作则,在生活的点滴间无声展开。我父母是这样实践的,我也是这样实践的,我希望我的儿子将来也能这样去教育他的孩子,一代代传下去。

(四) 科学教育的任务

婴幼儿家庭科学教育的主要任务如下。

(1) 激发婴幼儿的好奇心,引导婴幼儿对身边常见事物和现象的特点、变化规律产生兴趣和探究的欲望。

(2) 为婴幼儿的探究活动创造宽松的环境,让婴幼儿有机会参与尝试,鼓励婴幼儿运用多种感官、多种方式进行探究,并大胆地提出问题,发表不同意见,学会尊重别人的观点和经验。培养婴幼儿的动手、动口、动脑习惯,促进婴幼儿智力、能力的发展。

(3) 引导婴幼儿从生活和游戏中对周围环境中的数、量、形、时间和空间等现象产生兴趣,感受事物的数量关系并体验到数学的重要和有趣,建构初步的数概念,学习用简单的数学方法解决生活和游戏中某些简单的问题。

(4) 从生活或媒体中婴幼儿熟悉的科技成果入手,引导婴幼儿感受科学技术对生活的影响,培养他们对科学的兴趣和对科学家的崇敬。

(5) 在婴幼儿生活经验的基础上,从身边的小事入手,帮助婴幼儿了解自然、环境与人类生活的关系,让婴幼儿学会爱护动植物、关心周围环境、亲近大自然、珍惜自然资源,培养初步的环境保护意识和行为。

(6) 通过引导婴幼儿积极和家长或其他小朋友一起讨论、探索等方式,培养婴幼儿合作学习的意识和能力,能用适当的方式表达、交流探索的过程和结果。

无论是动作、语言或认知发展,每个年龄的孩子都有不同的发展任务,孩子须达到其年龄该有的发展水平,才能顺利衔接下一阶段的能力。

3 岁是认知发展很重要的分水岭,配对、颜色、形状、数量等抽象概念,都在 3 岁开始建立,并作为往后点数、逻辑及空间概念等复杂认知的基础。若孩子的基础认知概念薄弱,进入中、大班的课程便会出现明显的学习断层——孩子不理解就不想上课,接着就会延伸出不专心、学习动机低落的问题。因此,0～6 岁的认知发展依赖于孩子有足够的游戏及玩具操作经验,更重要的是,大人陪伴孩子玩,透过具体的示范和引导,帮助孩子学习各种抽象概念。

(五) 艺术教育的任务

婴幼儿家庭艺术教育就是以家庭为中心,要求家长以艺术美、自然美和社会美为内容,借助形象化感染的手段,丰富婴幼儿的精神世界,陶冶婴幼儿的道德情操,充实婴幼儿的个性特点,净化婴幼儿的心灵,培养婴幼儿初步感受美、表现美的情趣和能力。

婴幼儿家庭艺术教育的主要任务如下。

(1) 引导婴幼儿接触周围环境和生活中美好的人、事、物,能初步感受并喜爱环境、生活和艺术中的美;丰富婴幼儿的感性经验和审美情趣,激发他们表现美、创造美的兴趣。比如,欣赏美丽的山水等。

(2) 鼓励婴幼儿参加艺术活动,给予婴幼儿美的熏陶和培养,发现他们的艺术天赋,挖掘他们的艺术潜能。

(3) 给婴幼儿提供自由表现的机会,指导婴幼儿利用身边的物品或废旧材料制作玩具、手工艺品等来美化自己的生活或开展其他活动。鼓励婴幼儿用不同艺术形式大胆地表达自己的情感、理解和想象,尊重婴幼儿的想法和创造,肯定和接纳他们独特的审美感受和表现方式,分享他们创造的快乐。

(4) 在支持、鼓励婴幼儿积极参加各种艺术活动并大胆表现的同时,关注婴幼儿在活动过程中的情感体验和态度的倾向,培养婴幼儿健康的审美情趣,帮助他们提高艺术表现的技能和能力。

总之,婴幼儿家庭教育在婴幼儿成长的过程中承担着多元化的教育任务,教育内容也是丰富多彩的。这是婴幼儿从自然人变成社会人的必经之路。

任务三　知晓婴幼儿家庭教育的特点、原则

案例导入

萌萌从出生后几个月就开始认人,对于不熟悉的人,她会一直盯着看,且不愿让不熟悉的人抱,妈妈是一步也不能离开。到半岁时,分离焦虑更加明显。只要妈妈离开她的视线就会大哭,就连妈妈上厕所也要抱着她才行。回爷爷奶奶家时,妈妈和萌萌都更

显得紧张。爱孙心切的奶奶看见萌萌就想抱抱,萌萌大哭着想推开奶奶,可还是被奶奶抱着去邻居家串门去了。妈妈在家里都能清楚地听见萌萌的哭声。到上幼儿园时,每天早上,萌萌总是大哭着不要去幼儿园,妈妈只好抱着她进教室,交给老师后再迅速离开。放学时,萌萌看见妈妈,又是一阵大哭。

❓ 案例思考

请问,萌萌为什么会出现分离焦虑?萌萌的爸爸妈妈应该如何帮助她克服分离焦虑?

婴幼儿家庭教育由于发生在家庭中,因此,有别于幼儿园教育和社会教育,有其特点和必须遵循的原则。

一、婴幼儿家庭教育的特点

(一)婴幼儿家庭教育的早期性或启蒙性

家庭是婴幼儿生命的摇篮,也是婴幼儿人生的第一个课堂,家长则是婴幼儿的启蒙老师。孩子出生后经过 3 年的发育,进入身心发展的重要时期——婴幼儿时期,也就是人们常说的早期教育阶段,许多基本能力是在这个年龄阶段形成,如语言表达、基本动作以及某些生活习惯等,性格也在逐步形成。

教给婴幼儿的东西,必须是周围生活中能接触到的、具体的、形象的、初步的、浅显的东西。因此,家长对婴幼儿实施的教育最具有早期性或启蒙性。

(二)婴幼儿家庭教育的长期性和一贯性

孩子从出生那天起,父母就得担任孩子的第一任教师,承担起对孩子的教育工作,因此,父母的一言一行对孩子影响深远。在这个遗传关系中有两个重要因素,一个是先天性的遗传因素,另一个是后天的教育因素。有的人长相和说话声音简直和父母年轻时一模一样,甚至连走路的姿势和爱好也一样。这除了有遗传的作用,另一个主要原因就是长期耳濡目染的结果。父母工作和生活的方式、习惯和兴趣爱好等特征,都会影响孩子至深,有的甚至会变成孩子终其一生模仿的榜样。特别是父母的人生观、是非观、道德行为准则和处世方法,只要孩子认可和接受,基本上是难以再改变的。

家庭教育常常能够对婴幼儿一生的成长造成不可忽视的影响。孩子就像一块神奇的土壤,撒上思想的种子,会收获行为;撒上行为的种子,会收获习惯;撒上习惯的种子,会收获品德;撒上品德的种子,会收获前途。

在人一生所接受的众多教育里,只有家庭教育属于长期性教育,是相伴一生的。家庭教育优于学校教育,家庭教育贯穿于学校教育的整个阶段。孩子接触最早的教育就是家庭教育,与学校教育相比,家庭教育具有稳定性和长期性,它重点培养孩子的性格、品格、习惯和价值观。

家庭教育第二个特点是连续性。孩子出生后,从小到大,几乎 2/3 时间生活在家庭之中,朝朝暮暮,都在接受着家长的教育。这种教育是在有意和无意、计划和无计划、自觉和不自觉之中进行的,不管是以什么方式、在什么时间进行教育,都是家长以其自身的言行随时随地教育、影响着婴幼儿。这种教育对孩子的生活习惯、道德品行、言谈举止等都在不停地给予影响和示范,其潜移默化的作用相当大,伴随着人的一生,可以说是活到老学到老,所以有些教育家又把家长称为终身教师。这种终身性的教育反映了一个家庭的家风,家风的好坏往往要延续几代人,而且这种家风往往与家庭成员从事的职业有关。如"杏林世家""梨园之家""教育世家"等等。同时家风又反映了一个家庭的学风,学风的好坏也往往影响子孙后代。家庭教育的连续性往往对人才群体的崛起有着重要影响。

(三) 婴幼儿家庭教育的全面性和针对性

阿德勒指出,家庭教育具有全面性。"家庭教育的全面性有三点。一是指学校教育管的,家庭教育要管;学校教育不管的,家庭教育也要管。二是指社会教育要完成的,家庭教育必须完成;社会教育触及不到的,家庭教育责无旁贷。总而言之,家庭教育所涉及的内容比学校教育要宽泛得多。三是指参与人员的全员性。只要有家庭和孩子,就必须承担起教育婴幼儿的责任,完成家庭教育的义务"。从家庭教育目前的发展趋势来看,教育内容和教育范围都得到了更大的拓展。

家庭已成为婴幼儿进行德、智、体、美、劳等教育的重要场所。一个孩子自出生起,他从简单的获取食物的能力,到学会照顾自己能够立足社会,这些能力的习得都与家庭教育密不可分。在孩子上学前,家庭教育的主要任务是保证孩子身心健康发展,帮助其做好接受学校教育的准备。在孩子上学后,主要任务则是配合学校教育,使其在德、智、体、美诸多方面获得全面和谐的发展。总之,在一个家庭里,婴幼儿的思想观念、情感态度、意志品质、行为个性等,都将得到全面的健康发展,家庭教育与学校教育、社会教育共同担负着为国家造就和输送千百万人才。阿德勒认为,培养合格的社会公民是家庭教育的极终目的,一名合格的社会成员必须接受全面教育。无论是德育、智育、体育、美育或劳动教育,家庭教育都有责任和义务使它向社会所需要的方向发展。这一目的恰恰决定了家庭教育的全面性。

(四) 婴幼儿家庭教育的亲情性或潜移默化性

因为父母与婴幼儿是血缘关系,加之孩子年幼,活泼可爱,家长对婴幼儿有着天然的温存、体贴之心,亲切、轻柔的话语和动作。

由于孩子对父母家庭的依赖,父母对孩子具有天然的权威性,父母为孩子制定的行为准则对于孩子形成自己的世界观起着重要的作用。

家庭是人生的第一课堂,父母是人生的第一任老师。如果说家庭像孩子的一面旗帜,那么父母就好比孩子的一面镜子。总之,父母给予孩子的影响是最早也是最深刻的。

孩子一出生就在父母的呵护下长大,父母遗传给孩子的不仅是生理基因的优势,还包括孩子人格品性的塑造。从懵懂无知的孩童到有独立的思想来看待世界的成人,在这个成长过程中,父母的言传身教功不可没。作为家长,只有从日常生活中的一点一滴、一言一行出发,才能真正教育好孩子。

有一段这样的父子对话。父亲问孩子:"儿子,你天天都玩游戏机,就不能多花点功夫在学习上吗?"儿子回答道:"你凭什么说我呢,爷爷也经常劝你不要总玩麻将,你还不是天天熬夜玩呢?"这位父亲顿时哑口无言。可见,孩子常常会模仿自己的父母,父母言行中不妥的地方也会成为孩子的模仿对象,甚至成为犯错的理由。因此,在日常生活里,家长应十分注意自己的言谈举止,经常互相交流提醒,尽力树立一个良好形象,给孩子形成积极健康的影响。例如,在工作中,父母应该热爱自己的工作;在与人交往时,父母应该用真诚和热情对待别人;在为人处世上,父母应当言行一致、一视同仁。此外,家长还应该避免任何不恰当的行为。

孩子是父母的反光镜,从孩子身上可以折射出父母的做人准则以及为人处世的哲学。事实上,一个吝啬自私的家长难以教出一个有奉献精神的孩子,一对心胸狭窄的父母也无法教育出一个胸怀宽广的孩子。父母对婴幼儿的教育应浸入日常生活中的点点滴滴。家庭成员之间的关系、生活习惯、家庭氛围、家长爱好等,都会潜移默化地影响孩子。所以,我们必须格外重视家庭教育给婴幼儿带来的重要影响。

(五)婴幼儿家庭教育的权威性或及时性

家庭教育的权威性是指父母长辈在孩子身上所体现出的权力和威力。家庭的存在,确定了父母与婴幼儿间的血缘关系、抚养关系、情感关系,婴幼儿在伦理道德和物质生活的需求方面对父母长辈有很大的依赖性,家庭成员的根本利益的一致性,都决定了父母对婴幼儿有较大的制约作用。

家庭教育的过程,是父母长辈在家庭中对孩子进行的个别教育行为,比幼儿园、学校教育要及时。常言道:知子莫若父,知女莫若母。家长与孩子朝夕相处,对他们的情况可以说是了如指掌,孩子身上稍有变化,即使是一个眼神、一个微笑都能使父母心领神会,故此父母通过孩子的一举一动、一言一行能及时掌握此时此刻他们的心理状态,发现孩子身上存在的问题,及时教育,及时纠偏,不让问题过夜,使不良行为习惯消灭在萌芽状态。

二、婴幼儿家庭教育的原则

婴幼儿家庭教育不是随心所欲、随意而行,而是必须按照科学性、理智性、指导性、渐进性、适度性和一致性等原则,根据教育目的、婴幼儿身心发展特点等,制订家庭教育计划、内容,选择正确的教育方法,从而完成家庭教育的任务,促进婴幼儿的健康成长。

(一)科学性原则

首先,家长应该更新价值观,树立开放意识,体现时代精神,构建学习环境。抛却传统的世俗偏见,不与人攀比物质条件,用开放的心态给婴幼儿提供快乐、自由、信任和支持的环境,鼓励婴幼儿敢于尝试、敢于发表见解,以促进婴幼儿个人潜能的发挥。

其次,以科学规律为指导,在教育内容上要体现民族特色。家庭是传递文化的载体,培养21世纪的中国人是当代每一个家长义不容辞的使命。在教育方法上,家长也应该立足中国国情,不能照搬照抄西方的思想。

(二)主体性原则

在开展婴幼儿家庭教育的过程中,家长不能忽略婴幼儿的主体地位,要尊重婴幼儿的选择性、自主性、能动性和创造性,充分发挥婴幼儿的主体作用,充分调动婴幼儿的积极主动性,并让婴幼儿懂得:尊重是相互的;家长尊重孩子,孩子才会尊重家长。

家长要把孩子放在与自己平等角度看待。心理学研究证明：孩子与父母平等地争辩，不仅是互爱的一种体现，而且能够帮助孩子树立信心，明辨是非，丰富想象力和创造力。下面的案例展现了家长以平等的态度与孩子的对话。

案例

儿子初一时的某一天，晚餐时，我们一边吃饭一边聊着各自学校的趣事，也聊到了自己读的好书。这时，儿子对我说："老妈，你猜，我长大了想做什么？"看着他明亮的双眼，我笑着反问他："那你说说看，你想做什么？"此时，儿子大声自豪地说："说得好听点，我要做旅行作家。"随后，儿子马上又羞涩地补充道："说得难听点，就是一个流浪汉。"儿子的话冲击着我。可是，我没有呵斥他，而是微笑着和他继续讨论。

"老妈尊重你的选择，你可以去做旅行作家或者是流浪汉。可是你得知道，那将是无比辛劳的职业，也许会食不果腹。你拿什么来养活自己？爸爸妈妈是不可能一直养你的。"

"老妈，我会用我的文字来换取稿费。"

"如果你的文字没有人要呢？不能发表呢？"

"老妈，你太小看你儿子了吧？"

"好，要我不小看你，那我就看你的行动。"

"好，老妈，我们击掌！"

从此，儿子在为他的理想努力着，我也在观望着。

（三）理智性原则

在婴幼儿家庭教育的实施过程中，首先家长要时刻注意调节自己的情绪，克制无益的冲动，不感情用事，不走上极端，能把消极因素转化为积极因素。其次，对待孩子的需要，家长要客观分析，满足其合理的要求，拒绝不当的要求，让孩子明辨是非，体验各种情感，不断取得进步。最后，杜绝溺爱，家长要将亲情和师情融为一体，不娇惯孩子、不袒护孩子，才能使家庭教育取得实效。

总之，家长只有全面关心孩子，爱护孩子，晓之以理，动之以情，导之以行，才能帮助孩子形成良好的习惯，促进个性的完美发展。

案例

幼儿园中班新来了一个小朋友苗苗。苗苗每天到了幼儿园，总是坐在位上一言不发，问他话也是哭丧着脸说不清楚，并且表现和其他孩子差异很大。表现一：他不爱吃饭，自己只会用勺子舀上一丁点儿往嘴里喂，见状，老师们催促无果只得又喂上几口。一天，到了吃牛肉圆子时，他居然把鼻子伸进小碗里嗅了嗅，随后冒出一句："这是什么饭啦？"做出一副很不舒服的样子，然后头也不回地走开了，在劝说不了的情况下老师只得给他少加了圆子数量。挑食、不肯自己吃饭的毛病,在他身上都有。表现二:起床时间一到,大多数小朋友一骨碌爬起来忙着穿衣穿裤,不再像小班一样坐等老师伸手帮忙。而苗苗把裤子拉到一半,就哭丧着脸立在原地,一个劲儿嘀咕:"好紧哪,好紧哪!"也没个下句儿。等老师走过去一了解,原来是没力气把牛仔裤拉上去了,急得直叫呢。看他扣扣子,也没一点儿经验,也得花上好长时间,穿鞋就更不用说了。表现三:该离园见家长了,接他的是他的外公,刚出教室门,只听见他一声一个字:"抱。"外公不由分说,举起他就架在了肩头上,后来又听别人议论这是他外公一贯的举动。

请问,苗苗为什么会有这些表现? 家长应该怎么做才能帮助苗苗正常地发展?

(四) 正确导向原则

家长要树立正确的儿童观,认识到婴幼儿是独立的个体,不仅有着与同龄孩子相似的特征,而且有着与同龄孩子不同的个性特征,并予以尊重。

婴幼儿主要在游戏中获得发展,家长应该鼓励并支持婴幼儿游戏,也可以通过游戏指导孩子,给予恰如其分的指导。

家长对孩子进行指导的目的就是要用正确的人生观、社会观和价值观对婴幼儿的成长给予影响,帮助婴幼儿抵制和克服消极因素,建立积极的人生观。

(五) 循序渐进性原则

渐进性原则是指在家庭教育中,家长要循序渐进地对孩子施加影响,由浅入深,从易到难,逐步提高对孩子的要求,让孩子不断体验成功的快乐,最终达到身心健康发展的目标。

具体做法是:对婴幼儿的要求要具体明确、适当合理、循序渐近。

(六) 适度性原则

信任原则:谎言是从不信任中来的。如果家长从孩子小时就很信任他(她),孩子就没有说谎的必要。

宽容原则:人非圣人,孰能无过? 孩子在成长的过程中,犯错误是正常的。家长应该宽容地对待,做好引导工作。

鼓励原则:许多家长有个坏习惯,不懂得鼓励,在孩子取得成绩的时候,可能是随意的一两句话就带过了。在家庭生活中,应该多鼓励孩子。

自由原则:很多家长把孩子管得很严,却往往吃力不讨好,甚至引起悲剧。应相信孩子的能力,给孩子一个自由发展的空间。

(七) 一致性原则

家长应做到:家长之间、家园之间互通信息,相互配合,统一要求,共同培育婴幼儿,否则孩子无所适从。

(八) 言传身教原则

榜样原则:家长是孩子第一个模仿的对象,家长一定要做好榜样,做好表率。

交流原则:孩子的成长不仅仅是物质,也有精神、情感的需要。家长忽略孩子的精神、情感需求,孩子和家长就没话说。长期下去,孩子和家长会相处得越来越尴尬。

但要注意,家庭教育的方法要随孩子年龄的增长而不断改变。

任务四　掌握婴幼儿家庭教育的方法

案例导入

一天下午,妈妈在接果果离开托育中心回家的路上,果果高兴地告诉妈妈:"老师今天表扬我了!"妈妈急忙问道:"老师为什么表扬你呢?"果果说:"因为吃苹果时,我挑了一个小的,把大的留给了金金。"妈妈却对果果说:"下次吃苹果时,你一定要挑一个最大的,把我们家今天的损失补回来。"

案例思考

这种家庭教育方式对果果的成长有利吗? 作为家长应该如何教育婴幼儿,有哪些方法呢?

"望子成龙,望女成凤"是每个家长的心愿,每个家长都希望自己的孩子健康、幸福地成长,家庭教育是一门科学,具有内在的规律性和科学的方法;家庭教育也是一门艺术,运用之妙,存乎一心。家庭教育方法是家庭教育过程中一个重要的组成部分,是家庭教育的基本要素之一。因此,家庭教育方法的确立和具体运用是实施家庭教育的必要条件。

一、环境熏陶法

环境熏陶法,是指在家庭教育中,家长有意识地为孩子创设一个健康积极、和谐融洽的家庭氛围,使孩子融入其中获得潜移默化、耳濡目染的熏陶,目的是让孩子养成良好的行为习惯和高尚的道德情操,使孩子身心得到和谐发展。

家长应如何给孩子创设一个良好的家庭环境呢? 运用环境熏陶法创设家庭环境应从多层次、多侧面来进行,建议做到以下四点。

(一) 营造民主、和谐的家庭氛围

婴幼儿最早、最直接的生活环境是家庭环境,家庭的生活环境每时每刻都在影响着婴幼儿。家庭教育是否成功,在很大程度上取决于亲子关系。生活在和谐、融洽的家庭气氛中的孩子大多具有活泼、开朗、热情、乐观等良好性格。家长应建立和谐、融洽的亲子关系,创造沟通良好、和谐共处、互勉共质的家庭心理环境。

家长与孩子之间应建立平等的朋友关系,无话不谈;家长还应当调整自己不切实际的期

望水平,对孩子的兴趣与爱好给予热情的支持和指导,不过分干涉其活动自由;应当充分促进家庭中的情感交流,建立一个与孩子平等对话的良好氛围,抽出更多的时间与孩子共同活动,了解孩子的想法和喜好,熟悉孩子的交往圈子。

(二)制定科学、合理的生活规律,养成良好的生活习惯

家长要制定明确、有弹性的家庭规则,有意识地约束自己的言行,做孩子的榜样。同时,应尽力为孩子创造安静、良好的学习环境和条件。家庭环境中包括家长的教养态度、生活规律等都应在一定时期内保持一贯性,通过一段时间的坚持,培养孩子良好的生活习惯和态度。比如,家长有早起床和早锻炼的习惯,会让孩子养成朝气蓬勃的生活态度,使孩子感到快乐;养成动静有序的生活习惯,让孩子动则活跃,静则专注;养成适度地看电视和按时睡眠的习惯,培养孩子的意志力和独立精神。

图1-8

(三)提高家庭成员自身素质,形成良好的家风

在家庭教育中,并不是只有孩子单方面受教育,家长更应该先受教育,并且孩子与家长之间还应相互学习、相互教育。这就要求家长树立终身教育观念,不断更新知识和观念,与孩子共同学习、共同成长。这不仅可以营造出一个充满书香的家庭学习氛围,自然而然地激发孩子的学习兴趣,同时也提高了家长自身的教育素质。此外,借助电视中的教育频道和专家访谈节目、互联网上的教育科学知识等资源,也可以帮助实现家庭教育的目的;有条件的家长还可以多看一些有关亲子教育和心理方面的书籍,向专家和专业工作者咨询请教,也有助于提高家长的教育素质。

(四)美化家庭生活环境,打造安全、舒适的家居空间

家居空间无论是宽敞还是狭窄,家居布置无论是高档还是简陋,对孩子来说都是可以随心所欲、纵情表现的空间。井井有条、温馨和睦的家庭环境最能满足孩子成长所需要的安全、稳定、支持、依靠、呵护与关爱。

家庭环境的合理布局应考虑诸多方面。比如,注意色彩搭配,孩子喜欢五彩缤纷的世界,鲜明而协调的色彩能够培养孩子乐观开朗的性格,陶冶美德情操,应该让孩子生活在这种多姿多彩的世界里,让他们健康地成长;注意采光和通风,阳光的照射具有杀菌、净化空气、提高温度等作用,室内光线是否合适对孩子的身心健康具有直接影响,创造并合理地利用光源有利于增强良好的环境氛围,同时应该高度重视家庭中自然通风

图1-9

设计和环境的舒适性。

无论居住面积的大小,都应为孩子留出一块相对开阔的地方,成为孩子自由活动的固定空间。摆放家具、桌椅时,要尽可能留出通畅、宽阔的通道,不要阻碍孩子的行动。有条件的家庭可以给孩子提供一个单独的房间,这既是孩子的私密空间,也是孩子独立管理的空间。孩子在获得属于自己的领地时,应该承担整理、打扫的责任。家长可以把储物柜做得低一些,适合孩子的身高,便于他们自己收拾物品。

二、榜样示范法

身教胜于言教。陈鹤琴先生说过,孩子是好模仿的。家长身上不良的品行,如懒散、粗鲁、急躁、狭隘、势利、缺乏善心,以及不良的生活方式等,往往易被孩子模仿。可见,榜样的力量是巨大的。

所谓榜样示范法是通过为孩子树立好的榜样,为孩子提供观察、学习、模仿的范本,帮助其养成和加强良好行为的方法。榜样可以是家长自身,也可以是与孩子同龄的伙伴,还可以是孩子熟悉或崇拜的人(如教师等),他们更容易使孩子产生模仿行为。为孩子树立正确、积极的榜样形象时,可以从以下三个方面进行。

(一) 家长做好表率

孩子的第一榜样是家长,家长的言谈举止、仪态气质、风度和品格都对孩子具有榜样示范作用,潜移默化地产生深远影响。家长的行为榜样往往比言语更具有影响力。陈鹤琴说:"做家长的不得不事事谨慎,务使己身堪有作则之价值。"孩子最善于模仿,家长要求孩子做的,自己必须先做到。无论做人、做事还是学习、生活,都应该先用同样的标准要求自己,再去要求孩子,少说多做,身体力行。

家长应当了解孩子模仿的基本特点,即从无意识模仿逐渐过渡到有意识模仿,从游戏的模仿到生活实践的模仿,从把模仿当作目的到把模仿作为达到目的的手段,从模仿榜样的外部特征而产生类似的举动到模仿榜样的内心特征而产生独创性行为。只有根据孩子的年龄特点,有针对性地树立榜样,榜样示范法才能收到事半功倍的效果。

(二) 重视典范与示范

榜样的力量是无穷的,婴幼儿模仿性强,生动的形象易于感染他们,激发他们向榜样学习的热情。因此家长应重视典范与示范的作用。家长可以有意识地向孩子介绍历史伟人、著名科学家等杰出人物的先进事迹,其生平业绩、人格形象等会对孩子产生强烈的吸引力,激发其敬仰之情、效仿之心。例如,许多的杰出人物在各自领域取得了卓著的成就,以这些典型人物的优秀品质去影响、教育孩子,使孩子在不知不觉中模仿、学习,不断唤醒孩子的梦想和理想。激发他们对榜样的敬慕之情,要求孩子用实际行动学习榜样,榜样示范的根本目的在于将榜样的行为转化为孩子的实际行动。

图 1-10

（三）引导婴幼儿向榜样学习

榜样的种类包括家长、革命领袖和英雄模范人物、幼儿园老师和同伴等。首先，家长要帮助孩子寻找并发现与其年龄、兴趣、志向、条件、境遇等方面具有相似点的榜样；其次，家长要向孩子介绍榜样的好行为、好品质，使他们明确要向榜样学什么、怎么学，调动孩子学习的主动性；最后，家长要对榜样的好行为、好品质进行分析，引导孩子对照自己，找出差距，明确努力方向，以实际行动学习榜样。

三、启发诱导法

启发诱导法是指调动受教育者的学习兴趣，引导他们主动思考，使他们变被动学习为主动学习的方法。在家庭教育中，家长要学会调动孩子的学习兴趣，引导他们积极主动地思考，让家庭教育由说教变成启发引导。对孩子的教育要遵循启发诱导的方法。启发诱导法充分尊重了婴幼儿学习的主体性，使他们的学习由被动变为主动，避免了传统的灌输式的教育方法，使婴幼儿可以更好地接受教育，培养健全人格。在实施时可以采取以下做法。

（一）重视孩子兴趣引导

图 1-11

兴趣是最好的老师，兴趣是婴幼儿学习的动力，必须重视他们的兴趣，引导并培养他们的兴趣，避免以成人的愿望代替婴幼儿的兴趣，更要防止拔苗助长。有的婴幼儿对绘画感兴趣，家长偏要他学钢琴，结果造成婴幼儿厌烦和抵触；有的婴幼儿对音乐有特别的喜好，但家长逼迫他必须考级达标，面对压力，婴幼儿的兴趣和积极性荡然无存；在学前期，对婴幼儿进行枯燥的数学、识字训练，会使婴幼儿没有背上书包就开始厌倦学习。所谓保护婴幼儿的兴趣就是保护他们可持续发展的后劲，否则必然会造成婴幼儿心理负担过重，影响健康发展。

（二）以故事或谈话创设情境，引发婴幼儿的兴趣

为婴幼儿创造问题情境，婴幼儿有了疑问，积极思考，对婴幼儿思维的发展极其重要。要让婴幼儿有问题意识，一个重要的做法是安排一个情境，激发婴幼儿想问的兴趣。我们这里所说的安排"情境"，是有一些技巧可以遵循的。首先，要让婴幼儿感到好奇。比如故事讲一半，婴幼儿想知道结果，于是对故事产生了浓厚的兴趣，还可以玩猜谜游戏，家长给一些暗示，同样也能使婴幼儿产生兴趣。要鼓励婴幼儿积极思考，主动提出问题。

因此，家长如果能够有意识地引导婴幼儿的兴趣，保护好婴幼儿的好奇心，鼓励婴幼儿积极思考，对婴幼儿的提问努力表现出自己的关注，与婴幼儿一起去思考，去寻求未知的答案，婴幼儿提出问题的欲望和探求兴趣就会不断增强。

四、奖惩激励法

奖惩激励法是指在婴幼儿家庭教育中,家长激励孩子发挥其积极性,使孩子明确并发扬自己的优点、长处,认识并克服自己的缺点和不足,从而主动地按正确的行为准则去行动。其方式包括表扬、奖励和批评、惩罚。清代思想家、教育家颜元说过:"数子十过,不如奖子一长。"因此,对孩子的激励应以表扬、奖励为主。具体如下。

(一) 正确进行表扬和奖励

1. 表扬孩子的点滴进步

在生活中,肯定孩子的点滴进步是巩固孩子的好行为并使其形成良好习惯的重要手段。比如孩子的东西往往用过后乱扔,家长可以要求孩子把自己的东西整理好,孩子整理好一件东西,就及时表扬,可以说:"你这样做真好,如果能把其他东西收拾好就更好了。"这样孩子就会逐渐巩固自己的好行为,形成好习惯。孩子的成长是点滴进步的积累。而良好的习惯和就是由这些"简单"的行为累积而成的。因此,只要有助于培养孩子良好的习惯,增强其自信心,父母就可以慷慨地给予表扬。

2. 表扬要及时、具体

首先,表扬要及时。对应该表扬的行为,父母要及时表扬,这样会收到良好的教育效果。否则,孩子会弄不清楚自己为什么受到了表扬,因而对这个表扬不会有什么深刻印象,更谈不上强化好的行为了。其次,表扬要具体。家长应特别注意强调孩子令人满意的具体行为。表扬得越具体,孩子对哪些是好的行为就越清楚。比如,两个小朋友在一起玩耍,一小朋友跌倒了,哭了,另一个小朋友跑过去把他扶起来,安慰他。如果家长说"你今天真棒",孩子往往不明白"真棒"指的是什么。家长可以这样说:"你今天把小朋友扶起来并安慰他,你做得很好,妈妈很高兴,以后和小朋友在一起玩耍,就要像这样互相关心、互相帮助。"用这种方法既表扬了孩子,又培养了孩子关心别人、助人为乐的良好行为。

(二) 精神奖励为主,物质奖励为辅

对于孩子生活中表现出来的良好行为和习惯,家长给予适当的物质奖励是合乎情理也是必要的。孩子年龄小,物质生活条件要靠家庭提供,给予物质奖励也是满足孩子物质生活的一个途径。比如,孩子表现好,可以给他一个小玩具,或他爱吃的小食品。但是,家长在对孩子进行物质奖励时一定要慎重。如果把物质奖励当成刺激孩子积极性的主要手段,长此以往,孩子就会为得到某种好处去努力,形成不正确的动机。所以,家长在给予孩子物质奖励时,要结合说服教育。要讲清楚孩子好在哪里,有何进步,为何给予物质奖励,以后要怎样做等。让孩子不仅得到物质上的满足,还要进而转化为精神上的动力。对孩子不论进行精神奖励还是物质奖励,实质上都是对孩子积极行为的肯定,要想让孩子树立自觉的、持久的良好动机,精神奖励是根本的、最有效的办法,所以,家长在奖励孩子时应坚持精神奖励为主、物质奖励为辅的原则。

(三) 慎用批评惩罚

1. 冷静理智

家长要端正批评惩罚的目的。批评惩罚是为了纠正错误,让孩子知错改错,而不是发

泄。在现实生活中,有些家长批评惩罚孩子,是因为孩子的某些错误伤害了自己的面子,所说的话不是在批评教育孩子,而是拿孩子出气。所以,家长在批评、惩罚孩子时,一定要保持头脑冷静,要理智地对待孩子的缺点和错误。

2. 注意时间和场合

批评惩罚孩子不要在自己和孩子都很生气的时候,应该在双方都心平气和的时候进行。当孩子大发脾气时,对于父母的批评惩罚往往会产生逆反心理,拒不接受。父母在气头上教育孩子,也难免会过火。所以,家长必须注意时间和场合。不要把饭桌作为批评的场所,在饭桌上批评孩子很可能会造成孩子的厌食,而且也得不到教育的效果。要尽量避免在众人面前批评孩子。有的家长喜欢当着别人的面,批评惩罚自己的孩子,有时候还在客人和小朋友面前说自己孩子的缺点。这种做法大大伤害了孩子的自尊心。

3. 就事论事

图 1 - 12

家长批评惩罚孩子要客观,坚持就事论事,点到为止。就孩子所做的这件事本身讲道理,提出要求,不要唠唠叨叨,没完没了,将孩子以前的事也说出来。孩子针对过去做错的事已经认了错,可是有的家长批评惩罚孩子时习惯于翻旧账;或者进而给孩子的这次行为下了不负责任的结论。孩子被数落得一无是处,会使他们产生自卑感。所以,家长批评惩罚孩子,要针对孩子所做的事情进行,让孩子清楚地知道他做错了什么,并告诉他正确的行为,以便于孩子改正缺点和错误,对于这样的批评,孩子会牢记终身。

五、实践锻炼法

实践锻炼法是指在婴幼儿家庭教育中,根据孩子的发展和社会的需要,有目的地引导孩子参加各种力所能及的实践活动,从中得到锻炼,以便学会某种技能技巧,发展能力,培养良好的行为习惯和思想品德的方法。

(一)家长重视孩子实践锻炼

实践锻炼是让孩子身体力行、亲自去做,家长要积极引导、支持并放手让孩子进行各方面的实际锻炼,这是家庭教育的重要

图 1 - 13

方法。比如,对于婴幼儿,有些社会交往技能是必须"教给",如怎样参与到别人的游戏活动中去,怎样对同伴的友善行为作出回报,怎样与同伴分享食物、玩具,怎样给予同伴关心、帮助和同情,在这些时候应该说什么话,做出什么样的表情和动作,经常向孩子讲述并引导孩

子付诸行动。如何付诸行动呢？可以让孩子进行角色扮演。例如，给孩子讲了《孔融让梨》的故事，可以让孩子扮演孔融这个角色，进行实践训练。培养孩子的技能技巧、能力要从小着手，品德和习惯的养成，也要从小抓起，经常性地进行训练。

(二) 培养孩子吃苦耐劳的精神

对婴幼儿来讲，养成某种习惯和品质，吃点苦是难免的。有的家长心疼孩子，孩子刚一叫苦喊累，就做出让步，半途而废，使孩子养成怕苦怕累，做事虎头蛇尾的毛病。比如孩子学走路，刚摔了一个跟头，有的家长就心疼得不得了，把孩子抱在怀里，再也不让孩子练习走路，这样会影响孩子尽早学会走路。孩子小时候，家长舍不得让他们吃点苦，受一点磨难，应该学会的技能技巧不会，应该具备的能力不具备，应该形成的习惯和品德没有形成，等孩子长大离开父母独立生活，会吃更大的苦头，会受更大的磨难。

(三) 针对孩子的年龄特征进行具体指导

指导婴幼儿进行实践锻炼，要考虑孩子的年龄特征。从孩子的实际能力出发，提出实践的内容和任务。实践锻炼的难易程度应当是经过孩子的努力可以胜任的。在实践锻炼之前，家长要根据孩子的年龄特征，提出要求，进行具体指导。比如，对婴幼儿进行爱的教育，不能只讲道理，而应该在日常的、具体的小事中对其进行点滴渗透，爱的教育就是爱的习惯的培养。养成习惯贵在躬行实践，由爱护一棵小草到敬重所有的生命，由善待一只蚂蚁到关爱他人、社会，习惯终会成自然。如，当父母下班时，给他们拿一双拖鞋；回家向父母问好；吃饭时请父母先吃，然后自己动筷。家长还要教育孩子自己的事情自己做。这些琐碎的要求无形中触动了婴幼儿的道德情感，从爱父母到爱幼儿园的小朋友和老师，学会宽容他人，与小朋友和睦相处，学会合作，善解人意，互相包容。习惯的养成有赖于反复实践。所以，在要求孩子达到某一项行为要求时，一定要让其反复练习、巩固，并经常采取表扬、鼓励的方法，促进孩子自觉地巩固。

六、说理教育法

说理教育法是指婴幼儿家长通过摆事实、讲道理来使孩子提高认识，培养良好的道德品质，形成正确的行为规范的方法。它是家长教育孩子时常用的一种基本方法。说理教育法是建立在对孩子充分信任和尊重的基础之上的，是以理服人，启发自觉性，而不是以力压人。这种方法的教育效果较好，易于为孩子所接受。

说理教育的具体方式有两种，即谈话和讨论。谈话的内容可以是多种多样的，但内容的深浅程度要适合孩子的理解接受能力。每次谈话的内容可以是广泛的，也可以集中谈某一个方面的问题。谈话要有灵活性，要看孩子理解接受的情况，不可强制灌输；要有启发性，引导孩子自己去思考；要有具体形象性，对孩子谈较为深奥的道理，要尽可能做到深入浅出。具体做法如下。

(一) 谈话时做到情理交融

在家长运用说理这一具体方式时，要结合孩子的思想实际，有针对性地说理，进行分析，使孩子掌握某种行为标准，形成正确的观念。说理不等于说教，正确的做法是把理与情有机地结合起来，使孩子在情感上引起共鸣，在认识上对某一问题产生共识。在说理中做到情理交融,首先,要进行心理换位,即"设身处地"。许多问题,讲大道理不一定讲得清,即使讲得清,孩子也不一定听得懂或听进去。但只要父母从孩子的角度看问题,站在孩子的立场上想一想,道理就比较容易说明白,再让孩子设身处地地想一想,孩子就会豁然开朗。其次,要有真情实感,谈话中尽量避免出现以下"忌语":"不准这么做""闭嘴""如果你不这样做,我就⋯⋯"因为孩子从这些话中,感受到的是禁止和威胁。家长要以关心孩子为出发点,要注意措辞,要用文明、尊重、协商、关心的语言,使孩子感到亲切,并感受到父母的关爱。另外,和孩子谈话,家长一定要有正确的思想观点,通过谈话,使孩子明辨是非,如果家长的思想观点是错误的,那么教育注定是要失败的。

（二）讨论时做到民主平等

在家长运用讨论这一具体方式时,要和孩子以民主、平等的态度共同研究讨论问题,以使孩子提高认识,掌握正确的行为规范。讨论问题时,家长要放下架子,要有真诚、民主、平等的态度,让孩子充分发表意见。孩子讲话时,家长要认真地倾听,只有倾听孩子的心里话,知道孩子想什么、关注什么,才能有针对性地给予帮助和指导。即使是家长认为是不正确的观点,也要让孩子讲完、讲清楚,然后慢慢加以解释。孩子不同意家长的观点,可以反驳,可以批评,如果不能说服家长,允许孩子保留自己的看法。讨论的过程可以使孩子认识自身的价值,增强自信心,培养追求民主的精神。这样能使孩子更好地适应社会生活,并在社会生活中充分发挥主人翁的责任感。家长切勿一听到不同意见,就无理压制,板起面孔训斥,这样会使讨论无法进行。

三 同步实训

5岁的兰兰是家里唯一的孩子,平时爸爸妈妈上班没有时间照看她,一般都是爷爷奶奶照顾兰兰。兰兰喜欢吃零食,爷爷奶奶总是有求必应;兰兰喜欢吃冰激凌,爷爷奶奶也是一一满足;兰兰喜欢吃肉,爷爷奶奶更是每餐做排骨,满足兰兰。现在兰兰的体重已经超过了同龄小朋友的标准体重范围,几乎每次吃完冰激凌都会拉肚子。

请分析爷爷奶奶的行为是否正确,并给予科学的指导意见。

1. 实训目的
加深学生对婴幼儿家庭教育指导的概念、作用、内容和原则等的认识。

2. 实训安排
（1）学生分成4组,讨论上述案例,并查询更多的案例。
（2）根据本模块内容分析家庭教育案例的优缺点,并提出合理的家庭教育指导方案。

3. 教师注意事项
（1）由1+X幼儿照护职业技能等级证书具体考题导入婴幼儿生长发育特点的学习。
（2）提供一些简单案例,供学生讨论。

4. 资源（时间）
2课时,参考书籍、案例、网页。

5. 评价标准

表现要求	是否适用	已达要求	未达要求
外在表现(参与度、讨论发言积极程度)			
针对不同年龄阶段婴幼儿的家庭指导方案的合理程度			

教学做一体化训练

在线练习

一、重点名词

1. 环境熏陶法

2. 榜样示范法

3. 启发诱导法

二、课后讨论

很多人说:"树大自然直,人大自然长。"持有这种想法的父母对待婴幼儿的教育方式被称为"放养"。然而,古人说"养不教,父之过",是教育家长的警言。

请试着讨论并分析这两种教育婴幼儿的态度。

三、课后自测

案例分析:请运用所学理论对以下案例进行分析,并对该幼儿的家庭教育做出相应的指导。

轩轩小朋友,男孩,中班。轩轩活泼好动,比较任性,容易生气。他从小受爷爷奶奶的溺爱,在家就是一个"小少爷",以自我为中心,爱表现自己,缺乏与同龄人的交往。

在区角活动时,老师是按组来请小朋友去选区角游戏的,坐得好的小朋友就先被请到去玩,每次等其他小组都选好之后,轩轩所在的那组才会被请去选区角活动,因为每次都是最后被请到,轩轩想玩的下棋区总是已经客满了,老师规定的人数满了就不能再进去玩,他就拿着自己的小椅子到下棋区对一个比较弱小的男孩说:"我要玩下棋,你让开,你去玩别的。"说着,他又把棋都弄乱了。他见那个男孩还坐在椅子上不动,就用手推了那个男孩,把他推倒在地上,于是小男孩就哭了。而轩轩就好像不关他的事一屁股坐在椅子上跟其他小朋友下起棋来。

在排队洗手时,洗手池边已经有很多小朋友,轩轩就是硬挤进去,用力把两边的小朋友拉出来,嘴里说着:"我先,我先。"其他小朋友也不服气说:"是我们先到的,你干吗插队?到后面去,不然我们告诉老师去。"接下来他们就开始争吵起来,你推我,我拉你。

做早操时间,轩轩就乱站,做操时踢到了前面小朋友的脚,对不起也不说一声,还偷偷地笑。排队回教室时和其他小朋友推来推去,把一个小朋友推在了台阶上,结果那个小朋友的腰撞伤了,几天不能来幼儿园,只能躺在床上。

轩轩喜欢在教室里跑来跑去,一不小心就撞到其他小朋友,有时他是故意去碰碰小朋友,一天下来会招惹很多小朋友,教室里就听见小朋友:"老师,轩轩他打我;老师,轩轩抢我的玩具。"轩轩小朋友每天会因为他的攻击性行为被小朋友告状好几次,但他自己总是一副无所谓的样子。

📚 课后推荐

图书:

1.《谁拿走了孩子的童年》(李跃儿著)

2.《孩子,把你的手给我》([美]海姆·G.吉诺特著,张雪兰译)

电影:

1.《婴儿日记》,法国,2007

2.《阿甘正传》,美国,1994

3.《当幸福来敲门》,美国,2006

模块二
我国婴幼儿家庭教育的现状

📖 **学习目标**

- 识记：核心家庭、主干家庭等名词。
- 领会：我国婴幼儿家庭教育的现状和发展趋势。
- 理解：我国婴幼儿家庭教育的传统特点。
- 应用：能分析社会背景、家庭环境、家长自身因素对婴幼儿家庭教育的影响。

✦ **模块描述**

　　本模块主要引导学习者了解我国婴幼儿家庭教育的传统特点，理解婴幼儿家庭教育的优势与局限性，掌握社会背景因素、家庭环境因素、家长自身因素对婴幼儿家庭教育的影响，明确我国婴幼儿家庭教育的现状和发展趋势。

🧠 **思维导图**

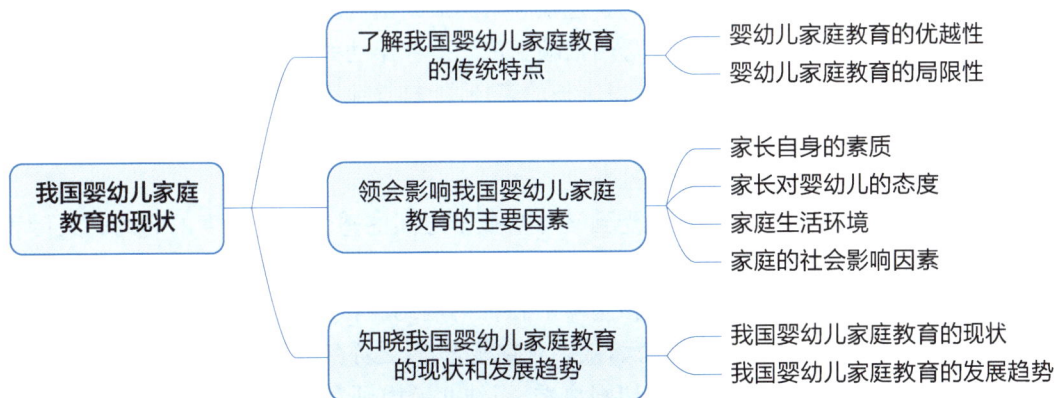

任务一 了解我国婴幼儿家庭教育的传统特点

案例导入

案例一：人民艺术家、作家老舍先生曾深情地回忆母亲说："从私塾到小学到中学，我经历过起码有百位教师吧！其中有给我很大影响的，也有毫无影响的，但是我真正的教师，把性格传给我的，是我的母亲，母亲不识字，她给我的是生命的教育。"

案例二：有位妈妈正在厨房洗碗，忽然听到小孩在后院蹦蹦跳跳玩耍的声音。妈妈问："你干吗呢？"孩子答："我要跳到月亮上去！"如果你是孩子的母亲，你会不会笑话他"胡说八道"？会不会怪他"乱蹦乱跳"？您猜那位母亲是怎么说的？"好哇，但是你可别忘了回来呀！"那个没被泼冷水的孩子名叫阿姆斯特朗，他后来成为第一个登上月球的人。

❓ 案例思考

两个案例说明了什么？日本有句谚语："父母是弓，孩子是箭。"对此，你怎样理解？

一、我国婴幼儿家庭教育的传统特点

（一）婴幼儿家庭教育的优越性

1. 亲情性和感染性

婴幼儿家庭教育建立在亲子血缘关系之上，这种天然的情感联系是其他任何教育不具备的。家长对孩子的爱是无条件的，为了把孩子培养成人，甘愿倾注全部的心血和精力。正因为有血缘关系，才有了婴幼儿对父母的信赖和依恋。在年幼的孩子心中，家长具有至高无上的地位，他们十分敬重家长，乐于获得家长的表扬，能自觉地服从家长的管教，这使得家长的教育往往具有强大的感染力和号召力。尤其是婴幼儿，比较依赖母亲，乐于听从父母的安排，这种亲情性在现实生活中随处可见。

家庭的这种情感感染作用，首先受到父母与孩子之间的感情亲密程度的制约。父母和孩子的感情越深厚，感化作用就越强，威力就越大；反之，父母和孩子的感情越淡漠，感化作用就越弱，威力就越小。其次还受到孩子年龄特征的制约。孩子年龄越小，情感越多变，对父母就越依赖越依恋，感染作用就越大，效果就越显著，反之亦然。例如，有对夫妇由经常当着年幼孩子的面吵架，发展到天天打架闹离婚，当幼儿园教师在班级要求婴幼儿画"我的家人"的主题画时，这个孩子却画出了这样一幅图：在爸爸（高举着拳头，站立）和妈妈（张大着嘴巴，站立）中间，有个瘦小的女孩躺在地上。教师看了以后，不解地问她："这个小女孩在干什么？"她说："这个小女孩快要死了。"教师又问她："为什么这个小女孩快要死了？"她说："因为她的爸爸妈妈马上就要离婚了。"透过这幅画,我们可以看出,孩子对于父母情感的变化是非常敏感的,并在情绪上受到了严重的影响,出现了情感上的消极共鸣现象,俗话说"孩子的脸是父母关系的晴雨表",讲的就是这个道理。

2. 全面性和针对性

婴幼儿家庭教育不是片面、单一的教育,而是全方位的、复合的教育。它渗透于婴幼儿家庭生活的方方面面,内容极其丰富。一个合格的社会成员,必须接受全面教育。无论是德育还是智育、体育、美育、劳动教育,家庭教育都有责任使婴幼儿向社会所需要的方向发展。这一目的决定了婴幼儿家庭教育的全面性。

鲜明的针对性是家庭教育的又一大特色。俗话说:"知子莫如父。"这话不无道理。孩子从一生下来,便首先进入家庭生活,与父母形影不离、朝夕相处,同父母接触的机会最多、相处的时间最长,因此,只有父母能够全面、细致地了解自己的孩子。同时,又由于孩子对父母的信任感和安全感,他们所表现出的个性非常真实,所以家长能更深刻地了解孩子。这样就使家庭教育比较容易做到从实际出发、有的放矢、因人而异、因材施教,教育中问题抓得准、抓得及时,教育方式方法选择得当,教育内容也适宜,体现出很大的灵活性,充满了家庭的个性色彩。

3. 奠基性和继承性

婴幼儿家庭教育与其他教育相比,具有天然的早期优势。它开始于孩子出生之日,甚至可上溯到胎儿期。"狼孩"事件众所周知。狼孩的行为、生活习性和狼完全一样,这是由于其错过了人生发展的最佳时期——婴幼儿期和童年期,即使是回归社会后,对他进行专门的训练和教育,也很难令其恢复人性。所以,早期的家庭教育是人生的奠基教育,具有其他教育无法替代的重要性。

人类社会的家庭关系是一代代延续发展的,因此婴幼儿家庭教育也就具有继承性。人们在家庭里接受了父辈、祖辈对自己的教育和影响,在长大成家之后,也会用从父辈、祖辈那里接受影响和教育所形成的思想观点、行为习惯去影响、教育自己的后代。

婴幼儿家庭教育的这种继承性,突出地表现在两个方面。一是"家风",或者叫"门风"。它是一个家庭在几代人的繁衍过程中逐步形成的较为稳定的生活作风、生活方式、传统习惯、家庭道德规范,以及待人接物、为人处世之道等,是一个家庭的思想意识方面的传统。"家风"形成以后,不仅对当代的家庭成员有深刻影响,还会世代相传,成为一种顽强稳定的习惯势力。二是"家业",也叫"家传"或"家学"。它是指一个家庭世世代代都从事的职业,或是几代人都具有同样的兴趣、爱好、学问、专长。在我国历史上,家传对一个人的事业发展产生影响的例子很多。比如,伟大的史学家司马迁,他的祖辈世世代代都是史官,父亲司马谈就曾担任太史令。东汉班彪研究史学,写了六十多篇《史记后传》。班彪死后,儿子班固接着写下去,用了二十多年把一部《汉书》写成,后来又由其妹妹班昭补修。可见,"家业"对于人的成长和成才具有特殊意义。

4. 自然性和个体性

所谓自然性,是指家庭是婴幼儿的天然学校,家长是婴幼儿天然的老师。婴幼儿家庭教育大量地渗透在家庭日常生活中,通过父母和家庭成员的交往与活动、言谈举止、待人接物、日常家务劳动等来实现,这就决定了家庭教育是伴随着自然生活的教育。而且,婴幼儿家庭教育是在不经意的情况下进行的。婴幼儿家庭教育中没有明确的教育目标、教育计划和固定的教材,没有具备专门知识和技能的专职教师,也没有对教育方法、方式严格、明确的规定和对教育结果的检查与评定。婴幼儿家庭教育不受时间、地点、场合、条件的限制,可以根据婴幼儿的实际表现与发展水平,随时调整教育的内容与方法,利用一切机会对孩子进行教育,方法十分灵活。

所谓个体性,是指家庭教育的施教者(主要是父母),能从实际出发,有的放矢地对婴幼儿实施教育。婴幼儿家庭教育具有个体性,是以父母对孩子的了解为前提的。家长最了解自己的孩子,能够有针对性地开展教育。主要体现在:家长不仅对孩子的问题抓得准,抓得及时,而且教育内容和教育方法选择相对适当;也可以做到发现问题的苗头,采取有效的预防措施,防微杜渐,把问题消灭在萌芽状态之中。这样有针对性地进行教育,其效果肯定是十分明显的。

5. 权威性和终身性

家庭教育的权威性是指父母长辈在孩子身上所体现出的权力和威信。家庭的存在,确定了父母与婴幼儿之间的血缘关系、抚养关系、情感关系,婴幼儿在伦理道德和物质生活的需求方面对父母长辈有很大的依赖性,家庭成员的根本利益的一致性,都决定了父母对婴幼儿有较大的制约作用。父母的教育易于被孩子接受和服从,家长合理地利用这一特点,对孩子良好品德和行为习惯的形成很有益处,对于婴幼儿来说,尤其如此。当婴幼儿在与其他小朋友玩耍游戏而出现争执情况时,往往会引用父母的话来证实自己的言语行为是对的,如他们喜欢说"我爸爸是这样说的"或"我妈妈是那样做的"等。父母在孩子心目中的权威性决定着孩子如何看待和接受幼儿园、学校及社会的教育。

孩子与父母的关系,是孩子最先面临的一种重要的社会关系。在这种关系中,几乎体现了社会人伦道德的各个方面,如果在这种关系中形成裂痕和缺陷,孩子长大后,在各种人际关系中就会反映出来。因此,强调父母权威的重要性,是因为父母在孩子幼年时期始终扮演着双重角色:既是孩子安全生存的保护者,又是孩子人生启蒙的向导。父母教育的效果如何,要看父母权威树立的程度,同时,父母权威的树立必须建立在尊重孩子人格的基础上,而不是在封建的家长制上,明智的家长懂得树立权威的重要性,更懂得权威的树立不是靠压制、强求、主观臆断,而是采用刚柔相济的方法。父母双方在教育婴幼儿的态度上首先要协调一致,并相互配合,应宽则宽、应严则严,在孩子面前树立起一个慈祥而威严的形象,使孩子容易接受父母的教育。

家庭教育的连续性往往对人才群体的崛起有着重要影响。这种情况在古代和近代比较突出,在当代,随着科学的发展、社会需求的细分,人们的择业面变宽,一个家庭中所有的成员几乎不可能都从事同一种工作,但家庭教育的连续性依旧存在,例如,有些家庭成员在工作中屡屡出成绩、受表彰,而有的家庭中成员违法犯罪接二连三。这都与家庭教育终身性有着很大的关系。

(二) 婴幼儿家庭教育的局限性

1. 封闭性和差异性

家庭教育是由家长对自己的孩子在家庭生活范围内进行的教育,对孩子的教育往往是关起门来进行的,究竟如何管教孩子,用什么思想作指导,给孩子什么内容的教育,主要取决于家长的意志、兴趣、爱好、思想水平和教育能力等。一个家庭的生活方式、生活习惯、家长的素质和能力总是有局限性的,这直接影响家庭教育的进行。

家庭教育对婴幼儿的成长有着十分重要的作用,可实际上并不是所有的家庭都具备教育婴幼儿的有利条件。不同条件、不同家庭氛围、不同教育理念教育下的婴幼儿千差万别。每个家庭不同的家庭教育的方式方法,形成不同的孩子个性。所以,婴幼儿家庭教育的差异性十分明显,这对婴幼儿的发展意义重大。

2. 非理性和随意性

婴幼儿家庭教育是由家长、父母亲自教育自己的孩子,父母和孩子之间有天然的血缘关系和根本利益一致的关系。在家长理智的时候,这种特殊的关系就成为教育孩子的有利因素,促使家长正确地爱孩子和教育孩子;相反,在家长失去理智的时候,这种特殊关系就转化为教育孩子的不利因素。

家长感情用事一般表现在两个方面:第一个倾向是娇惯溺爱。很多家长明明看到孩子的不足,也不去管教,而是姑息迁就,放任自流,不管不顾。第二个倾向指的是感情用事的另一个极端,那就是操之过急,方法简单粗暴。

婴幼儿家庭教育与幼儿园教育、社会教育不同,是随时随地进行的,不受时间、地点限制,一般是无计划、无制度、无系统的。孩子之间智商的差别是有限的,先天的聪明、遗传的因素是客观存在的。然而,后天客观因素的影响更加重要,孩子的身上都有着巨大的潜力。家长应把孩子身上蕴藏的丰富潜能调动起来,像挖矿一样把它挖掘出来。只不过有时矿藏埋得很深,很难挖,有时我们做家长的自身乱挖、挖错了线路,将矿藏挖碎了,或背道而驰,离埋藏矿藏的地方越来越远。

婴幼儿家庭教育的随意性具体表现在以下三方面:第一,缺乏组织性。婴幼儿家庭教育有很大的自主权和很强的独立性,缺乏严格的组织性。第二,缺乏系统性和计划性。家庭教育一般没有什么固定的内容,往往以家长的好恶为标准,较为随机和分散,没有计划性,缺乏系统性。第三,缺乏可控性。由于家庭生活的内容相当复杂,有些内容是积极有益的,而有些内容可能是消极无益的,有些复杂的家庭情况,往往在孩子面前难以控制和回避。

任务二 领会影响我国婴幼儿家庭教育的主要因素

案例导入

有一个年轻的妈妈,从怀孕的那一刻起,就开始为孩子奔波。当这个孩子只有 5 个月大的时候,他就被送去参加各种各样的训练班,以提高算术能力、语言能力和运动技能。在他 14 个月的时候,又被送去参加一个又一个的"优秀宝宝"培训班。结果,这个孩子快到 3 岁时,开始主动反抗母亲,他把学到的技能全部都丢了,一听到学习,他就表现出异常的恐惧。

❓ 案例思考

上述案例体现了家长怎样的教育观念?

目前,我国婴幼儿家庭教育受到诸多因素的影响,主要有以下方面。

一、家长自身的素质

父母的素质是影响婴幼儿最主要也是最重要的家庭因素。素质一般是指一个人文化水平的高低,身体的健康程度,家族遗传与自己的惯性思维能力,对事物的洞察力,管理能力,智商、情商层次高低以及职业技能所达级别的综合体现。一个人的素质是以人的先天禀赋为基质,在后天环境和教育影响下形成并发展起来的内在的相对稳定的身心综合体现。婴幼儿在学前教育阶段,最容易模仿身边亲近的人形成的自身素质,也就是最容易受到家长素质的影响。从婴幼儿身心发展特点来看,婴幼儿不仅生活上依赖父母,同时由于缺乏生活经验和社会经验,没有辨别是非的能力,父母的一言一行在孩子的眼里都是对的,因此,父母的人格、道德修养、价值观念、行为习惯等就成了孩子社会认知的标准。而个人的素质一旦形成就具有内在的相对稳定的特征,所有这些影响也将可能伴随孩子的一生,好的影响能使他们一生受益,坏的影响可能会使他们多走许多弯路。一个人的素质包括身体素质、心理素质和文化素质等方面,从家长对婴幼儿教育的影响来说,包括家长的世界观和思想品德、文化素养、身体状况三个方面。

(一)家长的世界观和思想品德

家长的世界观和思想品德决定家庭教育的目标和方向。家长的世界观和思想品德,反映家长是如何看待社会、人生,如何对待周围的人和事物,坚持走什么样的人生道路。家长对社会和人生的看法,决定着家长要按什么形象去塑造婴幼儿,要把婴幼儿培养成什么样的人。

图 2-1

家长的世界观和思想品德对婴幼儿教育的影响体现在以下三个方面:一是家长有正确的世界观和良好的思想品德,有助于婴幼儿形成正确的世界观和良好的思想品德。家长世界观和思想品德教育是学校世界观和思想品德教育的必要补充和助手。学校世界观和思想品德教育是在教师指导下,有目的、有计划、有系统地对婴幼儿施加世界观和思想品德等方面的影响,并通过婴幼儿积极的认识、体验与践行,使其形成一定社会所需要的世界观和思想品德的教育活动。而家庭世界观和思想品德教育是由父母施加无意识的影响或有意识的教育,把一定的世界观和思想品德观念转化为婴幼儿的世界观和思想品德的一种教育活动。家长主要通过自己的社会经验来教育和影响婴幼儿,帮助婴幼儿形成正确的世界观和思想品德。二是家长的世界观和思想品德,影响着家长对社会的认知。在一个家庭里,家长会按照自己对社会的认知来培养、教育婴幼儿,使他们成为对社会有用的人。如果家长的世界观和思想品德出现了偏差,他们对社会的认知也出现了偏差,就会给婴幼儿定下与社会不符的培养目标,使婴幼儿在成长中事倍功半,要付出更多的艰辛才能适应社会。三是家长的世界观和思想品德决定家长在子女心中有没有威信。家长没有理想,没有进取精神,没有自己的主见,别人说什么就是什么,这样的家长无法在孩子心里树立威信。一个在孩子心里没有威信的家长,就不能掌握孩子教育工作的主动权,也无法给孩子适当的教育。

(二)家长的文化素养

一般来说,家长的文化素养在婴幼儿的教育过程中起到很大的影响作用,文化素养高的家长往往更容易成为婴幼儿教育的积极参与者。

(三)家长的身体状况

父母的生理遗传素质是婴幼儿体格发展的物质前提。家长身体状况越好,家长也就能有更多的时间去照顾和关心婴幼儿;一个身体不好、经常生病的家长也很难有充足的时间去照顾和关心婴幼儿,家长对婴幼儿的教育也会受到影响。

家长的身体状况对婴幼儿学前教育的影响体现在以下两个方面:一是对婴幼儿身体素质的影响。一般来说,父母身体状况好,孩子就比较健康;如果父母体质差、遗传基因有问题常常会导致孩子身体素质的缺陷,特别是母亲怀孕的时候,母体的健康状况会直接影响胎儿的生长发育。因此家长有健康良好的身体,婴幼儿才能拥有健康良好的身体,而健康良好的身体是婴幼儿成长和学习的前提。二是家长拥有好身体,才能够更好地关心和照顾婴幼儿。一个精力充沛的家

图2-2

长,可以时刻关心婴幼儿的成长和学习,可以及时发现婴幼儿教育中的问题,并做出相应的改变。

二、家长对婴幼儿的态度

心理学的研究表明,婴幼儿的心理活动比较简单,多以感官受外部刺激而出现的反应为主,行动上的模仿不占有重要地位,家长对婴幼儿不同的态度,能使婴幼儿形成不同的性格。家长对于婴幼儿的态度主要体现在家长对婴幼儿热爱、关心的程度和方式,家长对婴幼儿的期望两个方面。

（一）家长对婴幼儿热爱、关心的程度和方式

家长对婴幼儿热爱、关心程度和方式，其实就是家长满足婴幼儿的合理需求，引导其需要向高层次发展的过程。需要是儿童发展的原始动力，婴幼儿的许多性格特征都是直接由于需要是否得到满足而产生的。一味地迁就婴幼儿，随心所欲地满足婴幼儿的需要只会导致婴幼儿低能、形成骄横无理等性格特征。按照家长对婴幼儿关爱的程度和方式的主要特征，家长对婴幼儿的态度可以分为以下八种类型。

（1）娇惯型：家长对孩子过分溺爱，以孩子为中心，替孩子做好家长能做的一切事情，对孩子提出的要求有求必应，孩子做错事家长也不进行管教。其结果是使孩子形成依赖性，难以离开父母，缺乏对环境的适应力，日后也难以适应社会。溺爱还容易使婴幼儿养成娇惯蛮横、过分欲求、任性、以我为中心等消极性格。娇惯的家庭教育通常是无原则的宽容。

（2）补偿型：补偿型和娇惯型比较类似，都是对孩子过分溺爱，但补偿型家长在中国社会发展现阶段家长群体中占有大量比例，它和娇惯型在出发点上有本质的区别，有必要单独列出。娇惯型是家长对孩子过分喜爱，而补偿型是家长幼时吃了太多的苦，在生活条件改善后，不想让孩子重蹈覆辙，不能控制自己的感情，对孩子过于迁就。补偿型家庭中的孩子对大人依赖性极强，抗挫折性差，对物质的需求没有限度。补偿型的特点是无理性的迁就。

（3）放任型：家长因为工作忙或者不知道怎么教导孩子，对孩子不加管束，认为孩子能自己管好自己，让孩子想干什么就干什么，其结果是孩子容易形成自由散漫的性格。虽然自立能力强，但由于婴幼儿缺乏社会经验，在成长过程中容易走弯路。放任型的特点是没有任何约束。

（4）冷漠型：和放任型比较类似，都是对孩子不加管束。但冷漠型是由于家庭不和睦或父母离异等原因，使孩子成为"被遗忘的人"。由于长期感受不到家庭的温暖，这类孩子容易形成妒忌的心理，情绪不稳，自制力差，甚至有厌世轻生情绪。冷漠型的特点是对孩子没有热情。

（5）粗暴型：家长信奉"棒打出孝子，不打不成才"的教育方式，对孩子实行粗暴的手段。父母把孩子看作是自己的私有财产，忽视孩子的兴趣和要求，按照自己的意志支配孩子，并且不允许孩子反抗。虽然家长的愿望是好的，但这种压服专制的方法反而使孩子对家庭产生敌意，同家长产生对抗，形成粗暴的性格，或者严重伤害孩子的自尊心，导致孩子难以建立自尊和自信。并且还容易使孩子形成自卑、胆怯、退缩和攻击他人等不良个性。粗暴型的特点是通过苛刻、命令、威吓、禁止等方式来对待孩子。

（6）矛盾型：父母双方对孩子的教育态度和口径不一致，甚至父母双方包庇孩子的错误，使孩子感到无所适从或有恃无恐，助长孩子的不良行为，容易使孩子形成优柔寡断、好说谎话以及两面讨好的性格。矛盾型的特点是父母行为不一致。

（7）民主型：家长充分尊重孩子的意愿，不随意干涉孩子的活动，既严格要求孩子，又不苛求孩子。一个民主和谐且讲究教育方式的家庭，容易使孩子形成勤奋、勇敢、诚实、自信、快乐、进取等性格，这是应当提倡的教育态度。在这样的家庭中长大的孩子，自我接纳程度较高，相应地，自信心、自尊感和成就欲望都比较强，容易形成敢想、敢说、敢干的创新精神和实干精神。民主型的特点是能合理接受孩子的意见和想法。

（8）综合型：家长关爱孩子的方式包括了以上所有类型，不是单独一种类型。绝大多数家长都是综合型，有时间了家长就多关心孩子，工作忙了就顾不上孩子，孩子表现好了就溺爱一点，表现差了就粗暴一点，没有绝对的偏向哪一种方式。这种家庭教育方式教育出的婴幼儿发展方向有多样性。

（二）家长对婴幼儿的期望

在孩子出生之前，家长就开始憧憬未来孩子的模样，希望自己的孩子漂亮、聪明、健康；当孩子出生后，家长满怀激动地端详着自己创造的可爱生命，探讨用什么样的方法去培养他，期待他将来能取得什么样的成就。家长的这些美好期冀十分可贵，也是培养出好孩子的前提，但有时，美好的期待脱离了现实的基础，不但不能成为孩子成长的动力，甚至会因为不切实际的期望影响孩子的成长。大部分家长都对自己的孩子抱有过高的期望和对其未来有过于美好的想象，期望孩子有天赋、聪明、什么都比别人好，期望孩子能达成自己的理想，完成自己所没有完成的愿望，也就是说，家长是不成功者，就寄希望于孩子替自己获得成功。孩子是家长爱的寄托和快乐的源泉，是家长生命的延续，但不是家长生命的复制。家长在期待孩子比自己更强的同时一定要注意，期望是需要一步一步实现的，对孩子的期望是他在未来才能达成的。正在受教育中的孩子，他们有自己的兴趣、爱好，家长不能用成人的标准来培养孩子。给孩子幸福，应该是因材施教，让他们的天性自然发展。

三、家庭生活环境

在婴幼儿时期，家庭生活环境对孩子的影响是最重要的。孩子出生后，他的全部世界就是他周围的这个小的空间，这个空间由他经常接触的最亲近的人组成，他在这个空间里成长发育，像海绵一样吸取着这个空间环境所能给他的一切。他对这个世界的初步认知、他和其他人的第一次接触，都是在这个空间里完成，随着他对世界的不断认知和自身的成长，这种影响会一点一点地减弱。婴幼儿时期是决定人一生成长的最关键时期，如何为孩子创造一个美好而健康的生活环境？我们将从家庭结构、家庭经济生活状况、家庭成员之间的关系、家庭生活方式四个方面来进行分析。

（一）家庭结构

家庭结构就是家庭中成员的构成及其相互作用、相互影响的状态，以及由这种状态形成的相对稳定的联系模式。

一般按照家庭成员之间的关系，可以分为以下六种。

（1）核心家庭：是指由父母和未婚子女两代人所组成的家庭，核心家庭之所以被称作核心，是因为在社会中，这种家庭结构最为普遍，它代表了大多数人的生活，核心家庭已成为我国主要的家庭类型。核心家庭的特点是人数少、结构简单，家庭内只有一个权力和活动中心，家庭成员间容易沟通、相处。在这类家庭中，父母是唯一的教育者，容易形成一致的教育观念，并予以实行。父母和婴幼儿相处时间长，接触机会多，了解深入全面，教育措施容易奏效。

（2）主干家庭：又称直系家庭，是指由两代或两代以上夫妻组成，每代最多不超过一对夫妻，且中间无断代的家庭。在我国，主干家庭曾为主要家庭类型，但随着社会的发展，此家庭类型已不再占主导地位。主干家庭特点是家庭内不仅有一个主要的权力和活动中心,还有一个权力和活动的次中心存在。在这类家庭中,父母不是唯一的教育者,由于父母和祖辈之间的年龄差距大,生活阅历不同,价值观念不同,在教育孩子时,容易产生矛盾和分歧,从而削弱、抵消家庭教育的效果。

(3)联合家庭:是指包括父母、已婚子女、未婚子女、孙辈、曾孙辈等几代居住在一起的家庭。联合家庭的特点是人数多、结构复杂,家庭内存在一个主要的权力和活动中心,几个次要的权力和活动中心。在这类家庭中,和主干家庭比较类似,由于人数更多,关系更加复杂,受到的影响更大。

(4)单亲家庭:是指由离异、丧偶或未婚的单身父亲或单身母亲及其子女或领养子女组成的家庭。单亲家庭的特点是人数少、结构简单,家庭内只有一个权力和活动中心,但可能会受其他关系的影响。此外,经济来源相对不足。破裂家庭是一种不完整的特殊家庭,孩子只同父母中的一方共同生活。这种家庭对孩子的发展往往带来不良影响,问题行为也相对较多。由于孩子得不到来自父母双方共同的抚爱,无论是孩子随父亲生活,还是随母亲生活,都不利于其发展。当然,如果能对孩子进行正确的引导,注意克服家庭结构上的不利因素,化消极因素为积极因素,也能促进孩子健康发展。

(5)重组家庭:是指夫妇双方至少有一人已经历过一次婚姻,并可有一个或多个前次婚姻的子女及夫妇重组的共同子女。重组家庭的特点是人数相对较多、结构复杂。

(6)隔代家庭:隔代家庭是指由祖辈与孙辈组成的家庭。年轻的父母为了求得自身的发展或工作需要无暇顾及年幼的孩子,便把孩子送到祖辈身边,让他们照顾孩子的日常生活。祖辈利用退休在家的优势能随时随地关心孩子的饮食冷暖。有些祖辈对孩子生活上的关心照顾甚至超过孩子的父母,但祖辈在照顾好孩子的同时,由于时代的快速发展,他们的思想意识和社会有一定的脱节,加上和孩子年龄差距太大,在沟通上容易和孩子形成代沟。同时他们对新科技、新知识的了解和接受过少,很难给孩子定下符合时代发展的教育目标。

家庭结构对婴幼儿教育的影响是不可选的,每个婴幼儿出生前,他生活的家庭结构就已经决定了。虽然以上分析了各种家庭结构对婴幼儿学前教育的影响,但很少有人会为了改善家庭结构对婴幼儿教育的影响,而改变自己生活的家庭结构。家庭结构不好的未必不能教育好婴幼儿,在婴幼儿教育中,针对家庭结构带来的影响,要做的就是明确婴幼儿的教育目的,尽量利用家庭结构带来的好的影响,削弱家庭结构带来的干扰和不良影响,使婴幼儿能健康成长。

(二)家庭经济生活状况

家庭经济生活状况是指家庭劳动所得报酬或其他经济收入和生活消费支出情况,通常分为六类:极度贫穷,贫穷,温饱,小康,富有,极度富有。但是家庭经济生活状况不能直接反映在孩子身上,有的家庭可能很有钱,却只在孩子身上花少量的金钱;有的家庭不是很富裕,却对孩子有求必应。

根据这种情况,家庭经济生活状况可以分为以下四种。

(1)不能满足:家庭经济生活状况很差,没有能力满足婴幼儿的需求。这种类型下,婴幼儿从小就能认知金钱的珍贵,懂得节约,知道珍惜,但也有可能养成吝啬、孤僻的性格。

(2)不愿满足:和不能满足比较类似,不同的地方是家庭经济生活状况好,但是不愿在婴幼儿身上投入。这种类型下,婴幼儿容易养成自卑的性格。

(3)满足:婴幼儿的正常需求都能够得到满足。这种类型下,婴幼儿一般对金钱有一个正确的认识,不会过度迷恋,也不会铺张浪费,能够和其他人很好地相处。

(4)过度满足:家长对婴幼儿有求必应,不管什么都舍得买。这种类型下,婴幼儿根本没有金钱的观念,容易养成以自我为中心的性格。

不能满足和满足在婴幼儿教育中的不良影响是最小的,在这两种情况下,家长对教育有一个正确的态度,大部分都能让婴幼儿接受良好的教育。不愿满足和过度满足在婴幼儿教育中的不良影响是最大的,有能力去做却不愿去做,很容易让婴幼儿形成自卑的心理;对婴幼儿在金钱上没有约束,容易让婴幼儿铺张浪费。

(三)家庭成员之间的关系

家庭成员之间的关系,是以血缘关系及共同生活为基础,以抚养、教养、赡养为基本内容的自然关系和社会关系的结合,通常以血缘进行划分。爷、奶、父、母、伯、叔、姑、姨等亲属关系,是家庭成员之间根据自身的角色在共同生活中形成的人际互动联系。不同代际的人由于所处的社会环境、经历不同,年龄、身体差异等原因,导致他们对事物的判断、处理问题的方式会有很大的区别。因此家庭中的代际层次越多,家庭成员之间的关系越复杂。家庭成员之间的关系,在很大程度上会影响婴幼儿的成长发育。婴幼儿在牙牙学语之前就能感受到周围的情形与氛围,就算他还不能用语言来表达,可以想象,一个充满了敌意甚至暴力的家庭,绝对不利于婴幼儿成长。

家庭成员之间的关系可以分为以下三种。

(1)融洽型:家庭成员之间能够互相帮助,彼此感情好,没有隔阂和抵触,这种家庭成员之间的关系最有利于婴幼儿成长教育。

(2)平淡型:家庭成员仅仅因为血缘关系居住在一起,相互之间没有帮助,也没有矛盾,对婴幼儿成长教育没有帮助,也没有阻碍。

(3)隔阂型:家庭成员之间情感沟通有障碍,思想有距离,双方因为种种原因居住在一起,经常彼此纠纷不断,互相争执,甚至倾轧,最不利于婴幼儿成长教育。家庭成员之间的关系

图2-3

是以婚姻血缘为纽带的,父母无法选择孩子,孩子也无法选择父母,从母亲孕育新生命开始,家庭成员之间的关系就存在了。它的维系更主要的是依赖于爱、共同的情感、道德、心理因素等,这是家庭关系最主要的特点。家庭成员有着天然的血浓于水的情感,这种特殊的关系使得家庭关系最为密切,相互影响也最为深刻。家庭成员之间不仅有情感上的关系,还有经济上的共同利益、事业上的相互帮助等,是最持久、最稳定的一种人际关系,这是其他社会关系不能比拟的。家庭成员关系融洽的家庭,是婴幼儿成长的强大动力。

（四）家庭生活方式

家庭生活方式是人们在家庭中如何生活的概念,是指人们在一定的社会条件制约下和价值观念的指导下所形成的满足自身生活需要的全部活动形式与行为特征。它涵盖家庭生活的全部领域,如消费、休闲、交往、婚姻以及各种细微的领域和特定的形式表现方面,如生活风格、时尚、隐私等。可以从不同角度对家庭生活方式进行分类,比如,从家庭生活方式所涵盖的内容角度,可分为家庭劳动方式、家庭消费方式、家庭休闲方式和家庭交往方式等。从人类历史相继演进的社会形态角度,可分为农业社会家庭生活方式、工业社会家庭生活方式以及信息社会或知识经济社会的家庭生活方式。从人类生活的社区和聚集体角度,可分为城市家庭生活方式和农村家庭生活方式;从家庭经济收入的角度,可分为高收入家庭生活方式、中等收入家庭生活方式以及低收入家庭生活方式。从人口流动和家庭结构的角度,又可分为流动人口家庭生活方式、核心家庭生活方式、单亲家庭生活方式等。此外还可以从地域、民族和职业等其他角度进行更多的分类。

从婴幼儿家庭教育的角度来看,可以分为促进型和阻碍型。

（1）促进型:家庭生活方式健康温暖,能够帮助婴幼儿身心成长。家庭生活很温暖,家庭成员有一种或多种健康的爱好,如运动、文化、艺术等,这样的家庭可以使得孩子的身心比较健康,遇人对事都会乐观,偏向于往好的方面思考。促进型家庭生活的特征是生活规律性强。

（2）阻碍型:家庭生活方式比较单调,甚至充满暴力,不仅不能帮助婴幼儿成长,还会使婴幼儿向不好的方向发展。家庭生活乏味,家庭里没有温暖,家长不是忙于工作,就是有酗酒、赌博等不良嗜好,这样的家庭会使得孩子通过叛逆来取得生活色彩,寻找刺激,寻找玩伴,又或者独自一人,喜欢沉默,使得孩子的心理比较阴暗、内向。阻碍型家庭生活的特征是家庭中矛盾不断。

四、家庭的社会影响因素

人和家庭都是依托于社会存在的,和社会有千丝万缕的联系,婴幼儿生活在家庭里,其成长也会受到社会的影响。制约家庭教育的社会背景包括社会的政治、经济、文化、科技、教育的发展和变化。本文将从家庭所处的历史时代、家庭所处的社会区域、家庭所处的国度来进行分析。

（一）家庭所处的历史时代

家庭所处的历史时代是制约家庭教育的社会大背景,也是社会生产力发展水平对家庭功能的影响。纵观家庭发展历史,家庭的每一次变革都与当时社会生产力状况有直接关系,家庭功能的变化也是社会生产力发展的必然结果。社会生产力发展对家庭教育起决定性作用,社会生产力的发展为家庭教育发展提供了物质基础;社会生产力水平决定了社会对家庭教育的重视程度,家庭对教育的投入和家庭教育的目标变迁。在以手工劳动为主的农业时代,一个家庭就是一个生产单位,对青少年进行生活和职业技能教育是家庭教育的主要内容,采取的主要形式是年长一代手把手地把手艺传给后代。早期的婴幼儿家庭教育主要是看护婴幼儿,并对其实施促进身心发展的教育。随着社会生产力的发展,逐渐转变为促进婴幼儿身体、情绪、智能和社会性的全面发展。

(二) 家庭所处的社会区域

家庭所处的社会区域存在的风俗、习惯的影响,也就是文化对婴幼儿的家庭教育,婴幼儿家庭教育的职能之一就是文明的传承,也就是从婴幼儿幼年起,就将人类和民族所创造的文化和精神传递给他们,成为他们认识周围社会和自然环境的工具,并将人类和民族的文化和精神发展下去。没有人类和民族的文化和精神,婴幼儿家庭教育也就没有了传授的内容,在这一过程中,婴幼儿家庭教育就不可避免地受到家庭所处的社会区域的影响。

(三) 家庭所处的国度

家庭所处的国度有着自己的社会制度和法律。家庭是国家最小的组织,婴幼儿家庭教育必然受到家庭所处的国度的社会制度和法律的影响。政府权力机关及职能部门对教育的重视与领导,是发展婴幼儿家庭教育的决定条件。比如,有的国家实行学历教育,家长对婴幼儿进行教育就会以学历为目标,家庭教育都围绕如何取得更高的学历开展;有的国家信奉金钱至上,家长对婴幼儿进行教育就会以金钱为目标,家庭教育都围绕如何取得更多的金钱开展。

任务三 知晓我国婴幼儿家庭教育的现状和发展趋势

案例导入

皮亚杰认为,让婴幼儿学习那些超越其心理发展阶段的东西是有困难的。

卢梭曾说:"大自然希望儿童在成人以前就要像儿童的样子。如果我们打乱了这个次序,我们就会造成一些早熟的果实,它们长得既不丰满也不甜美,而且很快就会腐烂;我们将造成一些年纪轻轻的博士和老态龙钟的儿童。"

❓ 案例思考

以上两段话说明了什么问题? 为什么?

家庭是社会的细胞,是社会的缩影。家庭不是脱离现实社会而存在的,任何家庭总是处在一定的历史时代背景下,具有历史时代特征。家庭教育虽然是在家庭内部、在具有血缘关系或法律上认可的收养关系的家长和孩子之间进行的,是一种私人教育,但是,家庭不是和社会生活相隔绝的。社会政治、经济、文化的变革,势必会通过种种渠道渗透到家庭生活中,作为家庭生活重要内容和家庭基本职能的家庭教育就会受到影响,因而也同样会具有鲜明的时代特征。

一、我国婴幼儿家庭教育的现状

（一）人际交往平台减少

家庭中人际关系的复杂程度取决于家庭成员的数目。人际关系简单的家庭环境，从某种程度上来说弱化了婴幼儿的人际交往平台，也改变了家庭教育的传统模式，进而对家庭教育产生影响。

（二）家长扮演多重角色

随着城镇化及居住环境的变化，以往的大庭院、四合院、家属院等生活模式已不普遍，这使得越来越多的婴幼儿失去了同伴交往的场所。婴幼儿的周末不再像家长们童年时代那样可以经常结伴玩耍。在周末，婴幼儿往往与家长的关系更为密切，在此过程中家长扮演着多重角色。家长既是家庭教育者，又是婴幼儿生活中的陪伴者、游戏中的玩伴，同时还兼顾督导者等，这无疑对家长提出了新的挑战和更高的要求。

（三）家长在教育婴幼儿时容易带有主观性

在进行家庭教育的过程中，家长容易产生一些主观臆断，将自身的兴趣、爱好及未完成的意志强加在孩子身上，渴望在孩子那里实现期望进而得到心理补偿。这部分家长往往一味地按照自己的想法去教育孩子，试图把自己的意愿凌驾于孩子之上，即家长在进行家庭教育时，无论是方法还是内容都带有较强的个人色彩，这样做的后果是，家长可能很少考虑孩子的身心发展特点及个性特点等因素，导致教育效果不佳。

（四）家长在教育婴幼儿时容易缺乏理性

家长在教育婴幼儿的过程中，常常容易缺乏理性，不能客观分析婴幼儿的优点和缺点，进而陷入两个极端：一端是过分夸大婴幼儿的优点，过于宠爱和纵容；另一端是只看到婴幼儿的缺点和不足，一味进行批评教育。这两种情况无疑都是片面的。例如，有的家长总认为自己的孩子非常优秀，仅能看到孩子的优点，而忽视孩子成长过程中的缺点和不足，逢人便夸赞孩子，这容易使孩子变得骄傲自满，并且不愿意接纳别人善意的提醒、客观改进建议和意见，这将会对婴幼儿长久的发展带来负面影响。而另外一种家长则与之相反，总是只能看到自己家孩子的不足之处，拿"别人家孩子"的优点与自己孩子的缺点相对比，而不将自己孩子的过去和现在相对比，只作横向比较而不作纵向比较，看不到自己孩子的成长和进步，因此总是对孩子抱有不满情绪。

（五）家庭教育未能与时俱进

大部分家长往往都是通过自身的已有经验，特别是曾经在家庭中"被教育过程中"的经验来实施家庭教育，而较少自觉更新自己的家庭教育知识，缺乏主动了解家庭教育新动向和新知识的意识。因此，家长难免会将与时代不相适应的家庭教育观念、教育知识、教育方式运用到家庭教育中。

二、我国婴幼儿家庭教育的发展趋势

随着科学技术的迅猛发展，人才竞争不断加剧，各行各业的发展都将发生重大变革。家庭教育作为教育的组成部分之一,既是学校教育与社会教育的基础,又是学校教育的补充和延伸,也将随之发生变革。基于对婴幼儿家庭教育生态系统的全面考量,未来婴幼儿家庭教育可能呈现新的发展趋势。

(一)政府将加大对家庭教育的支持力度

家庭教育作为教育的三大支柱之一,与学校教育、社会教育一样,对社会发展及全民教育具有重要的价值及意义。家庭教育作为教育体系中不可或缺的组成部分,对社会发展的推动作用已日益凸显。国家将会采取更加有力的措施统筹和支持家庭教育的发展。例如,国家将家庭教育纳入教育行政部门的考核内容,设置家庭教育专项发展经费,建立家庭教育管理和指导机构,出台相应的家庭教育法律法规等。

(二)家庭教育指导需求呈多元化发展趋势

随着社会交往和交流的逐渐扩大化,信息流通日渐发达,文化的更新转型也日益加快。人们的观念不断更新,对于事物的追求也不再完全统一化和标准化,而以更为开放的姿态来接受和包容世事。在家庭教育方面,家长对于婴幼儿发展的期望也不仅局限于单一的某一方面,而是能提出更加切合婴幼儿发展实际的目标和要求。婴幼儿兴趣、需要和潜能不同,其发展的需求也不同,那么与之相对应,家长所需要的家庭教育指导也会随之呈现出多元化的发展趋势。

(三)社区教育对家庭教育的影响将逐渐扩大

社区不仅是人们生活、居住的共同体,同时也是实现现代化的基础。在我国现代化建设进程中,社区建设的力度将逐渐加大,以"社区为主,政府协调,社会参与,共建文明,共育新人"为核心的社区教育模式,将对家庭教育产生重大影响。家庭将通过社会获取更为优质的教育资源,获取社区教育指导,通过社区平台认识更多的家长群体,交流家庭教育经验,提升家庭教育质量。总之,社区教育对家庭教育的影响将逐渐扩大化。

(四)素质教育将成为家庭教育的主旋律

随着社会对人才素质要求的变革,以及学校教育中全面推行素质教育力度的加大,素质教育将成为家庭教育的主旋律。在今后的家庭教育实践中,父母不再单一强调婴幼儿智力的发展和学业成绩的进步,而会从德、智、体、美等方面考量婴幼儿全面、和谐的发展状况,重视婴幼儿心理的健康发展和良好个性品质的养成,将婴幼儿的审美观念、生活自理能力、行为习惯的培养等视为培养内容。

(五)"学习型家庭"将成为时代发展的必然产物

终身教育思潮与全民教育思潮的产生与影响的扩大化,使得"学习型家庭"将成为时代发展的必然产物。"学习型家庭"是指家庭成员具有较强的学习意识、学习习惯,营造良好的家庭学习氛围,形成终身学习的理念,家庭成员之间互相学习、共同成长,促进家庭持续、动态地发展。"学习型家庭"将有利于提高家庭教育质量,促进家庭成员在思想道德、知识能力和个人素养等方面的进步和提高,这是时代发展的必然产物。

(六)互联网将成为提高家庭教育质量的重要手段

科学技术的不断发展,数字化时代的来临,使得互联网将作为一种重要的教育资源和手

图 2-4

段走进家庭教育。目前我国的互联网市场庞大、网民数量众多,互联网已走进大众家庭。互联网对家庭的影响是多方面的,仅就获取家庭教育信息而言,它将为家长带来极大便利。互联网的开放性、互动性、专业性等特点,使家长能通过更为便捷的方式获取教育信息和教育资源,也可根据自身的现实需求,筛选和收集网络教育信息,进而解决遇到的困难和问题,从而帮助家长更为科学地实施家庭教育。例如,通过网络共享资源,家长能够快速、便捷地获取关于婴幼儿发展过程中遇到的难题,进而寻求解决问题的方式、方法;通过网上互动,家长可以与教育专家深入探讨疑难问题,可与遇到同样问题的家长们进行交流,共同探讨解决策略。互联网能够帮助家长丰富家庭教育的内容和方式,能为家长提供更为快速、便捷的指导,它将成为提高家庭教育质量的重要手段。

三 同步实训

妈妈手里拿着东西想要进卧室,但需要屋子里的人帮忙开门,外婆听见妈妈的脚步声,起身开了门,可是妈妈刚一进屋,就听见小彤彤正闹着。只见小彤彤原本站在沙发上,这时正想要光着脚跳下地,外婆觉得她太闹,就训斥她说:"这不妈妈进来了吗?怎么这么不听话!一个劲儿地喊妈妈,妈妈进来了怎么还这么闹!"可是小彤彤却还是不依不饶。

请你分析外婆的行为是否正确,并给予科学的指导意见。

1. 实训目的

让学生分析影响婴幼儿家庭教育的因素。

2. 实训安排

(1)学生分成4组,讨论上述案例的影响因素,并给出科学的指导意见。

(2)根据本模块内容分析我国婴幼儿家庭教育的现状,并提出合理的家庭教育指导方案。

3. 教师注意事项

(1)由1+X育婴师证书具体考题导入婴幼儿教养基本理念的学习。

(2)提供一些简单案例,供学生讨论。

4. 资源(时间)

2课时,参考书籍、案例、网页。

5. 评价标准

表现要求	是否适用	已达要求	未达要求
外在表现(参与度、讨论发言积极程度)			
针对不同年龄阶段婴幼儿的家庭指导方案的合理程度			

📑 教学做一体化训练

一、重点名词

1. 核心家庭
2. 主干家庭
3. 联合家庭
4. 单亲家庭
5. 重组家庭
6. 隔代家庭

二、课后讨论

1. 影响婴幼儿家庭教育质量的因素有哪些？
2. 我国婴幼儿家庭的经济生活状况分为哪几种？
3. 我国婴幼儿家庭教育的趋势包含哪些方面？

三、课后自测

可以从哪些方面分析我国婴幼儿家庭教育的现状？

📚 课后推荐

图书：

1.《家庭教育》(陈鹤琴著)
2.《家庭教育与父母教育》(陈鹤琴著)
3.《学前儿童家庭教育》(李生兰著)

电影：

《家庭生活》,波兰,1971

模块三
不同阶段的婴幼儿家庭教育指导

学习目标

- 识记:0～6岁婴幼儿的身心发展规律。
- 领会:0～6岁婴幼儿家庭教育的意义。
- 理解:0～6岁婴幼儿家庭教育的内容。
- 应用:0～6岁婴幼儿家庭教育的方法与策略。

模块描述

家庭是婴幼儿生命的摇篮,是人出生后接受教育的第一个场所,即人生的第一个课堂。"染于苍则苍,染于黄则黄。"婴幼儿期是人生的开始,家长是婴幼儿的第一任教师,即启蒙之师。本模块主要了解0～6岁不同阶段婴幼儿的身心发展规律,理解0～6岁婴幼儿家庭教育的意义,掌握0～6岁婴幼儿家庭教育的内容,明确0～6岁婴幼儿家庭教育的方法与策略。

思维导图

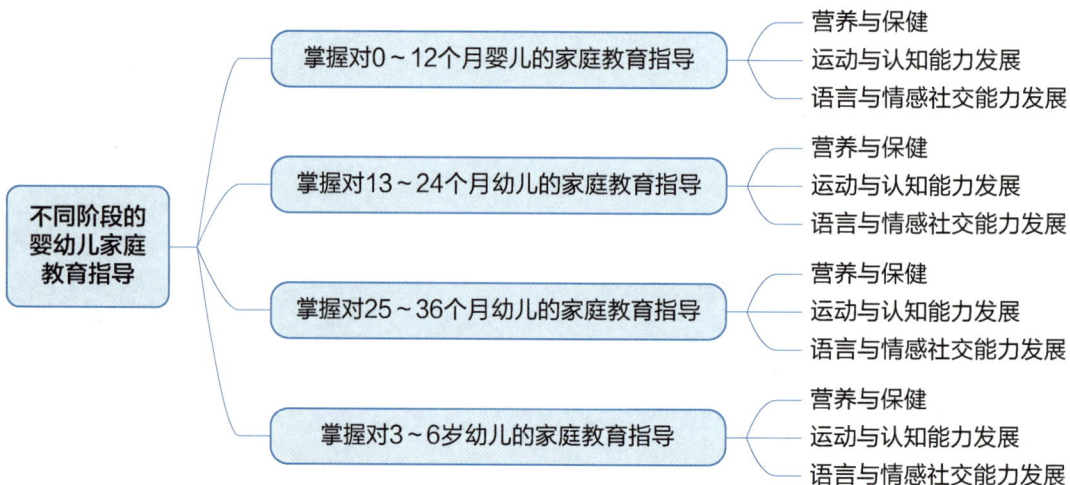

不同阶段的婴幼儿家庭教育指导
- 掌握对0～12个月婴儿的家庭教育指导
  - 营养与保健
  - 运动与认知能力发展
  - 语言与情感社交能力发展
- 掌握对13～24个月幼儿的家庭教育指导
  - 营养与保健
  - 运动与认知能力发展
  - 语言与情感社交能力发展
- 掌握对25～36个月幼儿的家庭教育指导
  - 营养与保健
  - 运动与认知能力发展
  - 语言与情感社交能力发展
- 掌握对3～6岁幼儿的家庭教育指导
  - 营养与保健
  - 运动与认知能力发展
  - 语言与情感社交能力发展

任务一 掌握对 0～12 个月婴儿的家庭教育指导

案例导入

都说孩子不能输在起跑线上,萱萱的妈妈从萱萱一出生就每天给她念儿歌、听英语、数数字,希望孩子能够先人一步。有时候萱萱哭闹,妈妈还会采取哭声免疫法,怕过度关注会把萱萱宠坏了。可是萱萱一周岁了,并没有显得比其他孩子突出,而且还是个动不动就哭闹的黏人的"小妖怪"。萱萱妈妈不明白:自己不是"科学"育儿了吗? 怎么一点效果都没有?

案例思考

萱萱妈妈的做法"科学"吗? 她有做得不对的地方吗? 0～12 个月婴儿的养育重点有哪些?

要有效地帮助 0～12 月龄婴儿家长进行家庭教育,首先要让家长懂得 0～12 个月婴儿的营养与保健,掌握 0～12 个月婴儿的运动与认知能力发展、语言与情感社交能力发展。

一、营养与保健

(一) 0～12 个月婴儿体格发育状况

婴幼儿营养的基本要求是满足生长、避免营养素缺乏。婴儿是婴幼儿生长发育最开始的时期。通常用体重、身长和牙齿是否发育正常这 3 项指标来衡量体格发育状况。婴幼儿良好的营养状态有助于预防急、慢性疾病,有益于婴幼儿体格生长、神经心理发育。恰当的营养和喂养方式不仅可以改善婴幼儿生长发育,并且对其后期的健康(如预防肥胖、心血管疾病等)有重要意义。

1. 体重

体重是衡量婴幼儿近期营养状况最灵敏的一项指标。新生儿到 6 个月,平均每月增加 0.6 千克;6 个月以后,平均每月增加 0.5 千克。以新生儿出生时体重 3 千克为例,体重增长数据见表 3-1。

表 3-1　0～12 个月婴儿体重

婴儿月龄	体重（生理指标正常均值）	说明
新生儿	3 千克	/
6 个月	6 千克	是出生时的 2 倍
12 个月	9 千克	是出生时的 3 倍

随着近年来营养状况的改善，国内婴儿体重的增加已超过一般规律，不少婴儿 3 个月时体重就能达到出生体重的 2 倍。

2. 身高

身长是反映婴儿近期与远期营养状况的指标。婴儿身长增长的速度很快，所需要的营养也相对较多。以新生儿足月出生时身长 50 厘米为例，身长增长数据见表 3-2。

表 3-2　0～12 个月婴儿身长

婴儿月龄	身长（生理指标正常均值）	说明
新生儿	50 厘米	/
3 个月	61.6～63 厘米	比出生时增长约 10 厘米
6 个月	67.6～69.2 厘米	比上阶段增长约 4～8 厘米
9 个月	71.6～72.8 厘米	比上阶段增长约 2～5 厘米
12 个月	75.9～77.3 厘米	比上阶段增长约 3～6 厘米

3. 牙齿

牙齿是衡量婴儿骨骼发育的重要指标。牙齿的健康与钙、磷的供给关系很大，婴儿时期缺钙容易导致牙齿钙化不佳，影响咀嚼和消化。婴儿一般出生后 6～8 个月开始出乳牙，1 岁时萌出 6～8 颗，2～2.5 岁时出齐，达到 20 颗。

表 3-3 是某女婴 6 个月、9 个月、12 个月的健康检查记录。

表 3-3　某女婴健康检查记录

月龄	指标						
	体重（千克）	评价	身长（厘米）	评价	头围（厘米）	前囟（厘米）	牙齿（颗）
新生儿	3.5	中+	50	中+	34	1.0×1.0	0
6 个月	7.2	中-	67	中+	44	1.0×1.0	0
9 个月	8.3	中+	73	中+	44	1.0×1.0	0
12 个月	8.2	中-	73	中-	46	0.5×0.5	4

对照体重、身长和牙齿萌出时间的平均水平，可以看出该女婴在 9～12 个月期间体重增长较为缓慢，牙齿萌出时间比一般婴儿略晚，但仍在正常水平之内。

(二) 0~12 个月婴儿家庭喂养指南

在婴儿时期,家庭喂养应重视母乳喂养,参照月龄,按需提供适量奶、水,逐步添加辅食及生长发育所需的营养补充剂。逐渐提供适宜孩子锻炼咀嚼、吞咽能力的半流质食品和方便其手抓的固体食品,锻炼其咀嚼及吞咽能力,同时应注意个别差异。具体可参照《福建省0~3岁婴幼儿早期教育指南(试行)》中的0~12个月婴儿喂养指南(见表3-4)。

表 3-4 0~12 个月婴儿喂养指南

月龄段	喂 养 指 南
0~1 个月	母乳喂养,按需哺乳,给孩子哺乳时要面带微笑
2~3 个月	喂奶后竖抱靠在成人肩上轻拍背至打嗝,以免溢奶,做轻柔活动,不马上入睡。睡前不过分逗引孩子,自然形成有规律的哺乳、睡眠
4~6 个月	按月龄给孩子添加辅食,每次添加一种,添加的量由少到多,由稀到稠,由细到粗,适应后再添加新的辅食,逐渐习惯用小勺喂食
7~9 个月	按月龄添加辅食,使孩子逐步适应多种辅食,适应咀嚼、吞咽较软的固体食品,指导孩子尝试用杯喝水
10~12 个月	提供种类多样的适宜食物,学习咀嚼、吞咽较软的固体食品,指导孩子初步学习用杯喝水、尝试用勺进食

二、运动与认知能力发展

(一) 0~12 个月婴儿动作发展

0~12个月婴儿大动作发展迅速,婴儿大动作发育顺序为从上到下,由近及远,先抬头,后抬胸,再会坐、立、行。

1. 0~3 个月婴儿动作能力特点

0~3个月阶段的婴儿能够做到俯卧时抬起头部和胸部,用手臂撑起上半身;仰卧时可以抬腿踢;两手可以张开或握拳;可以将手放进嘴里;能抓住小玩具。这一阶段可以适当给婴儿做一些抬头训练,练习俯卧、直立蹬腿来锻炼婴儿的颈椎、胸、背、腿脚的肌肉,对呼吸和血液循环也有好处。

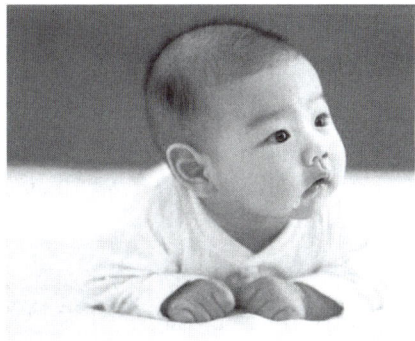

图 3-1

依依刚出生时,妈妈就按照医生的嘱咐,对她进行简单的抬头训练。每次喂奶后都把依依竖起来抱,使她的头靠在自己的肩上,并轻轻拍打她的后背,让她打几个嗝。然后妈妈不扶依依的头颈部,让她的头自然立起片刻,每次如此,训练颈部肌肉发育。如果依依没有吃奶,妈妈还会对她进行俯卧的抬头训练。妈妈仰卧床上,将依依放在妈妈胸腹部,俯卧,逗她抬头。依依抬头还很困难,只要她努力做就可以了。

在依依 2～3 个月时，有时候睡醒后，妈妈会让她进行俯卧练习。妈妈把依依的两臂屈肘在胸前支撑身体，并在她面前用温柔的声音和她谈话，摇晃着鲜艳的、带响声的玩具逗引她抬头。

这种办法能训练依依抬头，增强颈部和背部肌肉的力量，对呼吸和血液循环也有好处。并且，趴着可以扩大她的视野，使她能更好地熟悉环境，加深与家庭成员的密切关系。依依从低头俯视的最近距离到抬头所见到的远距离，会越看越远，由此能逐渐培养她观察事物的兴趣，进一步促进大脑的发育。

有时候妈妈还会把依依抱起来，放在自己腿上，让依依的小腿自然绷直，然后扶其上下自然地蹬脚蹬腿，并用亲切、柔和的声音与她说话。这种直立蹬腿的训练每天练习 4～5 次，以后逐渐增加次数，练习依依腿脚的肌肉力量。

2. 4～7 个月婴儿动作能力特点

4～7 个月的婴儿可以从俯卧到仰卧，从仰卧到俯卧进行正反两个方向的翻身；能用一只手去抓东西，并可以两手交换握物；逐渐从用手撑着可以坐起过渡到不用手撑着也可以坐起；能够用腿支撑身体的重量。

这一阶段婴儿运动功能发育还较差，身体各部分还不能充分地活动。由大人帮助婴儿做体操，可以改善血液循环及呼吸功能，使精神愉快，促进婴儿体力和智力的发展。还可以通过帮助婴儿翻身和青蛙跳等游戏帮助婴儿发展运动能力，促进智力发育。

每天洗澡后可以帮婴儿做一次被动操，大人在帮助婴儿做操时，动作要轻柔而有节律，每日可做 1～2 次。

准备活动：婴儿仰卧，大人两手轻轻地从上而下按摩婴儿全身，并亲切、温柔地对婴儿说话，使他情绪愉快，肌肉放松。

第一节：扩胸运动。大人双手握住婴儿的手腕，大拇指放在婴儿手心里，使婴儿握拳，做扩胸状运动。

第二节：伸展运动。拉婴儿两臂在胸前平举，掌心相对，然后轻拉婴儿两臂经胸前上举，使手背贴床。

第三节：屈腿运动。婴儿仰卧，大人双手握住婴儿脚腕使婴儿两腿伸直、屈曲。

第四节：举腿运动。婴儿仰卧，两腿自然伸直，大人扶住婴儿膝部做直腿抬高动作。

第五节：整理运动。扶婴儿四肢轻轻抖动，让婴儿仰卧在床上自由活动 2 分钟，使肌肉及精神逐渐放松。

4 个月的依依活泼好动，非常喜欢青蛙跳这个游戏。爸爸用手扶住依依腋下让她在腿上学习蹦跳。有时候爸爸还会站起来握紧依依的腋下悬空提起，使她身体左右轻轻摆动，依依渐渐学会配合大人摆动的方向一起摆动，最后再来几次"举高高"。这些运动都需要身体平衡，运动锻炼能使婴儿在站位、摆位和高位都保持身体平衡。这样可以练习婴儿腿的支撑力，并培养其语言动作的协调能力。

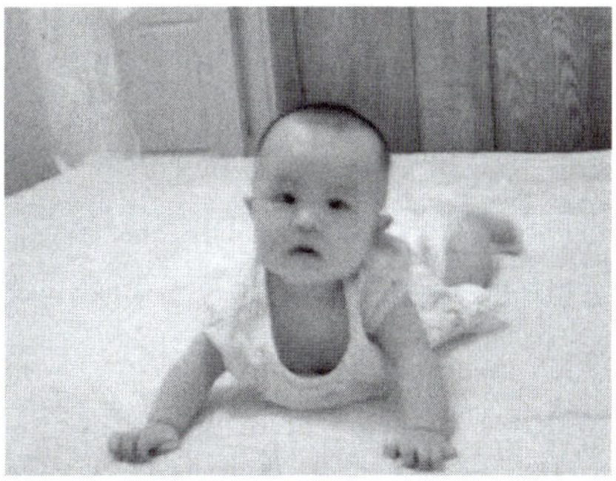

5个月时依依学会了翻身，但她只会从仰卧位翻到侧卧位，或从俯卧位翻到侧卧位。爸爸妈妈把依依放在床上，用一个有趣的玩具逗引她的注意，让她伸手去抓。然后将玩具放在依依身边，嘴里说着："看，它飞到这边来了。"依依转过头，盯着玩具，伸出上臂努力去抓玩具，这时，妈妈帮助她侧过来，她再一努力，就翻过来变成俯卧了。妈妈非常高兴，热情地表扬了依依一番。在爸爸妈妈的帮助下，依依6个月时可以灵活地

图3-2

做翻身动作。翻身使婴儿随意变动体位，扩大了视野，促进了婴儿的智力发育。需要特别注意的是，婴儿学会翻身以后，必须将其放在有围栏的床上，防止摔伤。

图3-3

3. 8~12个月婴儿动作能力特点

8~12个月阶段的婴儿能够独坐，并从坐姿开始爬行或变成俯卧的姿势；能够用手和膝盖撑起身体，以肚皮贴地、手臂撑起、两腿蹬的方式向前爬行；可以扶着东西站起来并逐渐学会扶走；可以不倚靠东西独立站立一会儿；部分婴儿可以不用扶东西走两三步。

这几个月，孩子会变得更加好动，爬行、站立和走路能力的掌握是这几个月中最令人瞩目的进步。通过教手足爬行游戏和跳摇摆舞可以很好地锻炼孩子肌肉的力量、平衡感、大动作和协调能力。

8个多月的依依每天都在家里到处爬，有时候她会爬到沙发上去够她喜欢的玩具，妈妈总是热情地称赞她，这让她更有兴趣，有时候还会手脚并用地爬到楼梯上去。依依还很喜欢听音乐。一开始妈妈扶着她的胳膊，左右摇身摆动，后来她就学会了自己坐在床上随着音乐左右摆动。等依依会站了，妈妈就会让她站着听音乐，她也会站着跳摇摆舞啦。手足爬行游戏和摇摆舞可以锻炼婴儿四肢肌肉的力量，训练大动作与平衡能力，培养婴儿的协调能力和节奏感。

(二) 0~12个月婴儿认知发展

认知能力是指人脑加工、储存和提取信息的能力，知觉、记忆、注意、思维和想象的能力都被认为是认知能力。研究表明，婴儿从出生的那一刻起就已经在学习周围的世界。婴儿用嘴探索世界，开始玩"躲猫猫"等都是认知能力发展的表现。

1. 0~3个月婴儿认知能力特点

0~3个月的婴儿听到妈妈或熟悉的照看人的声音时会笑；开始模仿一些声音，有时会

咿咿呀呀独自发音;听到声音时会转头朝向声音发出的方向。这一阶段可以通过模仿婴儿"发声",锻炼婴儿的视觉听觉能力来发展婴儿的认知能力,为下一阶段的发展做好准备。

(1)模仿婴儿"发声"。婴儿的发声器官是语言发展的重要器官。新生儿哭时,家长可以学着婴儿的声音发声,新生儿对这种反应很敏感,他会停下来听,然后再哭。经常对答婴儿的声音,婴儿会对父母的声音注意。以后他发出"啊""噢"的声音时,家长也发出这种声音对答,这是谈话的开始。妈妈可以与婴儿细声低语悄悄话,叫他的名字。离婴儿20厘米的地方,嘴做夸张的动作,教婴儿嘴唇张合。

婴儿自2~3个月起,进入语言自发发声阶段。此时的婴儿还不能模仿成人说话,但可以听成人与他说话的声音,看成人说话时的表情、口型等,因此这是婴儿学习说话的准备阶段。所以要有意识地创造机会多让婴儿学习发声,为其今后模仿成人说话做准备。

(2)锻炼视觉。1个多月的婴儿,观看东西的能力较之前有飞跃发展。此时,父母可在婴儿的摇篮上悬挂可移动的鲜红色或鲜黄色的气球等,让婴儿醒来就能注视它们。隔一定的时间去摇动一下气球,以引起婴儿的注意和兴趣,这是视觉刺激的好方式。这时候的婴儿对鲜艳的色彩已有较强的"视觉捕捉"力了,注意悬挂的物体不要长时间地固定在一个地方,以防婴儿的眼睛发生对视或斜视。

2个多月的婴儿对周围的环境更有兴趣了,喜欢用目光追随移动的颜色鲜艳的玩具,特别是红色,而对暗淡的颜色不感兴趣。同时,更喜欢立体感强的物体。成人也可将婴儿竖抱起,在房间布置鲜艳的、大的图片及脸谱,边让婴儿看边与其说话,以训练婴儿的视觉感知能力。

(3)锻炼听觉。新生儿出生以后,很快便可以利用在胎儿期积累起来的经验,去探索周围丰富多变的声音世界。为了发展新生儿的听力,可以听音乐、玩有响声的玩具。通过听音乐可以训练婴儿的听觉、乐感和注意力,陶冶婴儿的性情。

1个月大时,婴儿就能辨别出主要照看人的声音,当妈妈或其他主要照看人跟他说话时,他会感到安心、舒服、愉悦。婴儿在这些早期对话中能了解很多微妙的沟通规则,比如交谈的轮换、语气、模仿、节奏以及语言互动的速度。

2. 4~7个月婴儿认知能力特点

4~7个月的婴儿主要通过手和嘴来探索世界;可以注意到远处的物体,并努力试图去拿远处的物体;可以找到被故意藏起来的物体。

这一阶段的婴儿喜欢探索和啃咬小东西,喜欢练习新的运动技能,喜欢四处打量各种东西,喜欢与人(尤其是母亲或其他主要照看人)进行交流,并使自己的好奇心得到满足。针对这一阶段婴儿的认知能力发展特点,家长应当为婴儿提供各种安全的小玩具和婴儿亲密互动,帮助婴儿练习在这一阶段理解的两个重要概念:因果关系和物体恒存。

(1)因果关系。

依依5个月的时候获得了一个新玩具小铃铛,每当她拿着这个铃铛的时候,铃铛就会发出有趣的声音。玩了几天以后,她似乎明白了这个铃铛发出的声音和她摇晃的动作有关,这就是依依第一次理解了因果关系。依依很快发现,当她在桌面上敲打某些东西或者把这些东西丢到地面时,她会引发听众的一连串反应。不久,她会开始故意丢东西,就为了看大人把它们捡起来,依依似乎变成了一个"小调皮"。

虽然婴儿的这种行为有时候让家长感到心烦,但这是婴儿学习因果关系和自身影响周围环境能力的重要方式。为婴儿提供动作体验所需的物体,鼓励他实践他的"理论",这很重要。

(2)物体恒存。

依依的妈妈曾经在依依2个多月的时候用手帕和她玩躲猫猫的游戏,妈妈用大手帕蒙住脸不说话,依依以为妈妈不见了,大哭起来。但4个月以后的依依再和妈妈玩这个游戏的时候,开始明白妈妈并没有不见,只是躲在了手帕后面。

这是婴儿了解和学习"物体恒存"这一概念的开始。通过玩躲猫猫这类游戏,还有观察周围的人和东西来来去去,婴儿逐渐理解了世界并不是由他能看到的东西组成的,这个世界比他想象中更加稳定,在接下来的几个月中婴儿会继续学习物体恒存。

3. 8~12个月婴儿认知能力特点

8~12个月的婴儿在理解了"物体恒存"后可以很轻易地找到在他面前藏起的物体;喜欢用摇晃、敲打、抛撒等很多不同的方式探索物体;开始模仿他人的动作姿势;开始正确地使用物体,如用杯子喝水,用梳子梳头,把手机放在耳朵上,等等。这一阶段的婴儿对什么都充满好奇,但注意力持续时间却很短,会很快从一个活动转移至下一个。通过给婴儿提供适当的玩具,与其互动玩耍,可以进一步发展其认知能力。

(1)为婴儿提供玩具。玩具可以发展婴儿的动作、语言,并使他们心情愉快,也能培养他们对美的感受力。根据此阶段婴儿智能发展的特点,可以给他们提供动物玩具、婴儿生活用品、运动型玩具等。

动物玩具是婴儿最喜欢的玩具,是孩子生活中最贴近的、最熟悉的形象,动物玩具可以作为教具,教孩子认识小动物的名称。

婴儿生活用品如小碗、小勺、小桌椅等,可以用来认识物品的名称、用途。

运动型玩具如软球、摇铃、套环、套杯等,可发展婴儿的动作及感知觉和运动能力。

一次给孩子的玩具不必太多,两三样即可,但要经常更换,以提高孩子的兴趣。

(2)教婴儿玩游戏。快接近1岁时,婴儿会更加清楚地意识到,东西不仅有名字,还有特殊的作用。可以通过给婴儿一些有暗示性的道具来鼓励这种重要的发现——梳子、牙刷、杯子或勺子,然后做他热情表演的观众。

三、语言与情感社交能力发展

新生儿期的婴儿通过看、听,表现安静或愉快等方式来表示对成人的声音和触摸的反应。2~3个月时,婴儿的情绪变化通过笑、啼哭、伸手等行为以及眼神和发声表示,2个月的婴儿就会有愉快或不高兴的面部表情。3个月的婴儿,当感到愉快时可有意识地微笑,并可以发声大笑。有意识地微笑是婴儿社会行为的表现,称为"社会性"微笑,它是婴儿智力发育的重要标志,这一阶段是婴儿人生"社会化"的开始。

（一）婴幼儿前言语阶段及特点

婴儿的语言学习过程分为多个阶段。从出生起,婴儿就会认真聆听周围人们发出的各种声音,并观察人们如何相互交流,从中获取语言信息。0～12 个月是婴幼儿语言发展的准备期,又称为前言语阶段。

1. 0～3 个月婴儿的语言能力特点

1 个月是反射性发声阶段,由生理上的需要做出哭喊反射。1 个月后婴儿出现条件反射性发声,用不同的声音表示不同的意思。婴儿在 2～3 个月时,当有人逗他时,会非常高兴,开始"咿呀"做语,以发声为快乐。这一阶段逐渐开始有不同于新生儿时期的生理哭喊,会用较大的哭声来表达不满。这些特殊"婴语"是与大人的情感交流,也是婴儿表达自我意志的一种方式,父母或其他主要照护人应及时作出相应的反应。

2. 4～7 个月婴儿的语言能力特点

4 个月左右,婴儿开始牙牙学语,使用很多母语中的韵律和发音特点。6～7 个月后,家长在孩子语言发育中的参与变得更为重要。婴儿发音较多的是对成人的社会性刺激做出反应,有一个从单音节发声过渡到重叠音节发声的过程,如"bababa"这种类似爸爸或宝宝的发音。4～7 个月的婴儿对自己的名字有反应,开始对"不"字有反应,可以通过声调分辨情绪,听到声音时会发出声音来回应,并能用声音来表达快乐和不开心。

3. 8～12 个月婴儿的语言能力特点

快满 1 岁时,婴儿会开始主动表达自己的需要,比如用手指,或者向目标物爬或打手势。他还会模仿很多大人交谈时常用的手势。这种非语言性的肢体交流是孩子学习用语言表达信息过程中的暂时替代。

10～12 个月是婴儿语言发展的学话萌芽阶段。这个阶段婴儿语言发展的特点表现为不同的连续音节明显增加,近似词的发音增多。开始真正理解成人的语言,语言交际功能开始发展,开口说出第一个有意义的单词。

4. 0～12 个月婴儿家庭语言教育

家长是孩子最佳的语言教师。婴儿的语言学习过程分为多个阶段,从出生起就会聆听人们发出的各种声音并观察人们如何相互交流,从中获取语言信息。起初,婴儿对人的音调和声音高低最感兴趣。然后在不断的语音刺激中,受到语言的感染,积累听和发音的经验。4 个月大时,婴儿不仅留意他人讲话的方式,更开始关注他人发出的每个音节。他会仔细听各种元音和辅音,而且开始注意它们组合成音节、词语和句子的方式。

婴儿期正是婴儿语言的发生期,大人要利用一切条件对婴儿进行语言训练,为日后的语言发展奠定基础。婴儿的口语能力和其他能力一样都是在日常生活中学来的,视觉和听觉如果限定在一个小范围内,语言也就限制在了一个小范围内。因此,一定要设法让他多看多听。每天多和他讲话来鼓励他。如果他发出一个可以辨别的音节,对他重复一遍,然后说些含有这个音的简单词语。例如,如果他某天发出"ba"这个音,就教他"爸爸""宝宝""抱抱"一类的词语。

6～7 个月之后,家长在孩子语言发育中的参与变得更为重要,因为这时他开始积极地模仿说话的声音。在日常生活中应将说话与教婴儿认识环境的活动结合起来。教婴儿认识物品,反复教他认识他熟悉并喜爱的各种日常生活用品,如起床时教他认识衣服和被子。

(二) 0~12个月婴儿情感社交能力的发展与特点

1. 不同阶段婴儿的社交能力特点

0~3个月的婴儿可以模仿成人的一些动作和面部表情;喜欢和人玩,开始出现社会性微笑;面部表情和肢体语言逐渐丰富,沟通能力变强。4~7个月的婴儿开始对镜子里的形象感兴趣;对他人的情感表现有反应,妈妈做哭的表情,婴儿也会做哭的表情;经常显得很快乐。8~12个月的婴儿在父母或其他亲近的人离开时会哭,对陌生人表现出害羞或不安;开始试探父母对其行为的反应;有偏爱的照护人如母亲或其他经常照顾他的人,有偏爱的玩具;穿衣服时会主动伸手或腿。

2. 0~12个月婴儿家庭社会教育

婴幼儿社会性发展的内容分为社会认知、社会情感、社会行为等方面,具体到0~12个月的婴儿,主要体现在自我意识、对他人的认知、依恋、情绪社会化等方面。家庭在婴儿社会化教育中的主要任务包括:教导基本的生活技能,教导社会规范,培养良好的习惯、形成个性等。

(1) 亲子依恋的形成与发展。依恋是指婴儿和照看人之间亲密的、持久的情绪关系,主要体现在母亲和婴儿之间。

前依恋期(0~2个月):婴儿对所有的人都做出反应,不能将他们进行区分,对特殊的人没有特别的反应。随后,他们用自己独有的语言同成人进行交流。这时的婴儿对于前去接触他的成人没什么选择性,所以此阶段又叫无区别的依恋阶段。

依恋建立期(2~12个月):婴儿开始能从周围的人中区分出最亲近的人,并特别愿意和他接近。这时的婴儿仍然能够接受比较陌生的人的注意和关照,也能忍受同父母的暂时分离,但是会带有伤感的情绪。

婴儿对母亲和父亲的依恋程度基本是相同的,但是因为大部分家庭母亲是主要照护人,所以,对婴儿期起主要影响作用的是母亲。母亲的接纳、抚慰、喜爱、精神关注,将促进健康、温暖的母子依恋关系的形成。

(2) 自我意识。自我意识的内容主要包括婴儿对自己的意识和对他人的态度,0~12个月的婴儿逐步建立对自我存在的认识和体验。根据婴儿自我意识发展的规律,他们对自己的了解是从身体开始的。

家长可以和婴儿做"认识我自己"的游戏。例如,当婴儿躺着的时候,大人可以有意识地触动其小手小脚,通过碰触刺激婴儿手部和脚部的肌肉,引起相应的动作,有利于中枢神经的发育,让婴儿意识到自己四肢的存在,也可以使其获得愉悦的感受。

再如,对着镜子给婴儿的鼻子上点个红点,给其柔软的纸巾,对其说:"宝宝把红点擦掉。"一开始婴儿很可能去擦镜子里"宝宝"的红点,成人不要去纠正他,让他去擦镜子,若他擦不掉,可示意他擦自己的脸。反复这样做,他就逐渐会区分真实的自己和镜子里的自己。这个游戏会让婴儿情绪愉快,对自己的身体产生兴趣,发展自我意识。

家长应结合0~12个月婴儿的发展特点来帮助他实现良好习惯的培养。比如,依依在7~9个月的时候特别喜欢捡小东西,如地上的一根头发丝、一张小纸片,甚至一个瓜子壳。

妈妈很生气,"嫌弃"依依不讲卫生,总是去捡地上的垃圾。以至于一看到依依捡地上的碎屑就要大发雷霆,把依依手里的"垃圾"打落在地。后来依依变得越发不讲卫生了,只要妈妈不说就不会主动把垃圾扔进垃圾桶里,妈妈因此很是苦恼。

从上面这个案例,可以看出如果在依依小的时候,妈妈将她捡起来的东西帮她丢到垃圾桶里,而不是将依依手里的"垃圾"打落在地,就是对婴儿行为的正确规范,在帮孩子建立规则:垃圾要丢进垃圾桶里。

任务二　掌握对 13～24 个月幼儿的家庭教育指导

案例导入

1 岁半的豆豆爱上了"藏东西"的游戏,自己的玩具、妈妈的钥匙、爸爸的手机……都被豆豆藏了起来。爸爸妈妈找不到自己的东西,问豆豆,豆豆自己也忘记把东西藏哪里了。爸爸妈妈非常生气,严令禁止他以后再玩"藏东西"的游戏。

案例思考

豆豆父母的做法对吗? 13～24 个月的宝宝的养育重点有哪些?

一、营养与保健

(一) 13～24 个月幼儿体格发育状况

表 3-5　13～24 个月幼儿体格发育量表

月龄	体重 (千克)	身高 (厘米)	头围 (厘米)	胸围 (厘米)	前囟 (厘米)	出牙 (颗)
13 月龄	9.52～10.16	75.9～77.3	45.4～46.5	45.2～46.3	0～1×1	2～8
14 月龄	9.47～10.21	75.85～77.4	45.4～46.47	45.37～46.5	0～1×1	4～12
15 月龄	9.6～10.21	76.96～78.3	45.6～46.62	45.62～46.8	0～1×1	4～12
16 月龄	10.09～10.70	78.9～80.3	46.0～47.1	46.1～47.2	0～1×1	6～14,门牙8,前白4,尖牙2
17 月龄	10.28～10.88	79.41～81.1	46.7～47.27	46.33～47.4	0～0.5×0.5	6～14,门牙8,前白4,尖牙2

月龄	体重 (千克)	身高 (厘米)	头围 (厘米)	胸围 (厘米)	前囟 (厘米)	出牙 (颗)
18 月龄	10.47～11.06	80.04～81.9	46.34～47.44	46.56～47.6	0～0.5×0.5	8～16,门牙8,前白4,尖牙4
19～20 月龄	10.65～11.25	81.6～82.7	46.5～47.6	46.8～48.0	0～0.5×0.5	10～16,门牙8,前白4,尖牙4
21～22 月龄	11.05～11.63	82.5～84.6	46.76～47.94	47.2～48.47	多数已闭合,少数刚可摸到	12～18,门牙8,前白4,尖牙4,后白2
23～24 月龄	11.51～12.17	85.7～85.77	47.07～48.2	47.67～48.87		16～20,后白0～4

如表 3-5 所示,婴幼儿的身高、体重、头围、胸围是判断其生长发育和营养状况的重要指标,接近 1 岁时,孩子的生长速度开始减缓,直到下一个生长高峰(青春期初期)。这一时期婴幼儿肌肉增加,更加好动,消耗掉很多婴儿时期的脂肪。

(二) 13～24 个月幼儿家庭饮食指南

婴幼儿 1 岁以后的饮食要从以奶类为主逐步过渡到以谷类食物为主,应增加蛋、肉、鱼、豆制品、蔬菜等食物的种类和数量,这一阶段如果不重视合理营养,往往会导致婴幼儿体重不达标,甚至发生营养不良的情况。婴幼儿 1 岁之后,对糊状食物不再感兴趣,家长可以让他吃较软的米饭。如果婴幼儿的臼齿(大牙)已经长出,可以尝试成人的米饭和剪碎的菜。2 岁左右的幼儿,通常可以吃米饭、剪断的面条、小肉块和菜段等。

婴幼儿的每日餐桌应包含五大类食物,以提供均衡营养,家长要供应多样化的食物,如奶类、谷物类、蔬菜、水果等(见表 3-6)。

表 3-6　13～24 个月幼儿每日饮食安排

食物种类	分量	餐次
乳类	500 毫升(有条件可继续母乳至 2 岁)	三餐两点
谷类	50～100 克/天	
蔬菜	200～250 克/天	
蛋白质(肉禽鱼类)	50～75 克/天	
蛋类	1 个(50 克)	
水果	100～150 克/天	
饮水	300 毫升	

二、运动与认知能力发展

(一) 13～24个月幼儿运动发展

1. 13～24个月幼儿大运动发展

世界卫生组织对婴幼儿运动成长标准包括坐直、站立(有支撑)、爬行(用手和膝盖)、行走(有支撑)、站立、行走6个粗大运动成长里程碑。13～24个月的幼儿肌肉动作发展由移动向基本运动技能过渡。2岁以下婴幼儿一般都可以自己走路了,还能拉着玩具走或者手上拿着大玩具或几个玩具走路。走稳之后开始学跑,会踢球,不用帮助就可以在家具上爬上爬下,扶着东西可以上下楼梯。这一阶段幼儿大运动的阶段性表现如表3-7。

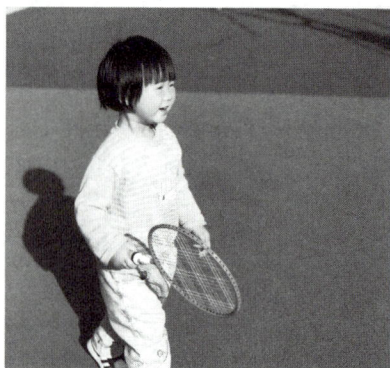

图3-4

表3-7 13～24个月幼儿大运动发展表现

月龄段	大肌肉运动能力
13～15个月	1. 自己能走稳5步 2. 玩滑梯时会扶栏上滑梯、双足踏一台阶、扶住坐下、扶栏滑下其中3种动作;会爬椅子、上桌子取玩具 3. 大人牵一手能双足踏一台阶上楼梯
16～18个月	1. 大人牵着跑;扶人扶物会踢球 2. 跑步时扶人扶物能停止;能独立踢球
19～21个月	1. 倒退走3～5步 2. 扶人扶物单脚站立 3. 用足尖走3步
22～24个月	1. 单脚独立站2秒 2. 用足尖走5步 3. 自己扶梯双脚交替上楼梯;大人牵双手能从台阶跳下

2. 13～24个月幼儿手部精细动作发展

图3-5

精细动作指的是手、眼睛、脸及嘴部肌肉的运动能力。婴幼儿精细动作的发展以手部的动作发展为主。婴幼儿在动作发展上所取得的成果,对其心理发展有重要的意义。婴儿手的抓握动作和躯体移动动作的发展,表明个体发展在第一年内,就基本上完成了精细发展中关键的一步,由于动作的发展,婴儿开始从原来无能为力的状况,变为能从事各种动作,并为他今后活动的发展准备了条件。通过用手摆弄物件,认识了事物各个方面的属性及属性之间的关系。

　　1～2岁幼儿应围绕自己吃饭、穿衣、洗澡等日常行为训练。婴幼儿不同月龄段精细动作的发展水平和展现的内容是有差异的。如在抓弄和敲打玩具时,婴幼儿不但得到关于玩具的视觉刺激,还得到触觉、动觉、听觉刺激。这些感觉逐渐联合起来就发展为知觉。在长期摆弄物体的过程中,婴幼儿认识了一类事物的共同特性,从而使知觉具有概括性,并为表象和概念的产生准备了条件。婴幼儿精细动作发展的阶段性表现如表3-8。

表3-8　13～24个月幼儿精细动作发展表现

月龄段	精细动作发展的阶段性表现
13个月	1. 配上大中小3种瓶盖 2. 投硬币到存钱罐里 3. 甩大圈
14个月	1. 第一次拼图 2. 把积木垒成高楼,把积木排成火车
15个月	1. 棍子拨物 2. 套碗 3. 用铲子把沙土铲放在桶里搬走
16个月	1. 拼有镶嵌的玩具 2. 穿"虫吃苹果"等玩具
17个月	1. 学穿珠子 2. 用套碗摆高塔
18个月	1. 用积木搭桥等日常生活中常见的东西 2. 摸口袋
19～20个月	1. 分3色串珠 2. 分形状套棍
21～22个月	1. 拼切分3块的图 2. 倒米倒水
23～24个月	1. 拧紧螺丝 2. 积木搭门楼和金字塔

3. 13～24个月幼儿家庭运动教育

　　能够行走是12个月以后幼儿大动作发展的最重要标志之一,在幼儿心理发展上有着极其重大的意义。对于孩子来说,独立走路并不是一件容易的事,要走好就更难了。家长可以在家中开展相应的训练游戏。

大运动训练游戏:独走稳

　　目的:训练婴幼儿运动能力和平衡能力,扩大活动范围,增加与外界环境的接触,促进智力发育。

　　方法:

　　(1)训练者站在孩子面前牵动能够发出响声的玩具小车,边走边说:"我们来追小车啦!"或者叫孩子的名字,让他走过来,使孩子能独走 10 步或以上。

（2）让孩子自己拉着小车在前面走,训练者在后面跟着,嘴里喊:"宝宝,宝宝,等等我!"

注意点:

（1）练习场地要平整空旷,清理地面上的危险物品,防止意外事故。

（2）循序渐进,逐渐增加独走的距离,及时鼓励宝宝的进步。

在 13～24 个月期间,幼儿手的精细动作发展迅速。12 个月以后的幼儿手眼协调能力相较之前有更大的发展,可以更好地根据物品的特点来玩耍。例如,会用杯子做喝水的动作,用皮球来做拍打的动作,把图片拿来看的动作,逐渐学会了比较复杂、准确而灵活地摆弄和运用物体的动作能力。家庭中可以采用的训练游戏有搭积木、玩拼图等。

精细动作的游戏训练:积木游戏

目的:增强孩子手指的活动能力。

方法:

（1）为孩子准备一些大小不同的积木,让孩子只用两个指头把一块积木抓起来。

（2）让孩子模仿大人把积木垒起来,妈妈垒高,边垒边说"一层,两层,三层"。

(二) 13～24 个月幼儿认知发展

1. 13～24 个月幼儿认知发展的阶段性表现(见表 3-9)

认知发展是一个由浅入深的过程,随着婴幼儿年龄的成长而表现为先后连续的阶段。婴幼儿对世界的认知是从感知觉开始的。1～2 岁时幼儿开始发生想象,比如他们会拿着积木假装蛋糕在吃,和大人玩游戏。

24 个月以下的幼儿已经发展出较为稳定的"物体恒存"的概念,即使覆盖两三层东西,也能找出下面藏着的东西。能够开始按照形状和颜色排列东西,开始玩角色扮演(过家家)游戏。

表 3-9　13～24 个月幼儿认知发展表现

月龄段	认知发展的阶段性表现
13～14 个月	1. 从杂色积木和珠子之中挑出红色的积木和红色的珠子 2. 将环套入棍子上,能套入 5 个 3. 套入时会说"一个,两个"
15～16 个月	1. 配上认识的水果或动物图片 2. 指出身体部位 3. 数数(1～3) 4. 按指令从形状板或积木中找出圆形、方形、三角形

月龄段	认知发展的阶段性表现
17～18 个月	1. 认识几种交通工具:汽车,马车,自行车,飞机,火车,轮船 2. 认颜色:红,黑,白,黄 3. 认识家庭照片中的亲人
19～20 个月	1. 当着宝宝的面把娃娃藏在第一个地方,再取出来藏到第二个地方,看宝宝能否找出 2. 说出物品用途:肥皂,碗,勺,剪刀,钥匙,鞋,笔,娃娃,枕头,梳子
21～22 个月	1. 分清楚 5 个手指头和手心手背 2. 说出水果名称
23～24 个月	1. 学画:模仿画圆形(封口曲线) 2. 按顺序套入套盒内 3. 在布下面放形状块,用手在布上摸猜形状(圆形,正方形,三角形,长方形等)

2. 13～24 个月幼儿家庭认知教育

由于大动作和精细动作的发展,幼儿与外界接触的范围较之前扩大,思维与学习能力都飞速发展。根据幼儿发育和学习的阶段性特征,家长可提供一系列的丰富活动,既具有一定的挑战性,又不是彻底超出其能力范围的游戏,帮助幼儿发展其认知能力,如"照镜子,认表情"游戏。

认知五官情绪游戏:照镜子,认表情

目的:通过对五官的认识,了解不同的面部表情,进而理解不同的情绪。

方法:

(1) 和宝宝一起面对镜子,家长指着宝宝的五官一一介绍,让宝宝学习说"眼睛""鼻子""嘴"等。

(2) 家长与宝宝面对面,家长依次指自己的五官,一边指一边说出五官的名称。

(3) 出示事先准备的人脸图,和宝宝一起指认五官,并教宝宝不同的表情名称。

(4) 让宝宝面对镜中的自己,指认五官,尝试做出与人脸图相同的表情。

配对游戏:水果配对

目的:锻炼宝宝的逻辑思维能力,认识水果、颜色等。

方法:

(1) 准备成对的水果(橘子、苹果、香蕉等)放在篮子或其他容器中。

(2) 家长从篮子里拿出一个水果观察,再从篮子里拿出另一种水果观察,然后把两种不同的水果放在一起观察,再放回篮子里。

(3) 让宝宝把所有水果从篮子里拿出来,配好对。完成后,让宝宝把东西放回篮子里。

(4) 篮子里的东西也可以换成袜子、手套、餐具等其他物品以吸引宝宝的注意力。

三、语言与情感社交能力发展

（一）13～24个月幼儿的语言发展

1. 13～24个月幼儿语言能力特点

24个月的幼儿语言和理解能力都较之前有很大的提高，幼儿进入一个"对语言的观察和倾听"阶段，当他听到家人以自己能够理解的水平说话时，他会看向说话人，仿佛在认真倾听。

2岁以下的婴幼儿如果听到熟悉的物体或图片的名字，会用手指出相应的物体或图片，会说熟悉的人、物体和身体部位的名称。由于婴幼儿之间的差异很大，口语词汇量从50～200个不等，但基本都能说一些单个的字词，18个月后可以将2～4个字词放在一起组成词组或短句，能够听懂简单的指令。如果他听到的对话语速缓慢，吐字清晰，字词简单，他也可以重复对话中听到的词。根据上海市2014年发布的《0～3岁婴幼儿教养方案》，13～24个月幼儿的语言发展呈现以下特征（见表3-10）。

表3-10 13～24个月幼儿语言发展表现

月龄段	语言发展特征
13～18个月	1. 开始知道书的概念，如喜欢模仿翻书页 2. 开始重复别人说过的话 3. 指认熟悉的物品和人 4. 能用少量语汇表达一定的意思，如说"抱"表示要大人抱抱 5. 开始出现二三个字组成的动宾结构的句子表达意思，如"宝宝吃""妈妈抱""要去"等 6. 模仿常见动物的叫声
19～24个月	1. 开口表示个人需要 2. 口数1～5 3. 能按指示做（2～3件，连续的），如把球扔出去，然后跑去追 4. 对声音的反应越来越强烈，喜欢听重复的声音，如一遍又一遍地听一首歌、读一本书等 5. 能说几个字的简单句，如"囡囡要糖"等 6. 能分辨一本书的封面及基本结构，开始辨认书中角色的名字，会主动看图讲述

2. 13～24个月幼儿家庭语言教育的策略与指导

13～24个月幼儿的语言发展主要分为两个阶段：单词句阶段和双词句阶段。

单词句阶段主要集中在12～18个月，幼儿通常用单个的词表示比该词词义更丰富的意思。比如"外外"，可以表示"我要出去玩"；"饼饼"可以表示"我要吃饼干""这里有饼干"等，家长可以根据具体情况理解具体的意思。

单词句阶段婴幼儿对词的理解主要表现为由近及远、固定化和词义笼统的特点。此时婴幼儿最能理解的是他生活中经常接触的事物和场景，其次是对常见家人的称呼。在这一时期，婴幼儿在语音上基本是单音重复，出现儿语的特点，如"车车""球球"。喜欢模仿动物等的发音，并用以指代相应的动物，如"喵喵"指小猫，"汪汪"指小狗等。

在单词句阶段，家长要多与婴幼儿交流，注意对话选择的字词要相对简单，易于理解，发音清晰缓慢,并减少叠字儿语的使用,为婴幼儿提供语言学习和模仿的榜样。当婴幼儿开始会用单音字表达时,如婴幼儿指着某样东西说"车""碗"等,表示"我要车""我要吃饭"等意思,家长要用心观察,逐渐学会理解婴幼儿特殊的表达方式,并表示鼓励。家长要注意在日常生活中随时随地帮助婴幼儿掌握新词,扩大词汇量,以帮助婴幼儿发展语言能力。

图 3-6

18~24 个月的幼儿进入语言迅速发展的时期,说话积极性高涨。此阶段幼儿使用的语言以名词、动词和形容词为主。开始将两个词搭配形成双词句,因此称为双词句阶段。这一阶段幼儿掌握的词汇更加丰富多样,语言理解能力不断提高,可以逐步摆脱具体情境的制约,开始出现简单的句子表达,掌握本民族语言的基本语法,能够生成合乎本民族语言的表达形式。

针对这一阶段幼儿语言发展的特点,家庭语言环境的创设尤为重要,家长在与幼儿交流时要为其提供连续的语言环境,在内容上要注重丰富性,此时可以开始开展形式多样的阅读活动,为后期的语言认知发展做准备。对于这一阶段的幼儿,家长应尽可能提高幼儿在阅读中注意力的持久性,提高亲子阅读的参与度,认真倾听并回应幼儿的问题,让幼儿勇敢发声,努力表达。

(二) 13~24 个月幼儿的情感社交能力发展

1. 13~24 个月幼儿情感社交能力特点

12 个月以后的幼儿独立意识不断增强,但同时又会在对父母的依恋中摇摆。这一阶段幼儿对长大和脱离家长表现出矛盾的心理,尤其是他困倦、病痛或害怕的时候,这时需要家长给予其足够的关注和安抚。根据上海市 2014 年发布的《0~3 岁婴幼儿教养方案》,13~24 个月幼儿的情感社交能力发展呈现以下特征(见表 3-11)。

表 3-11　13~24 个月幼儿情感社交发展表现

月龄段	情感社交能力发展特征
13~18 个月	1. 能在镜中辨认出自己,对陌生人表现出新奇 2. 情绪不稳定,变得容易受挫,受挫折时常常发脾气 3. 情绪易受感染,看到别的小孩哭时,表现出痛苦的表情或跟着哭 4. 对玩具有自己的选择偏爱 5. 醒着躺在床上,四处张望 6. 会依附安全的东西,如毯子等,个别孩子吮拇指习惯达到高峰,特别在睡觉时 7. 喜欢单独玩或观看别人游戏活动 8. 开始能理解并遵从简单的规则 9. 对常规的改变和所有的突然变迁表示反对,表现出情绪不稳定 10. 在照片中辨认出家庭主要成员

月龄段	情感社交能力发展特征
19～24 个月	1. 能区别成人表情中蕴含的情绪 2. 对自己的性别有初步的意识,开始用名字称呼自己 3. 当父母或看护人离开房间时会感到沮丧 4. 与父母分离有恐惧 5. 在有提示的情况下,会说"请"和"谢谢" 6. 对自己的独立性和完成一些技能感到骄傲 7. 不愿把东西给别人,只知道是"我的" 8. 情绪变化趋于稳定,能初步调节自己的情绪 9. 交际性增强,较少表现出不友好和敌意 10. 会帮忙做事,如学着把玩具收拾好 11. 开始和其他小朋友一起游戏 12. 游戏时能模仿父母更多的细节动作,想象力增强

2. 13～24 个月幼儿家庭情感社交能力教育的策略与指导

13～24 个月的幼儿自我的独立意识提高,逐渐对他的社交圈、熟人和朋友形成一个具体的印象。这一阶段的幼儿"自我中心"意识比较强烈,虽然意识到他人的存在,也对其他人很感兴趣,但对他人的想法和感觉完全没有意识,在幼儿心目中,每个人都和他有一样的想法。他们喜欢模仿他人的行为,特别是成人和年长的孩子,更加喜欢跟其他孩子在一起。但由于他们对自己物品的"占有欲",使得"分享"对这个年龄段的孩子变得毫无意义,大部分孩子都以自我为中心,认为自己才应该是被关注的焦点,所以孩子之间时常爆发冲突。家长应尽量为孩子提供充足的玩具,时刻准备着去做调解员。

在这一阶段中,有些幼儿会表现出害羞的特点,另一些幼儿则会更具有攻击性。这两种不同类型的幼儿,家长在应对的时候也应采取不同的方式。针对害羞的幼儿,家长应允许其按照自己的步调行动。从容对待幼儿羞涩甚至退缩的表现,给其时间适应新环境,使其逐渐建立自信。针对攻击性强的幼儿,家长要通过游戏和体育锻炼,给他们足够的正面渠道来发泄精力。如果幼儿出现影响他人的过激行为,如打人、踢人、咬人,家长要及时制止。如果幼儿在团体活动中没有和其他孩子发生任何冲突,家长也要及时予以表扬,充分利用幼儿受暗示性强的特点,促进幼儿良好道德行为的发展。

根据 13～24 个月幼儿情感社交能力发展的特点,家长可以采用如下游戏锻炼幼儿的情感体验,训练幼儿理解一定的社会规范,能够在能力范围内相对控制自己的行为。

情绪游戏:懂得喜怒表情

目的:幼儿能懂得大人的面部表情,从而改变自己的行为或做出反应,表明幼儿在适应周围环境中开始有了自己的意见,并能处理与人的关系,行为能力有了进步。

方法:

(1)训练者或家长在幼儿面前做出高兴或不高兴的表情,让幼儿知道什么是喜,什么是怒。例如幼儿拿糖给大人吃,家长要表现出高兴的样子,使幼儿知道他做了让大人高兴的事。幼儿做了不该做的事,大人要制止,并做出生气的表情,说:"妈妈生气了!"使他知道自己做了让大人不高兴的事,从而终止自己的动作。

(2)训练者在讲故事、念儿歌、做游戏的时候,结合故事的情节,做出夸张的表情,表示高兴或不高兴,以后在相同的场景里,要求幼儿也学着训练者一样做出喜怒的表情来。

社交游戏:嘘! 请安静

目的:训练幼儿会安静片刻。学会约束自己,同时也培养专注力。保持安静也是教育幼儿文明礼貌的行为。让孩子学会该活跃时尽情活跃,该安静时能保持安静。

方法:

(1)家长和幼儿都做好准备,关上门,关上一切音响设备,安安静静地坐好,闭上眼睛。此时一切杂乱的紧张心情都会渐渐消失,而且可听到许多从前未感受到的细微声音,如远方车过马路声,风吹树叶声。幼儿经过几分钟的安静训练后,懂得保持安静才能更集中注意,才听得到以前听不到的细微声音,并学习保持安静的方法。

(2)开始每次安静训练3分钟,以后渐延至5分钟,安静训练时,可有耳语说话声或用手势表示结束。然后站起来,轻声离开屋子,开始进行户外的欢腾的活动。这种安静训练可每周进行1~2次。

任务三　掌握对 25~36 个月幼儿的家庭教育指导

案例导入

家长来信:我家宝贝2岁半了,真不知道该如何教育他才好。小孩总是不听话,打也不听,骂也不听,比如早上起床小孩总是不愿意穿衣服,逼他穿又哭,晚上洗澡也是不愿意洗,哭个不停……

案例思考

2~3岁是孩子最容易黏人、敏感易怒的时期,在这样一个让妈妈们无可奈何的阶段,打骂显然是不对的,面对这样一个孩子,最合理的方式是什么呢?

一、营养与保健

(一) 25～36 个月幼儿体格发育状况(见表 3-12)

表 3-12 25～36 个月幼儿体格发育量表

月龄	体重 (千克)	身高 (厘米)	头围 (厘米)	胸围 (厘米)	出牙 (颗)
25～27 个月 (满 2 周岁)	12.04～12.57	88.1～89.1	47.07～48.2	47.4～48.4	16～20,其中后臼 4 颗出齐
28～30 个月 (27 个月底)	12.49～13.07	90～91.2	47.7～48.7	48.7～49.85	18～20,其中后臼 2～4
31～33 个月 (30 个月底)	12.97～13.56	92.0～93.3	48.0～50.3	49.2～49.85	18～20,其中后臼 2～4
34～36 个月 (33 个月底)	13.49～14.04	93.95～95.05	48.2～49.2	49.55～50.6	18～20,其中后臼 2～4

　　幼儿从婴儿期逐渐步入了学龄前阶段,在这一时期,他的生长速度和运动能力的发展开始减缓,但仍呈稳定增长趋势。这段时间,幼儿身高增长明显,每年身高增长约 6 厘米,体重增加约 2 千克。身体和腿部的比例更协调,随着肌肉力量的增强,幼儿的体态会变得更加挺拔,外表看起来更加修长而健美。相对身体发展而言,幼儿在这一阶段的语言、认知、情感和社交能力的发展迅速。

(二) 25～36 个月幼儿家庭饮食指南

　　这一时期的幼儿仍然不适合吃成人饭菜。一方面,成人饭菜切块比较大,幼儿难以完全嚼碎,不易吞咽,不易消化;另一方面,成人吃的菜偏咸,食盐含量高,不利于幼儿的健康成长。一般可每日安排 5 次进餐,每餐间隔 3～3.5 小时,早中晚三次正餐,上午下午各添加一次点心或者水果,每次用餐时间 20～30 分钟,进餐应在固定场所、桌椅和专用餐具。

　　此阶段幼儿的每一餐都要有主食,菜色重视荤素搭配,还要注意粗粮细做,粗细粮合理搭配,也要进行豆类、菌类、薯类的合理搭配(见表 3-13)。幼儿的饭菜既要有营养,还需要花样翻新,色香味方面都要有新意,这样才能够充分调动起幼儿的好奇心,提高进食兴趣。作为幼儿神经系统和体格发育的关键期,优质蛋白的摄入不可缺少,每日仍需补充 350 毫升左右奶制品。

表 3-13 25～36 个月幼儿每日需要食物的种类和数量(克/天)

谷类	100～150	蔬菜类	100～200
鱼肉禽类	50～75	水果类	50
蛋类	50	油	10
豆制品	25～50	糖	10
乳制品	350	盐	1

二、运动与认知能力发展

(一) 25～36个月幼儿运动发展

1. 25～36个月幼儿大运动发展

幼儿在25～36个月时,大肌肉动作以发展基本运动技能为主,向各种动作均衡发展,对身体的控制更加熟练。大部分幼儿在30个月的时候走路已经很稳了,跑步的动作更流畅、更协调,跑动起来可以中途转换方向,也可以随时停下来。幼儿的跳跃能力也有所增强,能双脚离地腾空连续跳跃2～3次,能双脚交替灵活走楼梯,能走直线,能跨越一条短的平衡木。这个年龄的幼儿只要醒着,似乎一刻不停地在动——跑跑跳跳、踢东西、攀爬。他们可以熟练地爬上爬下,用两脚交替上下楼梯,弯腰的时候不会摔倒,他们喜欢踢球,还会蹬三轮车。这一阶段幼儿大运动的标志性发展如表3-14所示。

表3-14　25～36个月婴幼儿大运动发展表现

月龄段	大肌肉运动能力
25～27个月	1. 能双脚离地跳 2. 能马上接住地面滚来的球 3. 能自己独立骑摇马,要自己扶住上去自己摇
28～30个月	1. 能钻入比自己矮的洞不碰头(爬或弯腰走) 2. 会接反跳球(3次中2次) 3. 会骑三轮车直着走
31～36个月	1. 双足交替自己下楼梯 2. 能举手过肩抛球2米 3. 单足站稳1分钟 4. 不用扶自己独立上平衡木,从起点走到终点 5. 能单足连续跳4次

2. 25～36个月幼儿手部精细动作发展

24个月以后幼儿的手腕、手指和手掌的协调能力发展得更为协调了,他们可以转动门把手,拧开盖得不是很紧的瓶盖,会用一只手拿杯子喝水,可以自己尝试打开糖果的包装纸,还可以一页页地翻书。在这一年里,幼儿学会了一个新的重要技能——"画画",可以用写字的姿势握住笔,并在纸上画竖线、横线和圆圈。随着手部精细动作的发展,幼儿的自理能力也有所增强,他们会穿简单的外衣,会扣衣扣,甚至试用筷子吃饭。这一阶段幼儿手部精细动作的标志性发展如表3-15所示。

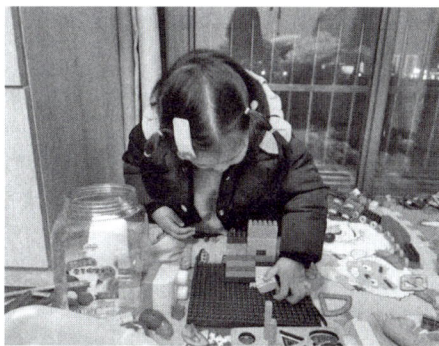

图3-7

表 3-15　25～36 个月幼儿手部精细动作发展表现

月龄段	手部精细动作
25～27 个月	1. 用积木垒高或连接成简单的物体形状(如桥、火车) 2. 会捏、团、撕,随意折纸
28～30 个月	1. 能为大小不同的 6 个瓶子配瓶盖 2. 会画直线、曲线、圆等中的 2 种 3. 能用 10 块积木搭高楼,用 5 块积木做底搭金字塔;能捏面团做条、球、碗、盘 5 种
31～36 个月	1. 会解结大骨扣、小骨扣、暗扣、粘扣和裤勾中的 5 种 2. 会折纸:正方形折成长方形,再折成小正方形,再折成三角形;正方形折成三角形,再折成狗头中的 2 种折法 3. 拼图:能正确地拼出有图片剪成 4 份、5 份、6 份、7 份、8 份的 5 套图片 4. 会用剪刀剪小口 5. 会画圆形、正方形、三角形

3. 25～36 个月幼儿家庭运动教育

幼儿动作的发展具有阶段性和规律性,同时因为身体素质的不同,也有一定的个体差异性。大运动能促进幼儿身体发育,增强体质;精细动作的发展能促进手—眼—脑的协调发展,是未来学习任何一种特殊技能的前提条件。因此家长要注意在日常生活中渗透幼儿动作的发展与指导,利用好日常生活的每一个环节,将丰富多彩的家庭运动教育贯穿于幼儿生活的点点滴滴。

大运动游戏:大家都来模仿吧

游戏目的:通过屈伸和平衡动作,锻炼幼儿肌肉,激发幼儿的想象力。

游戏方法:

1. 大人和宝宝排排站,让宝宝模仿大人走路的姿势。

2. 首先,大人可以走得很慢,告诉宝宝"轻轻地、慢慢地走,不去打扰别人"。

3. 然后,大人可以大踏步走,告诉宝宝"下雨了,快点走,不然要淋湿了"。

4. 还可以走的时候突然弯下腰,告诉宝宝"地上有宝宝的玩具,我要捡起来"。

手部精细动作游戏:包饺子不容易

游戏目的:捏面团能锻炼婴幼儿手部的力量和手指的灵活性,为婴幼儿增加一些生活常识。

游戏准备:小围裙、面团、擀面杖。

游戏方法:

1. 大人包饺子的时候,给宝宝围上小围裙,给他一块小面团,一个小擀面杖。

2. 大人一步步地进行包饺子的程序,让宝宝在一旁照大人的样子模仿。

3. 引导宝宝先用小手去捏揉、拍打面团,然后把面团压扁,用擀面杖摊平。

4. 在展开的面团上,给宝宝放上红枣,让宝宝把皮的边捏起来,告诉宝宝小手要用力捏紧,不然馅会露出来。

5. 饺子做成后,跟妈妈包的饺子放在一起,比比谁的漂亮。

(二) 25～36 个月幼儿认知发展

1. 25～36 个月幼儿认知发展的阶段性表现

25～36 个月幼儿的思维处于直觉行动思维阶段,思维特征表现为在行动中进行,非常依赖具体情境。由于语言能力的发展,幼儿可以在头脑中尝试解决问题,而不是像之前那样仅仅通过触摸、观察、摆弄和倾听来了解这个世界。随着记忆能力的发展和智力的发育,幼儿会开始理解简单的时间概念,比如"你吃完饭才可以玩";开始理解物体之间的关系,对因果关系的理解加强;游戏时开始模仿自己的一日生活,游戏的逻辑性增强。25～36 个月幼儿的认知发展阶段性表现如表 3-16 所示。

表 3-16　25～36 个月幼儿认知发展表现

月龄段	认知发展的阶段性表现
25～27 个月	1. 理解"大、小""多、少""上、下",会比较多少、长短、大小 2. 会指认圆形、方形和三角形 3. 知道红色,并能正确地指认
28～30 个月	1. 认识圆形、方形、三角形、长方形、椭圆及半圆 4 种 2. 认识基本的颜色
31～36 个月	1. 会玩机械玩具 2. 能将手里或房间里的东西跟竖立的图片对起来 3. 根据形状或颜色给物体分类 4. 可以完成 3～4 块的拼图

2. 25～36 个月幼儿家庭认知教育

直觉行动和具体形象是 25～36 个月幼儿思维的重要支持,幼儿乐于在操作具体事物的过程中体验、感知进而学习新的经验和知识,因此操作学习是促进幼儿认知发展的有效学习方式。家庭认知教育要尽量丰富幼儿的感知经验,感知比较,对幼儿日常生活中的各种活动进行有意识的引导,尤其注意保护幼儿的好奇心,在家里或户外为幼儿创造更多安全的探索机会,鼓励探索行为。如可尝试以下活动。

图 3-8

感知比较：引导幼儿探索事物之间的简单关系

活动方式：

1. 有意识地引导婴幼儿感知比较物体的明显特征（颜色、形状、大小、多少）、属性（冷热、软硬）和关系（长短、上下、里外，轻重）。

2. 指导幼儿给物体归类。

3. 帮助幼儿逐步积累对事物的感性经验，发展幼儿的探索能力。

亲近自然：丰富婴幼儿的感知经验

活动方式：

1. 观赏小区或公园中各种颜色的花，教幼儿辨认红、黄、绿等常见颜色。

2. 引导幼儿观察小昆虫（如"蚂蚁搬家"）。

3. 观察家中的绿植或小动物。

三、语言与情感社交能力发展

（一）25～36个月幼儿的语言发展

1. 25～36个月幼儿语言能力特点

25～36个月的幼儿注意力集中的时间比以前更长了，记忆力也有所增强，词汇的掌握量也在飞速增长。幼儿不仅明白家长对他讲的绝大多数内容，而且语言表达逐渐从2～3个字的电报句（如：宝宝喝）跃升至4～6个词组组成的句子（如：妈妈，球在哪里）。幼儿能够迅速说出自己熟悉事物的名称，学会了使用代词"你""我""他"，而且理解"我的"概念，理解并能使用简单的方位词（上下，前面后面）。幼儿已经开始能够用语言描述想法和信息，来表达他的身体或情感需求和欲望。根据上海市2014年发布的《0～3岁婴幼儿教养方案》，25～36个月幼儿的语言发展呈现以下特征（见表3-17）。

表3-17　25～36个月幼儿语言发展表现

月龄段	语言发展特征
25～30个月	1. 听完故事能说出讲的是什么人、什么事 2. 会用几个"形容词" 3. 会用"你""我""他"，会用连续词"和""跟"，会使用副词"很""最" 4. 能说出常见物品的名称和用途，词汇量发展迅速 5. 会使用七八个词组成的句子进行简单的叙述 6. 会背诵简单的儿歌，且发音基本正确
31～36个月	1. 会问一些关于"是什么""为什么""是谁""在哪里"的问题 2. 在成人引导下，理解故事主要情节 3. 认识并说出常见的物品、动物名称，词汇量较丰富

月龄段	语言发展特征
	4. 运用字词的能力迅速增加 5. 能说出有几个词的复杂句子 6. 开始运用"你们""他们""如果""但是"等词 7. 知道一些礼貌用语,如"谢谢"和"请",并知道何时使用这些礼貌用语 8. 知道家里人的名字和简单的情况 9. 开始区别"一个"和"许多" 10. 喜欢自己看图画书 11. 会回答简单的问题

2. 25~36 个月幼儿家庭语言教育的策略与指导

与人交流对幼儿来说,既是学习语言的好机会,又是运用语言的好机会。幼儿通过聆听和简单的对话交流,无需任何语法课,就掌握了母语的基本语法规则。家庭语言教育中家长可采用以下策略来发展幼儿的语言能力。

(1) 亲子阅读:每个正常的幼儿都是天生学习语言的专家,学龄前是幼儿掌握语言的敏感期和关键期。亲子阅读是 0~3 岁婴幼儿语言发展的支柱,家长应树立科学的亲子阅读观,在家中营造一个自由、宽松、丰富的阅读环境,并选择适宜他们发展的阅读材料。利用讲故事、看图书、念儿歌的形式,让婴幼儿学会说完整的句子,逐渐积累词汇量,学会正确使用词汇,准确描绘事物,表达自己的体验。

(2) 言语交际:这一时期幼儿的语言还不能脱离环境和活动,因此应让幼儿广泛接触周围的人和事,在人与人的交流对话中,发展和丰富语言。家长可利用提问的形式,鼓励幼儿多表达,教会幼儿对物体外部特点的描述,例如大小、颜色、形状、轻重等,从而丰富幼儿的表达方式。

(二) 25~36 个月幼儿的情感社交能力发展

1. 25~36 个月幼儿情感社交能力特点

这个年龄的幼儿在完成了自我认知的初步发展后,开始花大量的时间来试探底线——他自己的、家长的、还有所处环境的。幼儿的情绪变化很快,前一刻还是一个对人友好,兴高采烈的好宝宝,下一刻可能就发起脾气哇哇大哭起来。但这恰恰反映出孩子在努力控制自己行动、冲动、感情和肢体过程中出现的情感变化。

这一阶段的幼儿感情丰富,但还不能真正理解他人的想法和感受,他们几乎完全从自己的需求和欲望出发来看待世界,因此他们可能看起来我行我素,不懂得分享,和玩伴相处时总有纷争出现。但通过鼓励,幼儿会表现得更加成熟,家长应鼓励幼儿的自信心,锻炼其好奇心,为其设下合理的界限,坚决制止任何危险或违反社会秩序的行为,使得其在规则的指导下,发展更成熟的情感社交能力。根据上海市 2014 年发布的《0~3 岁婴幼儿教养方案》,25~36 个月幼儿的情感社交能力发展呈现以下特征(见表 3 - 18)。

表 3-18 25～36 个月幼儿情感社交能力发展表现

月龄段	情感社交能力发展特征
25～30 个月	1. 有简单的是非观念,知道打人、咬人、抓人不好 2. 会发脾气,常用"不"表示独立 3. 知道自己的全名,用"我"来表示自己 4. 和同伴一起玩简单的游戏,会相互模仿,有模糊的角色装扮意识 5. 初步意识他人的情绪,开始表达自己的情感
31～36 个月	1. 清楚地知道自己是男孩还是女孩 2. 和同伴或家人一起玩角色游戏,如"过家家"游戏 3. 能和同龄小朋友一起玩,如把玩具分给别人 4. 害怕黑暗和动物 5. 兄弟姐妹或同伴之间会比赛和产生嫉妒 6. 会整理玩具,开始知道物归原处 7. 自己上床睡觉 8. 大吵大闹和发脾气已不常见,且持续时间短,开始能控制自己的情绪 9. 对成功表现出积极的情感,对失败表现出消极的情感 10. 开始对故事里的人物投入感情,表达同情 11. 不愿改变已养成的生活习惯

2. 25～36 个月幼儿家庭情感社交能力教育的策略与指导

家庭在婴幼儿情感社交能力发展中的主要任务如:教导基本的生活技能;使其养成亲社会的态度,学习初步的人际交往技能;教育孩子爱护环境,爱护公物等。

婴幼儿在这一时期开始表达自己的情感,并能初步意识他人的情绪,但由于自我控制能力不强,大部分婴幼儿会自然地发泄自己的愤怒,比如哭闹、退却、沮丧、攻击甚至撕咬。因此预防和应对婴幼儿发脾气成为家庭情感社交能力教育的重要任务。

首先,应对婴幼儿的行为设置合理的限制,并强化婴幼儿好的行为。这些限制应建立在婴幼儿不伤害自己或者破坏财物的基础上。一旦设置了限制,就应确保家中所有看护婴幼儿的成年人都遵守相同的规则,并采取温柔而坚定的方式管教孩子。

其次,给婴幼儿提供适宜且合理的选择。在相当程度内,尊重婴幼儿的选择权,从而确认婴幼儿的自主性。如提供两套第二天起床穿的衣服供孩子选择。尽量通过赞许、表扬和奖励等方式进行正面教育,肯定婴幼儿的积极行为。

再次,当婴幼儿发脾气时家长首先要保持冷静。婴幼儿在模仿中学习,如果家长尽量保持一种平和的氛围,会缓解整体的紧张气氛。转移注意力或采取"平静中断法"的策略,可以使发脾气的婴幼儿逐渐平静下来,明确告知婴幼儿哪些行为不被接受,并与其共同处理问题。

2 岁左右的幼儿感情丰富,喜欢模仿成年人和玩伴,对熟悉的同伴显示出自发式感情,可以轮流参加游戏,清楚"我的"和"他的"的概念。家长在事后可以通过讲故事、情境表演等移情训练法使幼儿更好地换位思考,体验他人的情感、理解他人的需要,在情感上产生共鸣,逐渐形成亲社会行为带来的良好情绪,为后续的发展提供良好的基础。

任务四　掌握对 3～6 岁幼儿的家庭教育指导

案例导入

一位妈妈说:"我家宝宝从进幼儿园开始就哭闹着不肯去,一开始的时候,每天回来连吃饭睡觉玩游戏都没有兴致,缠着大人闹着不去幼儿园。老师反映孩子在学校看到陌生老师特别胆小,也不怎么跟别的小朋友玩,还动不动就哭。但是在家里或平时我们带他出去玩的时候,他从来不认生的。孩子必须得上幼儿园吗? 他这么痛苦,我们想干脆不让他上幼儿园了,不知可不可以?"

案例思考

孩子 3 岁之后,父母们普遍反映孩子好带多了,不会动不动就哭闹了,能很好地表达自己了,能自己独立完成很多事了……同时父母也对孩子提出了更高的要求,希望孩子能自己穿衣、吃饭、收拾玩具等,甚至还会要求孩子做一些力所能及的社会性活动。但是,很多父母也反映,这个阶段的孩子又出现了一些新情况,如入园的问题、同伴交往的问题等。应该如何应对这些新问题呢?

一、营养与保健

(一) 3～6 岁幼儿体格发育状况

在这一阶段,幼儿普遍比小时候瘦,因为这个年龄的幼儿会继续甩掉婴儿期积蓄的脂肪,身体肌肉不断增加,有些幼儿的身高增长速度会大大超过体重增长和肌肉增长,看起来非常瘦弱。3～6 岁的幼儿平均每年身高增长 5～6 厘米,而体重每年只增长 1.5～2 千克。同龄幼儿的身高体重会逐渐拉开差距,因此只要幼儿按照自己的发育速度不断成长,就没必要担心。3～6 岁幼儿体格发育量表见表 3－19。

表 3－19　3～6 岁幼儿体格发育量表

年龄	体重(千克)		身高(厘米)	
	男	女	男	女
3 岁 4 个月	11.9～19.1	11.6～19.0	89.8～105.7	89.0～104.3
3 岁 8 个月	12.4～19.9	12.1～19.8	92.1～108.7	91.3～107.1
4 周岁	12.9～20.8	12.6～20.7	94.4～111.5	93.5～109.7

续　表

年龄	体重（千克）		身高（厘米）	
	男	女	男	女
4 岁半	13.7～22.1	13.2～21.9	97.7～115.5	96.7～113.5
5 周岁	14.4～23.5	13.8～23.2	100.7～119.1	99.5～117.2
5 岁半	15.2～25.0	14.4～24.6	103.6～122.6	102.2～120.9
6 周岁	16.0～26.6	15.0～26.2	106.4～125.8	104.8～124.5

从幼儿的身高、体重、胸围、头围等方面可以判断其生长发育是否正常。体重反映幼儿的营养状况,体重可以用公式"体重(千克)=年龄×2+8"来计算,例如:3 岁幼儿的体重为 14 千克,6 岁为 20 千克,幼儿体重较这一标准多于或少于在 10% 以内可视为正常,若低于标准体重 15% 以上,一般应视为体重低,可能因营养不良或一些慢性消耗性疾病所致;若高于标准体重 20% 以上,可诊断为肥胖儿。

身高和出牙数,可反映幼儿骨骼生长发育情况。该年龄段幼儿的身高可用公式"身高(厘米)=年龄×5+80"来计算。身高低于正常标准 30% 为异常,可能由于佝偻病、营养不良、软骨发育不全、呆小病、垂体侏儒症、糖尿病等所致。正常情况下,幼儿在 3 岁以前 20 颗乳牙全部出齐,6 岁时出 1 颗恒牙,即"六龄齿",并开始换牙。

(二) 3～6 岁幼儿家庭饮食指南

这一阶段的幼儿器官迅速发育,腿长得很长,需要足够的蛋白质(蛋白质食品)供给;矿物质钙(钙食品)、磷、铁(铁食品)、锌、碘及其他微量元素(微量元素食品)有利于骨骼的发育、血细胞的形成及机体各部分的代谢。为满足骨骼发育,钙的供应量每天要在 800 毫克,高于成人的供应量;铁的供给量每天为 10 毫克。营养专家提倡:从婴幼儿阶段开始,节制盐的摄入量,避免吃太咸的食物。

幼儿的饮食以谷类食物为主。米饭、馒头、花卷、粥、面包、包子等是蛋白质和热能的主要来源。蔬菜水果和薯类是维生素、无机盐、和纤维素的主要来源。每天喝 2～3 杯配方奶,可补充钙和优质蛋白质。多吃鱼、禽蛋、瘦肉,可以补充生长发育的优质蛋白质。

有的营养专家认为在有条件的情况下,可以给婴幼儿服用合适的制剂,如维生素(维生素食品)A 及 D 等,或由专业营养师为孩子配制营养均衡的午餐,以便这个阶段的婴幼儿营养需求能有效保证。主要方法是将一天三顿主食做好而避免零食和偏食,如果两顿饭之间的间隔太长时,可以有规律地给予少量小食。

糖对婴幼儿的味觉特别有吸引力,在进食量或胃口不理想的情况下,特别需要节制,以免影响正常的食欲。甜品宜放在餐后,而不是餐前。

以下注意事项,家长需要特别关注:

(1) 合理安排饮食,一日三餐加 1～2 次点心,定时、定点、定量用餐。

(2) 饭前不吃糖果、不饮汽水等零食和饮料。

(3) 饭前洗手,饭后漱口,吃饭前不做剧烈运动。

（4）养成自己吃饭的习惯，让孩子自己使用筷、匙，既可增加孩子进食的兴趣，又可培养其自信心和独立能力。

（5）吃饭时专心，不边看电视或边玩边吃。

（6）吃饭应细嚼慢咽，但也不能拖延时间，最好能在 30 分钟内吃完。

（7）不要一次给孩子盛太多的饭菜，先少盛，吃完后再添，以免养成剩菜、剩饭的习惯。

（8）不要吃一口饭喝一口水或经常吃汤泡饭，这样容易稀释消化液，影响消化与吸收。

（9）不挑食、不偏食，在许可范围内允许孩子选择食物。

（10）不宜用食物作为奖励，避免诱导孩子对某种食物产生偏好。

家长和看护人应以身作则、言传身教，帮助孩子从小养成良好的饮食习惯和行为。

二、运动与认知能力发展

（一）3～6 岁幼儿运动发展

1. 3～6 岁幼儿大运动发展

3～4 岁的幼儿可以独立地到处行走，能跑、能跳，能在攀蹬架上爬上爬下，从高处跳下时能保持身体平衡，会跳高、跳远，会投飞镖，能闭眼转圈。在日常生活中，会自己洗脸、洗手、穿脱简单的衣服、鞋袜。

4～5 岁的幼儿能单脚跳跃，滑滑梯，玩翘翘板。

5～6 岁的幼儿跑跳自如，能连续走 20～30 分钟的路程。跑的时候会躲闪、追逐，跑的协调、平衡能力较强，会拍球、踢球，可以边跑边拍，边跑边踢；开始喜欢集体游戏，在玩的过程中，常常

图 3-9

改变规则，创造新花样；可以模仿大人的样子，使用碗筷，做些简单的家务活，如扫地、擦桌子，但干什么活都没有耐性。

在这一期间，家长应尽量给孩子创造良好的活动场所，经常带他们到游乐园及较宽敞的活动场所玩耍跑跳，有意识地提高他们的运动能力。

2. 3～6 岁幼儿手部精细动作发展

随着脑功能及小肌肉的发育日趋完善，3～6 岁幼儿手部精细动作发展有了极大提高。

3～4 岁的幼儿可以做精细的动作，如折纸、剪贴，会画简单的花草树木和人像，会写简单的字。

4～5 岁的幼儿可以画比较完善的小人，有头、身及四肢，能画出圆形的、三角形的和正方形的东西，如太阳、苹果等。

5～6 岁的幼儿能用铅笔书写简单的汉字和 10 以内的阿拉伯数字，会自己穿鞋、扣扣子。

这一期间，家长应多鼓励幼儿动手实践，通过画画、折纸、剪贴等活动加强手工能力，培养孩子手脑并用，进一步促进脑功能的发展。

图 3-10

3. 3～6 岁幼儿家庭运动教育

在这一阶段,幼儿已经可以较好地控制自己的动作,方向感也更加准确,能进行一些更有组织性的游戏和运动。4 岁的幼儿协调能力和平衡能力已经接近成年人,手部协调能力和动手能力几乎已经发育成熟。不管是需要肌肉力量的翻跟头和立定跳远,还是需要手部控制能力的写字画画和剪纸,都能十分享受地参与其中。因此在这一时期,家长应根据幼儿动作发展的特点及规律,遵循个体差异原则,给幼儿营造宽松愉悦安全的家庭运动游戏环境。推荐的家庭运动游戏如下。

游戏名称:障碍走

游戏目的:加强身体控制及平衡能力,增进手脚协调能力。

游戏要求:孩子能独自走完一个有 5 项步骤的障碍路径。

适用年龄:4～5 岁。

备注:障碍物可以使用家庭现有的物品,如玩具、矿泉水瓶、枕头、椅子、桌子等;开始时成人先做示范,然后陪同孩子一起进行训练,要有及时、足够的身体和口头提示;鼓励孩子自己做,并给予适当的提示;鼓励孩子与其他孩子以竞赛的形式进行训练。

游戏名称:剥毛豆

游戏目的:练习"剥"的动作,锻炼手指的精细动作。

适用年龄:3～6 岁。

游戏过程:给幼儿准备毛豆和装豆子的容器,向幼儿展示"剥"毛豆的动作,邀请幼儿帮忙。

备注:可根据幼儿年龄和能力的不同,调整难度。如:年龄小的幼儿提供较大的、已经剥开一半的毛豆。

游戏名称:"粮食"搬家

游戏目的:练习"捧"的动作,锻炼双手的配合能力。

适用年龄:3～6 岁。

游戏过程:准备米或其他杂粮若干,两个开口较大的容器;向幼儿展示如何将米(或其他杂粮)从一个容器转移至另一个容器中。

备注:根据幼儿的年龄和能力的不同,适当调整两个容器之间的距离。

(二) 3~6岁幼儿认知发展

1. 3~6岁幼儿认知发展的阶段性表现

这一阶段幼儿对身边的一切都充满好奇心,他们每天提出很多个"为什么",家长应认真地对待孩子的每一个提问,善于发现和保护幼儿的好奇心,充分利用自然和实际生活机会,引导幼儿学习发现问题、分析问题和解决问题。如果大人也不知道答案,可以和孩子一起进一步研究这个问题,让孩子学会有条理地思考问题,探寻答案。3~6岁幼儿认知发展表现见表3-20。

表3-20 3~6岁幼儿认知发展表现

年龄	感知觉	记忆	想象	思维
3~4岁	感知范围扩展:能够分辨常见的颜色,辨认方位,掌握不同的形状,较为准确地辨别各种声音,指导物体的冷热、软硬、光滑粗糙等特征,能分辨物体的大小和远近,能区分白天黑夜	记忆具有无意性、暂时性、情绪性:有意识记较弱;再认和再现能力弱;记忆活动容易受情绪影响	无意想象占主导:不能很好地把想象和现实区分开来,常被误认为是说谎	思维具有直觉行动性:思维随着活动对象和动作的改变而转移;能对事物做出一定程度的概括,但还不能掌握事物的本质和它们之间的复杂关系;对事物的概念和规则认识比较单一,有时会表现出执拗甚至违抗
4~5岁	感知觉精度提高:能区分不同明度和饱和度的颜色;对早晚的认识进一步深化;时间概念更为清晰,开始了解昨天、今天、明天	有意记忆发展,抽象记忆萌芽:能有意识地记住成人要求的事;记忆保持时间变长;能记住较为抽象的事物,如家长的电话号码、家庭住址等	再造想象开始占优势:想象开始具有初步的目的性;不再单纯重复他人话题,可以通过自己的构思来补充;再造想象容易受他人或外界影响,缺少独立性	思维具体形象:思维开始具有较大的概括性和灵活性,但依然需要依靠具体事物作为思维支柱;对于熟悉的事物,可以进行一定的逻辑思维
5~6岁	感知觉具有系统性和概括性:具有一定的观察能力;观察的目的性增强;能进行有顺序的观察	记忆的有意性有明显的发展:能按要求复述故事,回想问题;复述时能用自己熟悉的词去替代不熟悉的词	创造想象开始发展:能在游戏中根据想象进行情节的预设,再现熟悉的故事内容	抽象逻辑思维萌芽:能够掌握词的概念、实物概念、社会概念和数的概念;带有明显的不自觉性,不能说出自己是如何思考和解决问题的

2. 3~6岁幼儿家庭认知教育

(1) 在游戏中发展幼儿的感知觉。3~6岁的幼儿处于直觉思维阶段,通过形象、声音、色彩及动作来感知外界事物、增长知识。这一阶段幼儿最喜欢的活动是游戏,通过游戏幼儿主动与周围环境互动,综合运用各种感官来了解事物的特性,加强感官性和观察力,促进幼儿观察力、记忆力的发展。

(2) 注意培养幼儿的好奇心。幼儿有求知的天性,对生活中的各种事物都充满好奇心,家长应尊重并鼓励幼儿的好奇心,正确对待幼儿因好奇而导致的破坏性行为。如幼儿因为好奇而爱拆东西,家长首先应尊重幼儿的创造欲望,不能随意遏制幼儿的天性,同时应积极参与到幼儿的探索活动中,选择诸如拼图、乐高等便于拆卸又不易损坏的玩具,引导、鼓励幼儿的探索行为。

(3)鼓励幼儿发现事物的异同。比较是思维发展的基本过程。人对事物的认识常是通过比较来实现的,将事物加以比较,就可能找出事物之间的异同,从而创造出事物之间的关系。4~5岁的幼儿已经产生了对不同物体进行比较的意识。家长应提供操作比较的机会,让幼儿动手摆弄,培养思维能力。

(4)培养幼儿的记忆力。人的知识经验的积累和获得,知识的储备都必须通过良好的记忆。4~5岁是幼儿记忆发展的关键期,成人应注意培养其记忆的敏捷性、正确性、持久性和储备性。家长应有意训练幼儿的有意记忆能力,如在幼儿参与有趣的活动或观察了新鲜事物后,家长引导幼儿共同回忆新的体验,加深记忆。

(5)丰富幼儿的想象力。5~6岁幼儿的想象力十分活跃,几乎贯穿各项活动中。幼儿想象力的发展很大程度上有赖于早期培养。家长应鼓励幼儿进行游戏。在游戏中幼儿可以自然地发挥自己的想象力。例如,在玩过娃娃家的游戏中,幼儿模仿生活中的场景,把半个乒乓球当作"小碗"盛饭,拿两根棍子作"筷子",把沙子想象成"饭",以物代物,一物多用。

(6)培养幼儿的思维力。良好的思维能力应该具有灵活性、流畅性和发散性的特点。在培养幼儿思维能力的过程中,家长可以通过亲子阅读给幼儿提供丰富的知识和经验,幼儿产生广泛的联想,使思维灵活而敏捷。幼儿提出问题,不要直接告知答案,家长可以和幼儿一起讨论、解释,帮助其寻找解答的方法。家长也应该主动提出一些问题进行讨论,要善于提出各种问题,让幼儿经常处在问题情景之中,通过猜想来打开思路。

三、语言与情感社交能力发展

(一) 3~6岁幼儿的语言发展

1. 3~6岁幼儿语言能力特点
幼儿期是掌握词汇最迅速的时期。到3岁时,幼儿掌握的词汇量应在300~1000个,到6岁能增加到3000~4000个。3~4岁幼儿所掌握的词汇以名词和动词为主,是幼儿生活中熟悉的,此时幼儿运用形容词还不够准确,量词主要用"个"来代替其他所有的量词。习惯用简单的句子来表达意思,句子常常不完整或词序颠倒。5岁左右的幼儿对词义的理解较之前更为深刻了,形容词的使用也更为准确和恰当,但量词和表示时间概念的词的使用仍不够准确,经常混淆。在句式的使用上呈现出由单句向复合句发展的趋势。随着生活经验的提升,抽象逻辑思维能力的发展,6岁的幼儿的词汇已经相当丰富,能够使用一些概括性的词汇和有因果、条件关系的词汇。幼儿已经掌握了较为复杂的语言形式,学会了运用各种复合句,但对被动句的使用还不够灵活。

根据教育部颁布的《3—6岁儿童学习与发展指南》(以下简称《指南》),3~6岁幼儿在语言领域的学习中语言口语理解能力与口语表达能力的发展目标可参见表3-21、表3-22、表3-23。

表 3-21　语言口语理解能力与口语表达能力的发展目标 1——认真听并能听懂常用语言

3～4 岁	4～5 岁	5～6 岁
1. 别人对自己说话时能注意听并做出回应 2. 能听懂日常会话	1. 在群体中能有意识地听与自己有关的信息 2. 能结合情境感受到不同语气、语调所表达的不同意思 3. 方言地区和少数民族婴幼儿能基本听懂普通话	1. 在集体中能注意听老师或其他人讲话 2. 听不懂或有疑问时能主动提问 3. 能结合情境理解一些表示因果、假设等相对复杂的句子

表 3-22　语言口语理解能力与口语表达能力的发展目标 2——愿意讲话并能清楚地表达

3～4 岁	4～5 岁	5～6 岁
1. 愿意在熟悉的人面前说话,能大方地与人打招呼 2. 基本会说本民族或本地区的语言 3. 愿意表达自己的需要和想法,必要时能配以手势动作 4. 能口齿清楚地说儿歌、童谣或复述简短的故事	1. 愿意与他人交谈,喜欢谈论自己感兴趣的话题 2. 会说本民族或本地区的语言,基本会说普通话。少数民族聚居地区儿童会用普通话进行日常会话 3. 能基本完整地讲述自己的所见所闻和经历的事情 4. 讲述比较连贯	1. 愿意与他人讨论问题,敢在众人面前说话 2. 会说本民族或本地区的语言和普通话,发音正确清晰。少数民族聚居地区儿童基本会说普通话 3. 能有序、连贯、清楚地讲述一件事情 4. 讲述时能使用常见的形容词、同义词等,语言比较生动

表 3-23　语言口语理解能力与口语表达能力的发展目标 3——具有文明的语言习惯

3～4 岁	4～5 岁	5～6 岁
1. 与别人讲话时知道眼睛要看着对方 2. 说话自然,声音大小适中 3. 能在成人的提醒下使用恰当的礼貌用语	1. 别人对自己讲话时能回应 2. 能根据场合调节自己说话声音的大小 3. 能主动使用礼貌用语,不说脏话、粗话	1. 别人讲话时能积极主动地回应 2. 能根据谈话对象和需要,调整说话的语气 3. 懂得按次序轮流讲话,不随意打断别人 4. 能依据所处情境使用恰当的语言。如在别人难过时会用恰当的语言表示安慰

2. 3～6 岁幼儿家庭语言教育的策略与指导

按照《指南》的教育建议,3～6 岁幼儿口语理解能力和表达能力的家庭教育策略如下。

(1) 认真倾听。多给幼儿提供倾听和交谈的机会。如:经常和幼儿一起谈论他感兴趣的话题,或一起看图书、讲故事。引导幼儿学会认真倾听。如:成人要耐心倾听别人(包括幼儿)的讲话,等别人讲完再表达自己的观点。

与幼儿交谈时,要用幼儿能听得懂的语言。对幼儿提要求和布置任务时要求他注意听,鼓励他主动提问。对幼儿讲话时,注意结合情境使用丰富的语言,以便于幼儿理解。如:说话时注意语气、语调,让幼儿感受语气、语调的作用。如对婴幼儿的不合理要求以比较坚定的语气表示不同意;讲故事时,尽量把故事人物高兴、悲伤的心情用不同的语气、语调表现出来。根据幼儿的理解水平有意识地使用一些反映因果、假设、条件等关系的句子。

（2）愿意表达。为幼儿创造说话的机会并体验语言交往的乐趣。每天有足够的时间与幼儿交谈。如：谈论他感兴趣的话题，询问和听取他对自己事情的意见等。尊重和接纳幼儿的说话方式，无论幼儿的表达水平如何，都应认真地倾听并给予积极的回应。鼓励和支持幼儿与同伴一起玩耍、交谈，相互讲述见闻、趣事或看过的图书、动画片等。方言和少数民族地区应积极为幼儿创设用普通话交流的语言环境。

引导幼儿清楚地表达。如：和幼儿讲话时，成人自身的语言要清楚、简洁。当幼儿因为急于表达而说不清楚的时候，提醒他不要着急，慢慢说；同时要耐心倾听，给予必要的补充，帮助他厘清思路并清晰地说出来。

（3）文明说话。成人注意语言文明，为幼儿做出表率。如：与他人交谈时，认真倾听，使用礼貌用语。在公共场合不大声说话，不说脏话、粗话。幼儿表达意见时，成人可蹲下来，眼睛平视幼儿，耐心听他把话说完。帮助幼儿养成良好的语言行为习惯。如：结合情境提醒幼儿一些必要的交流礼节。如：对长辈说话要有礼貌，客人来访时要打招呼，得到帮助时要说"谢谢"等。提醒幼儿遵守集体生活的语言规则，如：轮流发言，不随意打断别人讲话等。提醒幼儿注意公共场所的语言文明，如：不大声喧哗。

（二）3～6岁幼儿的情感社交能力发展

1. 3～6岁幼儿情感社交能力特点

大部分满3周岁的幼儿开始上幼儿园了，他已经渐渐地成长为一个独立的幼儿，自理能力逐渐成熟，可以自己上厕所，学着照顾自己。他逐渐懂得与朋友分享，友好社交。他们社交生活丰富，想和朋友一样，想让朋友感到高兴。为了和朋友开心地玩耍，愿意服从一些规矩。

《指南》中3～6岁幼儿在社交领域的学习中人际交往能力的发展目标可参见表3-24至表3-27。

表3-24　人际交往能力的发展目标1——愿意与人交往

3～4岁	4～5岁	5～6岁
1. 愿意和小朋友一起游戏 2. 愿意与熟悉的长辈一起活动	1. 喜欢和小朋友一起游戏，有经常一起玩的小伙伴 2. 喜欢和长辈交谈，有事愿意告诉长辈	1. 有自己的好朋友，也喜欢结交新朋友 2. 有问题愿意向别人请教 3. 有高兴的或有趣的事愿意与大家分享

表3-25　人际交往能力的发展目标2——能与同伴友好相处

3～4岁	4～5岁	5～6岁
1. 想加入同伴的游戏时，能友好地提出请求 2. 在成人指导下，不争抢、不独霸玩具 3. 与同伴发生冲突时，能听从成人的劝解	1. 会运用介绍自己、交换玩具等简单技巧加入同伴游戏 2. 对大家都喜欢的东西能轮流、分享 3. 与同伴发生冲突时，能在他人帮助下和平解决	1. 能想办法吸引同伴和自己一起游戏 2. 活动时能与同伴分工合作，遇到困难能一起克服 3. 与同伴发生冲突时能自己协商解决

续　表

3～4 岁	4～5 岁	5～6 岁
	4. 活动时愿意接受同伴的意见和建议 5. 不欺负弱小	4. 知道别人的想法有时和自己不一样,能倾听和接受别人的意见,不能接受时会说明理由 5. 不欺负别人,也不允许别人欺负自己

表 3‑26　人际交往能力的发展目标 3——具有自尊、自信、自主的表现

3～4 岁	4～5 岁	5～6 岁
1. 能根据自己的兴趣选择游戏或其他活动 2. 为自己的好行为或活动成果感到高兴 3. 自己能做的事情愿意自己做 4. 喜欢承担一些小任务	1. 能按自己的想法进行游戏或其他活动 2. 知道自己的一些优点和长处,并对此感到满意 3. 自己的事情尽量自己做,不愿意依赖别人 4. 敢于尝试有一定难度的活动和任务	1. 能主动发起活动或在活动中出主意、想办法 2. 做了好事或取得了成功后还想做得更好 3. 自己的事情自己做,不会的愿意学 4. 主动承担任务,遇到困难能够坚持而不轻易求助 5. 与别人的看法不同时,敢于坚持自己的意见并说出理由

表 3‑27　人际交往能力的发展目标 4　关心尊重他人

3～4 岁	4～5 岁	5～6 岁
1. 长辈讲话时能认真听,并能听从长辈的要求 2. 身边的人生病或不开心时表示同情 3. 在提醒下能做到不打扰别人	1. 会用礼貌的方式向长辈表达自己的要求和想法 2. 能注意到别人的情绪,并有关心、体贴的表现 3. 知道父母的职业,能体会到父母为养育自己所付出的辛劳	1. 能有礼貌地与人交往 2. 能关注别人的情绪和需要,并能给予力所能及的帮助 3. 尊重为大家提供服务的人,珍惜他们的劳动成果 4. 接纳、尊重与自己的生活方式或习惯不同的人

2. 3～6 岁幼儿家庭情感社交能力教育的策略与指导

按照指南的教育建议,3～6 岁幼儿人际交往的家庭教育策略如下。

(1) 与人交往。主动亲近和关心幼儿,经常和他一起游戏或活动,让幼儿感受到与成人交往的快乐,建立亲密的亲子关系和师生关系。创造交往的机会,让婴幼儿体会交往的乐趣。如:利用走亲戚、到朋友家做客或有客人来访的时机,鼓励婴幼儿与他人接触和交谈。鼓励幼儿参加小朋友的游戏,邀请小朋友到家里玩,感受有朋友一起玩的快乐。幼儿园应多为幼儿提供自由交往和游戏的机会,鼓励他们自主选择、自由结伴开展活动。

(2) 友好相处。结合具体情境,指导幼儿学习交往的基本规则和技能。如:当幼儿不知怎样加入同伴游戏,或提出请求不被接受时,建议他拿出玩具邀请大家一起玩;或者扮成某个角色加入同伴的游戏。对幼儿与别人分享玩具、图书等行为给予肯定,让他对自己的表现感到高兴和满足。当幼儿与同伴发生矛盾或冲突时,指导他尝试用协商、交换、轮流玩、合作

等方式解决冲突。利用相关的图书、故事,结合幼儿的交往经验,和他讨论什么样的行为受大家欢迎,想要得到别人的接纳应该怎样做。

幼儿园应多为幼儿提供需要大家齐心协力才能完成的活动,让幼儿在具体活动中体会合作的重要性,学习分工合作。

结合具体情境,引导幼儿换位思考,学习理解别人。如:幼儿有争抢玩具等不友好行为时,引导他们想想"假如你是那个小朋友,你有什么感受?"让幼儿学习理解别人的想法和感受。和幼儿一起谈谈他的好朋友,说说喜欢这个朋友的原因,引导他多发现同伴的优点、长处。

(3)自尊、自信、自主。关注幼儿的感受,保护其自尊心和自信心。如:能以平等的态度对待幼儿,使幼儿切实感受到自己被尊重。对幼儿好的行为表现多给予具体、有针对性的肯定和表扬,让他对自己优点和长处有所认识并感到满足和自豪。不要拿幼儿的不足与其他幼儿的优点做比较。鼓励幼儿自主决定,独立做事,增强其自尊心和自信心。如:与幼儿有关的事情要征求他的意见,即使他的意见与成人不同,也要认真倾听,接受他的合理要求。在保证安全的情况下,支持幼儿按自己的想法做事;或提供必要的条件,帮助他实现自己的想法。幼儿自己的事情尽量放手让他自己做,即使做得不够好,也应鼓励并给予一定的指导,让他在做事中树立自尊和自信。鼓励幼儿尝试有一定难度的任务,并注意调整难度,让他感受经过努力获得的成就感。

(4)关心尊重他人。成人以身作则,以尊重、关心的态度对待自己的父母、长辈和其他人。如:经常问候父母,主动做家务;礼貌地对待老年人,如坐车时主动为老人让座;看到别人有困难能主动关心并给予一定的帮助。

引导幼儿尊重、关心长辈和身边的人,尊重他人的劳动及成果。如:提醒幼儿关心身边的人,如妈妈累了,知道让她安静休息一会儿。借助故事、图书等给幼儿讲讲父母抚育孩子成长的经历,让婴幼儿理解和体会父爱与母爱。结合实际情境,提醒幼儿注意别人的情绪,了解他们的需要,给予适当的关心和帮助。利用生活机会和角色游戏,帮助幼儿了解与自己关系密切的社会服务机构及其工作,如商场、邮局、医院等,体会这些机构给大家提供的便利和服务,懂得尊重工作人员的劳动,珍惜劳动成果。

引导幼儿学习用平等、接纳和尊重的态度对待差异。如:了解每个人都有自己的兴趣、爱好和特长,可以相互学习。利用民间游戏、传统节日等,适当向幼儿介绍我国主要民族和世界其他国家和民族的文化,帮助幼儿感知文化的多样性和差异性,理解人们之间是平等的,应该互相尊重,友好相处。

同步实训

1. 实训目的

加深学生对不同阶段的幼儿家庭教育指导的认识。

2. 实训安排

(1)学生分成 4 组,分别在网上或身边寻找 0~12 个月、13~24 个月、25~36 个月和 3~6 岁婴幼儿的家庭教育案例。

(2)根据本模块内容分析家庭教育案例的优缺点,并提出合理的家庭教育指导方案。

3. 教师注意事项

(1) 由 1+X 幼儿照护职业技能等级证书具体考题导入婴幼儿生长发育特点的学习。

(2) 提供一些简单案例,供学生讨论。

4. 资源(时间)

2 课时,参考书籍、案例、网页。

5. 评价标准

表现要求	是否适用	已达要求	未达要求
外在表现(参与度、讨论发言积极程度)			
针对不同年龄阶段婴幼儿的家庭指导方案的合理程度			

教学做一体化训练

在线练习

一、重点名词

1. 语言发展

2. 认知发展

3. 动作发展

4. 社会性发展

二、课后讨论

1. 0~12 个月宝宝的养育重点有哪些?

2. 12~24 个月宝宝的养育重点有哪些?

3. 面对"terrible two"(可怕的 2 岁),家长应该怎么办?

4. 孩子上幼儿园后走出家庭,开始融入更广阔的集体,家长能做点什么来帮助孩子?

三、课后自测

如何指导家长运用科学合理的方法及策略对 0~12 个月婴儿的语言发展展开教育?

课后推荐

图书:

《从出生到三岁》([美]伯顿·L. 怀特著,宋苗译)

电影:

1.《小鬼当街》,美国,1994

2.《宝贝的神奇世界》,BBC 纪录片,2018

3.《他乡的童年》,中国纪录片,2019

4.《成为你》,苹果 TV 纪录片,2020

模块四
特殊婴幼儿的家庭教育指导

学习目标

- 识记：不同类型的家庭教育。
- 领会：不同类型家庭教育对婴幼儿身心发展的影响。
- 理解：不同类型婴幼儿家庭教育中存在的问题。
- 应用：根据不同类型的家庭采取的不同家庭教育指导方式。

模块描述

　　对于单亲家庭、留守儿童家庭等特殊家庭和特殊问题，指导者除了按照一般的指导方式，传递普通的家庭教育知识以外，更需要对症下药，了解特殊家庭的具体状况和需求，给予特殊的指导，以满足不同家庭的多元化需求。本模块选取了单亲家庭、留守儿童家庭和隔代抚养婴幼儿家庭等具有典型性的特殊家庭进行专题讨论，基于对特殊家庭常见问题的破解，系统介绍了不同类型的特殊家庭教育存在的问题及对不同特殊婴幼儿的家庭教育提出指导策略和要求，以关注和促进特殊家庭婴幼儿的健康成长和发展。

思维导入

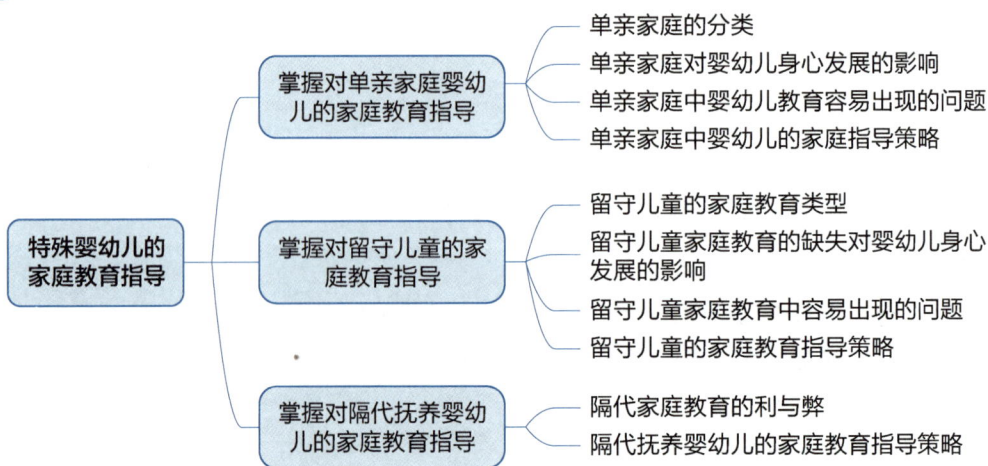

特殊婴幼儿的家庭教育指导
- 掌握对单亲家庭婴幼儿的家庭教育指导
  - 单亲家庭的分类
  - 单亲家庭对婴幼儿身心发展的影响
  - 单亲家庭中婴幼儿教育容易出现的问题
  - 单亲家庭中婴幼儿的家庭指导策略
- 掌握对留守儿童的家庭教育指导
  - 留守儿童的家庭教育类型
  - 留守儿童家庭教育的缺失对婴幼儿身心发展的影响
  - 留守儿童家庭教育中容易出现的问题
  - 留守儿童的家庭教育指导策略
- 掌握对隔代抚养婴幼儿的家庭教育指导
  - 隔代家庭教育的利与弊
  - 隔代抚养婴幼儿的家庭教育指导策略

任务一　掌握对单亲家庭婴幼儿的家庭教育指导

案例导入

萌萌是一个 3 岁零 2 个月的小姑娘,长得很可爱,大大的眼睛,长长的睫毛,漂亮极了,每个老师都很喜欢她。萌萌 2 岁的时候,爸爸和妈妈离婚了,此后萌萌跟妈妈一起生活。离婚以后的日子虽然平静了许多,但这样的变故依然不可避免地给孩子留下了阴影。萌萌比同龄的孩子敏感、胆小、内向、心思重。在幼儿园里,她很听话,但却不愿意与其他小朋友互动。游戏时间,她也不愿跟别人一起玩,更多的时候是待在角落里,同时,害怕异性。

案例思考

随着离婚率的上升,带来了离异家庭婴幼儿教育的社会问题。夫妻离异、家庭解体不仅给夫妻双方带来严重的身心损害,也会给孩子带来一系列严重的消极影响。来自离婚家庭的许多研究表明:婴幼儿的短期障碍、情绪低落、社会适应不良和问题行为等都与父母离婚有关。不论何种形式的离异,都会给孩子留下不同程度的创伤。

如果你是老师,该如何帮助案例中的萌萌走出父母离异对其影响呢?

单亲家庭是一种不完全的核心家庭,是指夫妻双方因离婚、丧偶而仅有父亲或者母亲一方与未成年的、不具备独立生活能力的婴幼儿共同生活的家庭。我们所说的单亲家庭是指有子女的单亲家庭,不是无子女的家庭。

一、单亲家庭的分类

根据不同的原因,我们可将单亲家庭划分为离异式单亲家庭、未婚式单亲家庭、丧偶式单亲家庭、分居式单亲家庭。

(一)离异式单亲家庭

离异式单亲家庭是指夫妻双方经过法定程序解除婚约,父母一方与未成年子女共同生活的家庭。其特点是:第一,离异式单亲家庭是我国单亲家庭的主流;第二,离异式单亲家庭的产生具有人为性;第三,家庭关系变更极大影响家庭成员的身心。

(二)未婚式单亲家庭

未婚式单亲家庭是指父母没有办理结婚手续,未婚者的一方与未成年子女共同生活的家庭。其特点是:第一,以未婚母亲与非婚生子女共同生活居多;第二,未婚式单亲家庭中生活的孩子出现不同程度的心理问题、行为障碍的概率高于同龄的孩子。

（三）丧偶式单亲家庭

丧偶式单亲家庭是指因配偶一方去世，另一方与未成年子女共同生活的家庭。其特点是：第一，具有不可抗拒性；第二，没有长期的冲突过程，亲人的离去属于违背主观意愿的突发事件。

（四）分居式单亲家庭

分居式单亲家庭是指仍保留夫妻名分，在一定程度上夫妻的权利、义务得以保留，但夫妻不共同居住在一起的家庭。其特点是：第一，处于离婚准备状态的分居；第二，由于工作、出国、服刑等原因的分居，通常以后一类居多。

二、单亲家庭对婴幼儿身心发展的影响

相关研究表明，单亲家庭中由于父爱或母爱的缺失，在一定程度上对婴幼儿心理健康、身体发育等方面都会产生较大的影响。主要表现在以下三个方面。

（一）对婴幼儿心理健康的影响

单亲家庭的婴幼儿由于经历了父母长期的不和，亲眼看见了父母之间的争吵及敌对情景，缺乏家庭应有的温馨和关爱，容易出现抑郁、自卑、敌意、逆反等心理，产生强烈的自卑感、被遗弃感、怨恨感等消极情感。在很多孩子身上，这些消极情感不但不会随着时间的流逝而减轻消失，反而会越积越深。和成人应付离异创伤不同，孩子的创伤愈合期要比成人长得多。尤其是年幼的孩子，由于心智尚未发育成熟，对家庭的突变他们无法预见，在事发后没有心理准备的情况下，很容易将父母的离异归咎于自己，形成严重的心理创伤。

（二）对婴幼儿个性形成的影响

图4-1

婴幼儿心理学研究表明，人的个性初步形成于婴幼儿期。在个性塑造上，父母亲是婴幼儿的第一任教师，单亲家庭带给婴幼儿的却是残缺不全的个性影响与教育。他们有的不善交际，鲜有朋友；有的攻击性强，而且与正常家庭孩子相比较沉默寡言，很少与别人交流感情，性格内向比例较大。随着年龄的增长，他们容易出现较严重的性格缺陷，个性形成和发展受到严重影响。

单亲家庭中单一的父（母）亲教养往往造成婴幼儿性别角色认知的偏差。如男孩与母亲生活在一起，由于没有父亲的引导，在性别发展上可能会不够男性化，他们接触更多的是女性的角色，可能更细腻、敏感，但胆识和魄力不够，或感性过强，而理性薄弱，或过度弥补家庭的男性角色，显得过于男子气。相反，

如果女孩与父亲生活在一起，生活就缺少了具有阴柔之美的母亲榜样，性格中也就缺少这方面的素质，她们可能很独立，但爱心不够，甚至具有攻击性，或变得大大咧咧，这对其成年以后的行为及社会适应能力的发展无疑会产生重要的影响。

（三）对婴幼儿人际交往的影响

家庭结构健全的婴幼儿对他人的信任程度较高，而在单亲家庭中的婴幼儿，尤其是父母离异会使得婴幼儿在心灵深处有被抛弃的感觉，导致婴幼儿对他人的信任程度降低，变得态度冷漠，产生强烈的自卑、被遗弃感、怨恨感等消极情绪。久而久之形成胆小怕事、孤僻、易怒、走极端等特征，这些消极情绪及行为、性格表现直接作用于他们与同伴的交往活动，影响到他们与同伴、教师等的人际交往，造成交往能力下降，结伴难度增大。

三、单亲家庭中婴幼儿教育容易出现的问题

单亲家庭的家长，既要当爸爸，又要当妈妈，虽然他们也希望给予婴幼儿良好的家庭教育，但由于工作、生活压力等方面的因素，容易导致家庭教育出现一些问题。

（一）家庭教育角色缺位

在单亲家庭中，由于家庭成员的缺席，孩子就缺少了模仿的榜样。既当爹又当妈，对性别角色而言，是不可替代和难以克服的障碍。婴幼儿没有观摩男女两性相处经验的情况下，难以获得处理两性问题的参考法则，容易产生自我性别角色认知偏差，或者难以习得并掌握相关社会交往的法则，造成交往能力的弱化。现实生活中，有不少单亲家长对孩子的性别角色教育问题感到困惑。

（二）家庭教育方式失当

其一是教育方法简单化，表现为粗暴专制，缺少理性；或者无暇顾及，放任自流。其二是教育方式极端化，表现为迁就溺爱，爱教失衡；或者期望过高，严教过度。其三是不恰当的情感暗示。不完整家庭带来的挫折情境，对于承受力强的单亲孩子，一般能够顺利度过；而对于承受力较差的单亲孩子，则容易产生困扰，如果缺乏合理的指导，可能导致心态失衡和行为问题的产生。

（三）家庭教育职责难履行

（1）视孩子为累赘。一些离婚夫妻或因经济上的原因，或考虑到再婚问题，在离婚时把孩子当成包袱，推过来，推过去，使孩子成了"多余人"，小小年纪就体验到了世态的炎凉和自私者的冷漠。

（2）把孩子当成出气筒。有的单亲家长往往因为生活中一些不如意的小事而大发脾气。这时孩子易成为家长不良情绪的发泄对象，父亲或母亲把孩子当成了出气筒，不问青红皂白地打骂孩子。

（四）家庭教育期望过高

许多单亲家长往往把孩子视为"我的唯一"，看作自己精神的寄托和将来生活的依靠，把自己的人生希望全部寄托在孩子身上，渴盼孩子长大成人，有所作为。他们一般对孩子学习上的期望都比较高，要求比较严格，甚至苛刻。殊不知，这样做会造成不良后果，使孩子压力

过大,学习更加困难。

四、单亲家庭中婴幼儿的家庭教育指导策略

单亲家庭的孩子不是我们生活中的"另类",只要家长正确对待,教师耐心引导,单亲家庭中的孩子同样也可以健康成长。具体而言,可以从以下四个方面入手。

(一)家长调整心态,平静处理婚变事实

单亲妈妈或者单亲爸爸要努力调整好心态,尽快振作起来,承担起教育孩子的义务,切勿让婚姻的失败影响孩子的成长。

一方面,以良好的心态和积极的生活态度来面对残缺家庭;另一方面,根据孩子的年龄特点和承受能力,选择恰当的时机向孩子说明家庭情况,耐心解释造成不完整家庭的原因。如果是离异单亲家庭,不要刻意隐瞒,应该平静地告诉孩子关于父母离异的事,鼓励孩子勇敢地面对现实。

(二)注意性别角色教育

在孩子心理成长过程中,性别角色的学习是一个重要的环节。没有父亲的男孩或没有母亲的女孩,在性别角色的学习中缺乏最直接的模仿榜样。所以,单亲家长应注意调动亲戚、朋友中的性别资源给孩子适宜的影响,让其性别角色得到充分的表现和发展,培养健康高尚的人格,以适应社会生活的需要。

(三)帮助婴幼儿处理好同伴关系

单亲家长和孩子都要勇敢地面对现实,理性地从变化中寻找方向,培养健康的身心。家长和孩子都要懂得:世界上没有绝对完满的生活,每个人活在这个世界上都要忍受各种各样的缺失,如果我们能够接受它、忍受它,说明我们是勇敢的强者。

婴幼儿的心理压力很大程度上来自幼儿园班级、来自同伴。一方面,家长要鼓励婴幼儿在幼儿园多交好朋友,经常一起学习一起度周末,孩子的群体生活一旦正常,许多问题就迎刃而解了;另一方面,如果有个别婴幼儿说了刺激性的话,家长不妨找孩子的主班老师反映一下情况,请主班老师以适当的方式在班上讲清,营造氛围,使得全班婴幼儿能够正确地对待处于单亲家庭的孩子。

(四)家长尽量挤出时间多与婴幼儿交流、沟通

单亲家庭的孩子往往比较敏感,有些微不足道的小事也会使他们产生微妙的心理变化。家长要多注意孩子的言行,发现有异常的苗头,及时跟主班老师谈心。了解情况之后及时疏导,有的问题一下子解决不了,还要进行更多的调查分析,寻求妥善的解决办法。

拓展阅读

重新认识你的继父母

任务二　　掌握对留守儿童的家庭教育指导

案例导入

悦悦，女，4岁半，中班新生。悦悦的父母在温州开鞋店，很少回家。其爷爷奶奶怕孙女受到别人的欺负，整天让她待在家里，拒绝同龄人的邀请。久而久之悦悦养成了独自玩、不善于与人交往的习惯。在悦悦3岁的时候，妈妈曾建议让她上幼儿园，但是受到了爷爷奶奶的阻碍。今年悦悦上中班了，可是她到幼儿园并不是像其他小朋友那样，很快有自己的朋友。悦悦上幼儿园表现得不是很开心，但是也没有哭闹，只是一个人玩，从来不参加他人的游戏，很少看见她的笑容。每次有小朋友拿来好玩的玩具，其他的小朋友会迫不及待地围过去看，并向小伙伴提出让自己玩一下的要求，但是悦悦从来不会玩小伙伴的玩具，也不让小伙伴玩她的玩具。

案例思考

婴幼儿正处在身体发育、心智养成、人格塑造的关键时期，成长过程中父母的缺位会对他们的健康成长造成什么样的影响呢？

留守儿童是指父母双方外出务工或一方外出务工而另一方无监护能力，将未成年子女留置家乡，由祖父母、外祖父母或其他亲属来承担监护教育责任的儿童。留守儿童是我国社会发展转型时期出现的一个新的社会群体，要解决留守儿童的家庭教育问题，需要社会、家庭、幼儿园的共同努力，但是家庭教育是最好、最根本的解决方式。

一、留守儿童的家庭教育类型

根据不同的原因，我们可将留守儿童的家庭划分为以下三种类型。

（一）单亲监护型

单亲监护型，也称单亲教育型，主要是指家庭中父母双方有一方外出就业或者务工而另一方在家独自抚养、教育孩子的方式。单亲教育中外出的一方主要是父亲，母亲在家的情况比较多。这些留守儿童的父亲或母亲由于经常性或长期性外出务工，使他们的家庭成为隐性的单亲家庭，并且以女性隐性单亲家庭所占比例较大。这些隐性单亲家庭的监护人不仅承担家务，还要忙于农耕，平日与孩子缺乏沟通与交流，无暇顾及对孩子的监管、教育。这些家庭中的孩子经常表现出亲和力差、情绪波动大、心理承受能力差，对其良好人格的形成非常不利。在父亲影响孩子发展方面，有研究显示，父亲的支持、鼓励和亲密对孩子的社会性发展、情感和心理健康均具有预测性。

(二)祖辈监护型

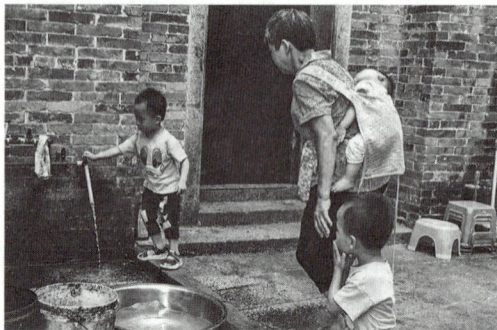

图4-2

祖辈监护型,也称隔代教育型。主要是指父母双方同时外出就业或务工,孩子由其祖父母或外祖父母监护由他们承担孩子的家庭教育、衣食住行等责任。把孩子交给祖辈进行教养,父母比较放心。因为祖辈的养育经验丰富、社会阅历广泛,这些都是促进婴幼儿发展和有效处理婴幼儿养育问题的有利条件。但是祖辈可能存在文化程度相对较低,忙于家务和农田,关注孩子的时间不多等问题。他们对孙辈较多关注的是物质和生活上的需求,而对孙辈的教育和管理经常感到力不从心,往往给予过多的宽容,或者过分严厉。尽管隔代教育存在许多问题,但仍然是留守儿童家庭教育的主要方式。

(三)亲朋监护型

亲朋监护型,也称代管教育型,是指把孩子托付给亲戚朋友如叔婶、姑舅或朋友代为照看的一种教养方式。由亲友代为照看孩子的方式基本是提供给孩子一个食宿的地方,对家庭教育方面投入的精力毕竟是有限的。亲属对孩子家庭教育的分寸也不易把握,毕竟不是自己的孩子,若过分严厉,就会伤害孩子的自尊心,有可能会使孩子出现逆反心理和抵触情绪,一旦发生离家出走等一些意外情况,不好向孩子的父母交代。相反,如果对孩子听之任之、放任自流,家庭教育又达不到预期的效果。

二、留守儿童家庭教育的缺失对婴幼儿身心发展的影响

留守儿童是教育中的一种常见现象,也是我们全面提升国民素质,建设和谐社会所需面对的一个实际问题。留守儿童由于家庭教育的缺失,对其身心发展具有一定的影响。

(一)不容易与父母形成正常的依恋关系

良好的依恋关系能够满足婴幼儿的基本生理和心理需要,帮助孩子形成对社会的安全和信任感。婴幼儿心理学研究表明,培养父母与孩子之间亲密的依恋关系是婴幼儿时期主要任务。孩子年幼时被留守、寄养在别处,就可能很难与父母形成良好的依恋。等孩子长大回到父母身边时,父母会发现孩子与自己已产生了较大疏离感,不愿听从父母的管教,致使父母对孩子的管教无从实施。

(二)亲情感缺失,消极心理问题突出

留守儿童自幼离开父母,缺乏父母直接的关爱与呵护,也缺乏深层次的交流,从精神上得不到满足,存在严重的"亲情饥渴"现象。久而久之,变得沉默寡言、内向,甚至产生焦虑、烦躁、悲观、疑虑等一系列的消极情绪,在性格方面较为突出的是柔弱内向、自卑孤僻。有的长期跟随祖辈生活,对父母已经失去了以往的那种浓厚的亲切感,有的甚至会讨厌父母、怨恨父母。

（三）孤独感强，易形成孤僻胆小、顽皮任性、不受管束等心理行为

长期远离父母，留守儿童常常会感到非常孤单。家庭本应是孩子生活的港湾，婴幼儿又正处在身心迅速发展的时期，对自身变化、同伴交往等方面开始逐渐有了自己的理解和认识，与此同时也会有一些烦恼与心事。他们需要有倾诉的渠道，也需要成人的指导。而此时最亲近的父母却长期不在身边，致使他们常常会感到孤单。

此外，在婴幼儿的成长过程中，家庭教育对人格的塑造起着重要作用。但父母外出务工长期化趋势，造成家庭教育的突然断裂或缺位，孩子与父母之间日常亲情互动的缺失或不足，形成了留守儿童的心理焦虑。许多孩子出现了性格内向、孤僻、不善于与人交往、胆小、焦虑紧张、缺乏安全感、有被歧视的感觉和强烈的自卑感，心理负担过重，或者顽皮任性、冲动易怒、神经过敏、逆反心理强等问题。他们在日常生活中常表现为：对于幼儿园的各种活动没有强烈的参与意识，不愿意自己动手做事，对他人的依赖性较强，对以老师为代表的成人世界呈现出胆怯的态度等；或者上课喜欢随意走动，不愿意接受任何约束，卫生习惯较差，很难接受老师的指导等。

（四）后续成长阶段安全度过的隐患多

婴幼儿的健康成长，可以奠定其一生发展的基础，也可以为儿童期、少年期平衡度过打下良好基础。孩子在这一阶段可以形成未来从事挑战性学习所需要的自信心，形成中小学阶段所需要的良好的学习习惯和学习兴趣，形成良好的心理素质，以迎接中小学阶段约束性较高的学习生活。父母在孩子身边，可以增强孩子的信心，并通过父母的示范作用，让孩子获得模仿的角色，提高孩子自身的自主能力；父母的训诫或诱导可以使孩子的行为得到规范和调整，朝着有利于社会化的方向发展。留守儿童显然在这方面获得的支持不多，对孩子造成的影响有许多是潜在的。随着年龄的增加，到学龄后，这种亲情缺失的状态往往受到义务教育阶段较为严格的学校教育规范的约束，不易被成人发现，使部分留守儿童逐步形成内敛的性格和相对自卑的心理，或者发展为对老师为代表的成人世界的反抗。

三、留守儿童家庭教育中容易出现的问题

婴幼儿时期的身心健康成长，可以奠定人一生发展的基础，也可以为婴幼儿的良好个性形成起到良好作用。反之，可能会出现一些问题。

（一）留守儿童家庭教育缺失

父母在外打工对留守儿童生活影响较为复杂，其中情感缺乏是最严重的问题。父母"关爱缺失"会引起留守儿童严重的"情感饥饿"。特别是农村地区留守儿童的家庭教育问题较为严重，由于农村地区经济、文化相对落后，对于学前儿童的家庭教育意识还没有建立，主要注重家庭的"养"而忽视了"教"。另外，无论是单亲教育中的母亲，还是代管教育或者隔代教育中的祖辈，他们普遍缺少科学的教育理念，在针对教育孩子的具体问题、了解孩子身心发展的特点规律和年龄特点等方面，他们常常无所适从。调查中发现，农村的家庭教育无论是在管理体制、组织形式方面，还是在家庭教育的具体实施、保障措施方面，都未得到有效的法律和政府支持。经费短缺、制度不健全、家庭教育服务队伍缺失，这些问题都严重阻碍了留守儿童家庭教育工作的顺利开展。因此，综合来看，留守儿童家庭教育存在"养而不教"或缺

失的现象。

（二）留守儿童家庭片面重视孩子物质上的满足感

大多数父母外出打工的主要目的在于为孩子将来的教育准备必要的资金，而对其心理和情感发展等方面缺乏关注，误认为只要给孩子充足的物质保证，就是对孩子最大的爱；父母外出赚钱，让孩子吃好、穿好，由祖父母照顾，孩子就是幸福的，却忽视了父母的教育责任，忽视了孩子的精神需求。由于长期在外，基于一种补偿心理，父母大多采取"物质、金钱、放任"的方式对待与孩子的分离。有的几年都不回家一次，而且很少与孩子进行交流，难以尽到做父母的职责。岂不知孩子最需要的是父母的关爱，这是其他物质所代替不了的。

（三）临时监护人不能完全胜任对婴幼儿的管教

大多数留守儿童由祖父母辈进行监护抚养。父母们往往认为把孩子留给祖父母是最放心的，只考虑在外面可以放心赚钱，但没有考虑到孩子的教育问题。使得孩子身上出现问题，临时监护人不会分析研究，也不与幼儿园配合，要么粗暴训斥，要么溺爱袒护，甚至冷漠放任。致使许多留守儿童学习成绩和学习兴趣大幅下滑，在这种特殊的教育环境下，留守儿童难以养成良好的生活习惯。

（四）婴幼儿成长所需的营养、保健、安全等问题难以落到实处

受经济条件的限制和陈旧的儿童健康观念的影响，以及临时监护人的职责不明等原因，留守儿童的饮食营养搭配、疾病预防、安全教育等问题往往难以得到应有的重视，监护人把对孩子的养育理解为只要让孩子吃饱穿暖，冻不着、饿不着就行了。父母不在身边，孩子没有直接的关爱和呵护，其成长所需要的营养、保健、安全等问题无法落到实处，很可能成为不法分子的侵害对象。近年来，留守儿童被拐卖或伤害的案例时有发生，对孩子的人身权益和身心健康造成侵害。

四、留守儿童的家庭教育指导策略

留守家庭的孩子由于亲情的缺失，容易产生孤僻、感情冷漠等。对此，家长要积极应对，引导孩子积极向上。

（一）父母应当避免在婴幼儿早期与其长期分离

鉴于婴幼儿时期在人一生成长中的重要作用，建议父母在做出外出务工决定时，不仅考量家庭经济方面的压力，也把是否更有利于孩子健康成长的因素考虑在内，给孩子一个幸福快乐的童年。以牺牲孩子的情感幸福来换取物质水平的提高或未来教育投资储备，往往是得不偿失的。人的成长与其他事物不同，它是不可能发现教育的不成功再任意毁掉重来的。

图 4-3

1. 改变家长的外出务工方式，把伤害减到最低

父母可变通一下外出务工的方式，尽量避免双

亲同时外出。如果父母双双外出,则对婴幼儿影响较大,但如果有一个在家,则影响相对就要小得多。因此,父母在做出务工决定时,最好留一人在家,尤其是母亲的陪伴,对婴幼儿更为重要。母亲无论在照顾孩子饮食起居,还是在教育孩子方面都更有优势。同时母亲在家孩子会感觉有安全感,有倾诉对象。因此,父母不同时外出,或尽最大可能降低母亲外出率,可保持家庭教育的存在与完整,从而把对孩子的伤害减到最低。

2. 努力营造一个良好的家庭教育氛围

外出务工的父母及留守儿童的代理监护人员,应尽量为留守儿童营造一个温馨、和谐的学习和生活环境,促使留守儿童健康成长。外出务工的父母应加强与孩子的联系,要经常回家或打电话和孩子沟通,交流感情,尽可能做到多关心孩子。要加强与代理监护人的联系,了解孩子在家的情况。还要和幼儿园沟通,掌握孩子在园的表现,发现问题及时解决。

(二) 寻找合适的临时监护人

家长要减少任意性,尽可能地寻找水平高、教育能力强、责任心强、有保护能力和充沛精力的人来充当孩子的临时监护人。留守儿童的临时监护人也是需要具备一定素质的:能够及时发现孩子的不良行为,给予及时的教育与引导;能够对留守儿童进行细心的观察与沟通;能够及时与孩子的父母交流沟通等。寻找高素质的临时监护人,可以降低孩子成长中出现问题的概率。

此外,政府和幼儿园可以利用政策、资金、师资等力量,利用自身优势建立留守儿童托管制

图4-4

度,让留守儿童在幼儿园学习和生活;让孩子的临时监护人接受家庭教育的培训,提高他们的素质;也可以发动退休职工、大学生、志愿者等爱心人士协助留守儿童健康成长。

(三) 提高家庭教育意识,"重养"也要"重教"

留守儿童的家庭教育往往因为临时监护人的素质等问题,形成"养而不教"的现象。因此,在解决留守儿童家庭教育问题时应该注意,我们不仅要重视对孩子在生活、身体健康上的照顾,还要注意对孩子行为、习惯、心理健康等方面的教育。很多家长长期在外务工,为了节省电话费,很少给孩子打电话,偶尔联系也只是简单地了解孩子吃得好不好、穿得暖不暖等生活问题,忽视了与孩子的深入沟通和交流。家长要经常跟孩子交流,了解孩子内心最真实的想法,给予孩子更多的关爱。心理学相关研究表明,孩子对父母的感情需要是其他任何感情都不能取代的。父母对孩子的教育也是任何人都不能取代的,不管是父母还是临时监护人都要加强对孩子的教育,做到"重养"也要"重教"。

(四) 改变教育沟通方式,并常与临时监护人、幼儿园联系

家长对孩子的关心是解决留守儿童问题的根本,忽视了这一点,其他任何措施都将难以落到实处。因此,如果父母双方都不得不外出,要改变与孩子之间的沟通与交流方式:在沟通时间上不能相距太久,原则上最好做到每周交流联系一次。在沟通内容上,不能只谈生活,应该全面了解其心理、身体、学习等方面的综合情况,让孩子感受到父母的关爱,以尽可

能地减少孩子离开父母的孤独感和无助感。每年应抽空回家看孩子,尤其是节假日,可以接孩子和父母团聚,让孩子感到父母虽然在异地,但父母的爱随时随地陪伴着他们。在沟通方式上,除了电话联系外,还可以用书信、图画的方式,这对于孩子的情感发展非常有帮助。同时,父母还要与孩子的临时监护人、幼儿园保持经常性联系,掌握孩子的动态,共同商讨教育孩子的办法,使孩子从小就能在良好的心理环境和社会环境中健康成长。

(五) 协调家庭外部的力量

一是幼儿园建立"留守儿童之家";二是选择合适的教育管理方式(代理家长制、学校寄宿制、借鉴 SOS 村的方式等);三是建立健全以市、县(区)、乡(镇)政府为主相关部门共同参与的工作责任制;四是完善和落实相关法律政策;五是培养和扶持以民间组织为依托的农村留守儿童服务机构;六是下大力气优化婴幼儿成长的社会环境;七是构建留守儿童与非留守儿童"手拉手"体验教育互动模式;八是加强农村精神文明建设,优化社区育人环境;九是大力发展农村经济,增加农村就业机会,鼓励外出务工人员回乡创业,尽量减少留守儿童数量。

任务三　掌握对隔代抚养婴幼儿的家庭教育指导

案例导入

年轻的何女士咨询:"我刚刚有了一个宝宝,我和爱人工作都很忙,没有时间带孩子,只好把孩子托付给公公婆婆。应该说,公婆在生活上对孩子的照顾我很放心,可我担心的是,他们能教育好孩子吗?"

案例思考

何女士的担心可能代表了许许多多年轻父母的心声,也引发了一个热门的话题:隔代教育。如何对隔代抚养婴幼儿的家庭进行教育指导呢?

随着时代的发展,目前一些年轻家长或者因为自己的工作繁忙,或者因为离婚而把孩子的教育、生活等责任全部推给了爷爷奶奶、外公外婆,这些祖父母们自觉地成为全面照顾第三代的"现代父母"。这种由祖辈对孙辈的抚养和教育称之为"隔代教育"。隔代教育的成因主要有:一是父母工作繁忙,无暇照顾孩子;二是因患病、伤残等自身身体状况或因下岗而导致的经济能力不济;三是因离婚、丧偶、再婚或夫妻两地分居,住房紧张;四是因出国工作、读书或到外地工作;五是怕费神、图省事,年轻父母无经验或希望保留两人世界。

一、隔代家庭教育的利与弊

随着社会的发展,隔代教育已经成了一种很普遍的社会现象。隔代家庭出现的问题较多,并非长辈不好,只是他们的教育方式在如今社会不太适用。所以,隔代家庭教育既有利也有弊。

(一) 隔代教育的好处

(1)老人有充裕的时间和精力。不少祖辈家长有充裕的时间和精力,而且愿意花时间与孩子在一起生活。他们不仅照顾婴幼儿的生活,提供学习的条件,进行适当的指导,而且能够耐心地倾听婴幼儿的叙述。

(2)老人有着更加平和的心态。祖辈们已经脱离较为激烈竞争的社会环境,他们的心态相对比较平和,加上老年人特别喜欢宝宝,他们不像年轻父母那样冲动,能对事对物抱有一颗平常心。

(3)老人有童心。老人的童心,极易与孙子孙女建立融洽的感情,为教育孩子创造了良好的感情基础。在中国民间俗语中称老年人为"老小孩儿",称孙子为"小小孩儿",说明人越老越像个孩子。在现实生活中,的确有许多老人时常像个孩子一样与自己的孙辈们玩得不亦乐乎。

(4)拥有丰富的生活经验。祖辈已经成功地带大了一代人,所以他们在抚养和教育小孩方面可谓经验十足。丰富的实践经验,让他们对婴幼儿各阶段的发展特点也了解得更准确,这为婴幼儿的健康成长提供了保障。

(5)为年轻父母解决了后顾之忧。祖辈对孙辈的爱是任何育儿机构或者保姆无法替代的,他们可以为婴幼儿提供心理支持,给婴幼儿带来安全感,他们的加入使得父母可以免除后顾之忧而全身心工作。

(6)填补家庭缺陷。现在单亲家庭越来越普遍,老人教育孩子,还可以为那些单亲家庭的孩子弥补了家庭中父亲或者母亲缺失的问题,为孩子提供了性别模仿的对象,也为他们学习如何与异性相处提供了锻炼的机会。

(7)隔代教育可以缓解老人的孤寂。祖孙在一起,幼者受到爱抚,长者得到欢乐。他们之间互相补充了中间一代人由于工作和家务繁忙而留下的时间、空间的空白及遗缺,这就是形成隔代亲的一个重要特征。另外,小孙辈行动活跃,爱思考问题,老年人与孙辈相处时,会因跟随着他们的活动而使身体得到锻炼,也会因跟随着他们的思考而运作头脑,以致忘却了心中的烦恼和忧愁,这样可以延缓身心的衰老。再者,老人的儿女在外打工,没有多少时间陪伴老人,而孙辈去老人身边做伴,能解除老年人的寂寞和孤独,在精神上得到极大的宽慰。

(二) 隔代教育的弊端

目前隔代教育的质量不尽如人意。隔代教育的弊端主要体现在以下方面。

(1)教养方式不当。首先,养育方式不科学。例如,有些老人把饭嚼碎喂给孩子,这种喂养方式不仅剥夺了孩子锻炼咀嚼的能力,影响孩子的卫生健康,有时还可能导致更严重的疾病。其次,管教方式欠妥。不少老人管教孩子都倾向于两种极端,过严或者过松。过严者喜欢什么事情都要督促孩子,经常检查孩子的行为;过松者是溺爱孩子,放任孩子的行为。

(2)教育观念落后。调查显示:许多祖父母的文化程度较低,教育观念落后,知识老化,思想僵化。加之家里的主要劳动力外出后繁重的家务劳动压在他们肩上,他们更是无暇顾及孩子的学习,导致孩子学习成绩下降。

（3）容易引发家庭矛盾。首先，隔代教育容易引发亲子矛盾。婴幼儿从小就跟爷爷奶奶或者外公外婆生活在一起，习惯了接受他们的祖护与迁就，也可能养成一些父母看不惯的行为习惯。当父母在某个时间段内接管孩子，或者从祖辈手里完全将孩子接管过来时，他们可能就会急于去改掉孩子这些所谓的问题行为，父母和孩子之间就极容易出现对立情绪。这种对立情绪会让孩子更加疏远父母，退缩到祖辈的身边。其次，容易引发父母和祖辈之间的矛盾。有时候，因为孩子的事情，老人在孩子面前批评其父母，孩子的父母会埋怨老人惯孩子，老人觉得委屈，费力不讨好。这样，祖辈和父辈之间就很容易因为孩子的教育问题引发矛盾。

（4）隔代教育往往不一致。首先，父辈与祖辈不一致，这是最普遍的矛盾。其次，祖辈之间的教育不一致，一是两亲家之间的不一致；二是祖辈夫妻之间的不一致。不论是哪种不一致，都要认真对待，好好沟通，达成共识，否则，不但误了婴幼儿，还会伤害彼此情感。

（5）干扰父辈对孩子的教育。不少隔辈人看不得孩子被批评、训斥，更别说挨打了。虽然不提倡打孩子，但是适度的批评和约束不可少，然而在老人的干涉下，父母往往难以管束孩子。孩子从小跟随祖父母长大，当他们回到父母身边或上幼儿园开始接受新的教育之后，身上的许多坏习惯很难改变。受到过分宽容和保护的孩子，更容易因此养成顽劣冷漠的性格，缺乏爱心，不懂体贴，任意胡为，不守规则。

二、隔代抚养婴幼儿的家庭教育指导策略

隔代教育作为一种客观存在的家庭教育方式，对婴幼儿的个性发展有着极大影响。因此，做好隔代抚养婴幼儿的家庭教育指导尤为重要。

1. 发挥祖辈带孩子的优势

隔代教育要尽量发挥本身优势，从孙辈的成长中获得生命力，要以理智控制感情，分清爱和溺爱的界限，要爱得适度。正确的爱有利于孩子的健康成长。要教育孙辈孝敬其父母，要多讲一些孩子父母的事情，让孩子了解父母的艰辛，理解父母的爱心，要积极创造机会让孩子和父母多接触，疏通感情，两代人共同努力营造一个有利于家庭教育的和谐温馨的家庭氛围。

2. 两代人要统一思想认识

两代人统一思想认识的关键是沟通，从祖辈角度来讲，一方面，不妨放下架子与孩子的父母多进行交流，征求他们对抚养孩子的意见；另一方面，最好利用各种渠道多接受新思想，学习新知识，用科学先进的教育理念来武装自己。从孩子父母的角度来说，要多向祖辈请教，当观点不一致时，不要顶撞，要多一些温和的劝说，讲究沟通策略。

3. 祖辈与父辈协作最重要

要充分利用隔代抚养与父母抚育各自的优势，两代人要经常探讨孩子的培养方法，为孩子营造一个和谐开放的家庭环境。年轻的父母要端正态度，不管多么忙，都要抽时间与孩子在一起，不要把对孩子的教育权、抚养权完全交给祖辈家长，这是对孩子不负责任的做法。做儿女的要把老人放在心上，不要给他们增加负担。须知，养育孩子是自己的责任，不是老人的责任。父母是孩子的法定监护人，负有直接的抚养和教育责任，而隔代教育只能是亲子教育的补充而不是替代。祖辈家长要到位不越位，慈爱不溺爱。应做好称职的配角，而不要

越俎代庖。

4. 让孩子感受批评

有些祖辈怕孩子受委屈，不愿意说孩子的不是，造成孩子受不得一点批评。其实，孩子错了，受点批评也是正常的，虽然当时孩子心里难受，但这种心理承受能力是必要的，而孩子通常是能够主动认识到自己的错误的，他们需要成人的正确引导。如果作为孩子引导者的祖父母因为过分地疼爱孩子从而一味地袒护他们，从来都不进行批评，这种状况如果一直持续下去将会使孩子认为自己的一切行为或者习惯都是正确的，接受不了任何批评。这样的孩子在成人后是较难在社会上立足的，毕竟，别人不会像长辈那样无原则宠爱他。

5. 不溺爱孩子

（1）不搞特殊待遇。如果时时处处给孩子特殊照顾，有好东西给孩子留着，会让孩子感到自己在家地位高人一等。这样的孩子自感特殊，习惯于高高在上，容易变得自私，没有同情心，不关心他人。

（2）不轻易满足。对孩子的要求要慎重考虑，不能孩子要什么就给什么。有的祖辈总是害怕孩子哭闹，对孩子百依百顺。须知，轻易满足孩子可能使其养成不珍惜物品、讲究物质享受、浪费金钱和不体贴他人的不良习惯与性格，并且缺乏忍耐和吃苦精神。

（3）不包办代替。很多祖辈担心孩子做不好，于是任何事情都代替孩子做，结果导致孩子三四岁了还要祖辈喂饭、穿衣，上小学了还不会做简单的家务。这样的孩子往往不会变得勤劳、善良，也缺少同情心和上进心。

（4）不剥夺独立。没有祖辈的陪伴就不让孩子走出家门和别的小朋友玩，孩子一脱离自己的视线就变得十分紧张，孩子自己能做的事也不让做，这些被家长剥夺了独立性的孩子往往会变得胆小无能，缺乏信心。

（5）不当面袒护。很多时候，孩子在外面和别的小朋友有了争执，有的祖辈常偏向、保护自己的孩子，而不管孩子是否有错误。有的家庭里，孩子受到惩罚时总有祖辈出来替孩子说好话，时间长了，孩子会把祖辈当成"保护伞"和"避难所"，其后果是不仅孩子是非观念混淆，容易形成两面性人格，而且还可能影响家庭和睦。

6. 加强学习

老年人要当好"白发家长"，就必须不断接触和学习新知识、新事物，更新旧观念，掌握现代教育的"孙子兵法"，努力提高自身素质，做一个新型"白发家长"。只有这样，才能老有所学，老有所为，老有所乐。

拓展阅读

"隔代教养"的正确打开方式

三　同步实训

参与义工组织或爱心服务活动，与个别单亲家庭建立良好关系，进行长期跟踪和无偿指导。查阅留守儿童教育的相关资料，采访一位留守家庭的婴幼儿。

1. 实训目的

加深学生对不同阶段的婴幼儿家庭教育指导的认识。

2. 实训安排

（1）学生分成若干组，分别在网上或身边寻找 0～12 个月、13～24 个月、25～36 个月和 3～6 岁婴幼儿的家庭教育案例。

（2）根据本模块内容分析家庭教育案例的优缺点，并提出合理的家庭教育指导方案。

3. 教师注意事项

（1）由 1+X 幼儿照护职业技能等级证书具体考题导入婴幼儿生长发育特点的学习。

（2）提供一些简单案例，供学生讨论。

4. 资源（时间）

2 课时，参考书籍、案例、网页。

5. 评价标准

表现要求	是否适用	已达要求	未达要求
外在表现（参与度、讨论发言积极程度）			
针对不同年龄阶段婴幼儿的家庭指导方案的合理程度			

教学做一体化训练

在线练习

一、重点名词

1. 单亲家庭

2. 留守婴幼儿

二、课后讨论

1. 请结合现状说明指导单亲婴幼儿家庭教育的注意事项。

2. 如何指导家长开展留守儿童家庭教育，具体的方法和策略有哪些？举例说明。

3. "说了一周只能吃一次雪糕的，我们一不在家奶奶就破坏规矩""饿一次也饿不坏的呀，姥姥非得追着宝宝喂，这哪能养成好习惯啊""孩子在 1 岁前不能吃盐的""吃盐有啥不好"……生活中，这样的场景比比皆是，两代人的育儿观念常因孩子的吃喝拉撒产生分歧。虽然知道父母对子女的教育作用是无可替代的，但奈何因工作力不从心，而与外人和保姆相比，家中的老人带孩子更省心也更放心。而且随着三孩政策的实施，生育二孩、三孩的家庭会日渐增多，爷爷奶奶、外公外婆参与抚养、教育孙辈的比例或将有所上升。面对看不惯又离不开的隔代养育，结合实际，谈谈如何针对隔代抚养的幼儿展开家庭教育指导。

4. 结合单亲家庭给婴幼儿带来的影响，谈谈如何培养婴幼儿的健全人格。

三、课后自测

1. 单亲家庭对婴幼儿身心发展的影响有哪些？

2. 隔代抚养的弊端是什么？

3. 留守儿童家庭教育中易出现什么问题？

课后推荐

绘本：

《妈妈家,爸爸家》　　　《我们永远在一起》　　　《窗边的奥利佛》　　　《分不开的爱》

图书：

1. 《家庭和儿童》([苏]马卡连柯著,丽娃译)
2. 《爱弥儿》([法]让-雅克·卢梭著,彭正梅译)
3. 《0～3岁婴幼儿家庭教育与指导》(张家琼、李丹主编)
4. 《学前儿童家庭教育》(丁连信主编)
5. 《学前儿童家庭教育指导》(周宗清、康晓燕主编)

影视剧：

1. 电影:《银河补习班》,中国,2019.
2. 电视剧:《虎妈猫爸》,中国,2015.
3. 电视剧:《陪你一起长大》,中国,2021.

模块五
婴幼儿情商的家庭教育指导

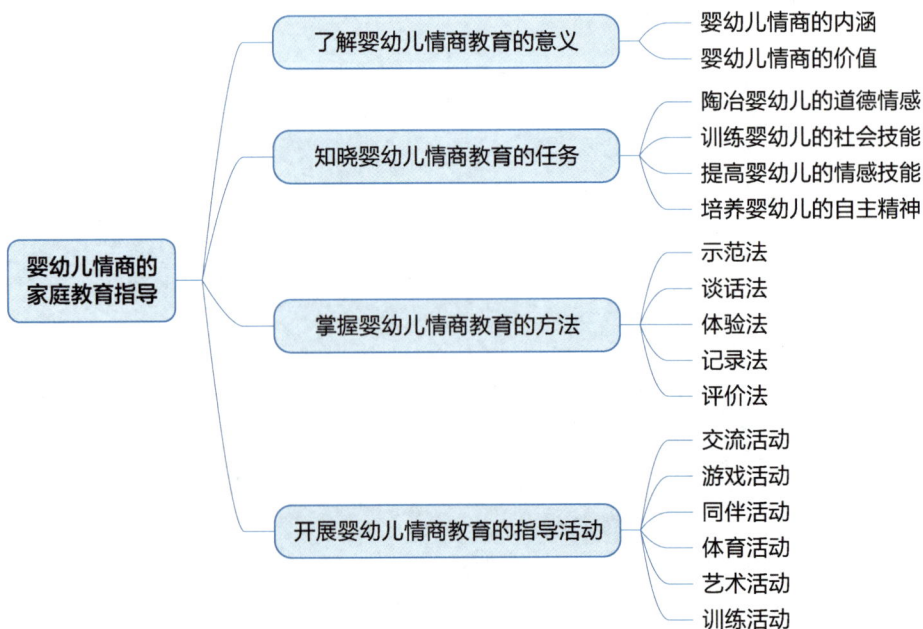

学习目标

- 识记：情商、情商教育、婴幼儿情商。
- 领会：情商教育的任务、方法。
- 理解：家庭情商教育的指导方法。
- 应用：有针对性地帮助家长开展情商教育活动。

模块描述

本模块从情商这一基本概念入手，了解婴幼儿情商教育的含义，认识情商教育对婴幼儿成长的重要性，理解婴幼儿情商教育的基本内容和主要任务，掌握婴幼儿情商教育的方法，学习如何对家长进行婴幼儿情商教育指导工作。

思维导图

婴幼儿情商的家庭教育指导

- 了解婴幼儿情商教育的意义
  - 婴幼儿情商的内涵
  - 婴幼儿情商的价值
- 知晓婴幼儿情商教育的任务
  - 陶冶婴幼儿的道德情感
  - 训练婴幼儿的社会技能
  - 提高婴幼儿的情感技能
  - 培养婴幼儿的自主精神
- 掌握婴幼儿情商教育的方法
  - 示范法
  - 谈话法
  - 体验法
  - 记录法
  - 评价法
- 开展婴幼儿情商教育的指导活动
  - 交流活动
  - 游戏活动
  - 同伴活动
  - 体育活动
  - 艺术活动
  - 训练活动

任务一　了解婴幼儿情商教育的意义

案例导入

　　有学者提出,智商决定人生成就的20%,情商决定人生成就的80%。情商是伴随着人的身心发展和交往活动的发展变化而发展的。据心理学研究表明,孩子在三四岁时,是情商发展的关键期,幼儿脑容量会长至成人的2/3,其精密的演化是一生中最快的阶段,最重要的学习能力,尤其是情感学习能力,也在这个时期得到最大的发展。6岁以前的情感经验对人的一生具有恒久的影响。

案例思考

为什么情感经验对人的一生具有恒久的影响?

　　童年期是婴幼儿情商发展的关键期,情商对婴幼儿的影响不仅有明显的近期效应,而且还具有鲜明的远期效应。

一、婴幼儿情商的内涵

　　美国心理学家沙洛维和梅耶(P. Salovery&J. Mayer)1990年提出情绪智慧(EQ)是指个体控制和调节自身情绪体验的能力。它包括:①情绪的知觉、评价和表达能力;②思维过程中的情绪的促进能力;③理解与分析情绪,可获得情绪知识的能力;④对情绪进行成熟调节的能力。哈佛大学教授丹尼尔·戈尔曼在《情商》一书中进一步将情商表述为更易理解和便于操作的五大部分,即情绪的自我意识、调控情绪的能力、自我激励、移情、处理人际关系的能力。

　　众多学者、研究者对情商概念的界定各有侧重点。但大致认为儿童情商的一种非智力因素,主要指的是儿童情感和社会技能的综合特性,体现在个体控制和调节自身情绪体验的能力。幼儿期是儿童情商教育的敏感期。与智商相比,情商更多受到后天环境的影响,更易改进、训练和提高。

二、婴幼儿情商的价值

　　丹尼尔·戈尔曼认为决定一个人成功的诸因素中智商仅占20%,情商(情绪智力)占60%,再有20%为机遇及其他人力不可控制的因素。因此情商在人生中起着更重要的作用,它将直接影响人的工作、学习与生活的成功与否。当然这只是一种比喻,以强调情商的重要性而并非否定智商的作用。实际上,智商将成功的机会带到人们面前,情商会从多方位、多角度帮助人们抓住成功的机会,真正敲开成功之门。因此丹尼尔·戈尔曼强调"童年是修养情商的最佳时机"。因为主管情绪的大脑皮质区到青春期才发育成熟,因此幼儿期是情商教育的敏感时期或称为"关键期"。

(一) 情商是儿童人格教育的必要成分

国际社会对儿童人格教育与家庭情商教育的兴趣和关注与日俱增。国际教育基金会认为,为了应对这个极具挑战性的时代,各国必须重视公民的人格教育:使人心充满真爱,为别人付出,而不求回报;让人人具有高尚的品德、正确的价值观和健康有益的生活方式,并能为祖国、为世界努力奋斗。家长要帮助儿童了解人类的多样性、相似性及依存性,且使儿童在认识他人之前学会认识自己,家长在学前期培养孩子的情感同化态度,定能对孩子完整人格的发展产生积极的影响。

(二) 情商对儿童一生的成长至关重要

情商对儿童成长发展的影响,在某种程度上要大于智商。有爱心、有责任心的幼儿在进入小学阶段后,能较快地适应校园生活,在校表现更佳。在现实生活中我们不难发现这样的事实:一个儿童尽管智力平平,但却能在未来的生活中不断走向辉煌;相反,一个绝顶聪明的儿童,在未来的岁月中却屡屡失败。有研究人员通过对"成功因素"的分析后指出:智力因素在一个人的成功中只起到了20%的作用,在其余的因素中(如情商、社会背景、健康、运气等)情商最为重要,"智商决定一个人是否被录用,而情商则决定一个人是否被提升"。此外,还有研究也表明,"孩提时代专心听课,与同伴友好相处的孩子,20年后,同样的情商技能仍能帮助他(她)事业成功,婚姻幸福"。因此,高情商比高智商的儿童更容易获得成功,情商技能的高低关系到人生的成功与失败,家长重视提高儿童的情商,可以为儿童铺设一条通往成功之路。

任务二 知晓婴幼儿情商教育的任务

✿ 案例导入

米米正在上幼儿园中班。他妈妈说,孩子1岁就会说话了,但到2岁时变得不爱说话了,3岁以后干脆一句话都不说了,白天不是一个人乱画就是说一些莫名其妙的话,晚上睡觉时把自己的东西摆得整整齐齐的,不让别人动。

❓ 案例思考

你认为米米妈妈该如何做呢?

心理学家们认为对儿童成功至关重要的情感特征主要是:"同情和关心他人、表达和理解感情、控制情绪、独立性、适应性、受人喜欢、处理人与人之间关系的能力、坚持不懈、友爱、善良、尊重他人等。"家长在对婴幼儿进行情商教育时,既要涉及情感道德和情商技能,又要关联到自主意识和社会技能。

一、陶冶婴幼儿的道德情感

家长要让孩子全面体验各种感情,以丰富孩子的情感世界,帮助孩子掌握基本的社会道德规范。

首先,家长要注意培养孩子讲究礼节、尊敬长辈、关心父母的道德情感。家长重视孩子的礼貌教育,就会使孩子增加对周围亲人的尊重和关爱的程度,而成为一个谈吐文明、举止优雅的人,在将来获取一种价值颇高的竞争优势;反之,如果家长不注意对孩子进行礼仪教育,就会使孩子成为不懂道理、不讲礼节的人。"在社会规范内,为了能自如地互相合作",父母应要求孩子"发自内心地学习"见面与问候、人际交往、打电话、进餐等"良好的礼貌以及各项礼仪规范"。例如,父亲教孩子

图 5-1

念儿歌《早晚》(早上,我醒了。妈妈,早安。爸爸,早安。太阳,早安。晚上,我要睡了。爸爸,晚安。妈妈,晚安。星星月亮,晚安),就是在培养孩子的礼貌行为。

其次,家长要重视培养孩子诚实、正直、善良、友爱的道德情感。在培养孩子诚实的品质时,要考虑孩子的年龄特点:2～3岁时,孩子的认知和语言能力发育不成熟,看不出自己言行之间的直接关系,误认为行为比语言更重要,语言模糊且有多重含义;4岁时,孩子开始明白故意说谎是不对的;5岁时,孩子已能意识到说谎永远不对。例如,当3岁的儿子嘴上沾满了奶油巧克力,却还硬说自己"没有吃"时,父母不要去责骂孩子,因为孩子已经认识到自己的行为不对,尽管他还没意识到撒谎也不对。此外,家长还要帮助孩子区分对错,鼓励孩子去做正确的事情,要求孩子待人宽容豁达、与小伙伴合作分享、团结友好。比如,奶奶教孙子学习儿歌《一人一半吃得欢》(苹果圆圆,香蕉弯弯,你一半,我一半,一人一半吃得欢。心里甜甜,笑声甜甜,嘴巴笑成弯香蕉,脸儿更比苹果艳),不仅能规范孩子的行为,而且还能使孩子品尝到分享的甜蜜。

再次,家长还要适当让孩子体验担心、失落、羞耻、内疚等负面情感。例如,孩子与母亲分离后,会萌生焦虑感;孩子做了错事以后,会产生羞愧感等,这些负面的情感,也是孩子道德行为和良好性格形成的重要养料。所以,家长要给孩子提供体验负面情感的机会,以促进孩子情感发育的进程。例如,妈妈让儿子学习儿歌《唉,这样的"宝"》(分糖果,不用叫,一蹦一跳早来到。要洗澡,装睡觉,三遍两遍听不到。这样的"宝"谁愿要? 狐狸大婶把头摇),就能使孩子产生不讲卫生将可能不被喜爱的担忧。

二、训练婴幼儿的社会技能

家长要培养孩子的愉悦感和幽默感,增强孩子的交往技巧,使孩子成为一个乐观向上的人。

图5-2

首先,家长要帮助孩子学会放松自己。一些治疗专家指出,放松是孩子必须掌握的重要的情商技能,它既有助于孩子控制情感,又能刺激免疫系统,保护孩子的身心健康。例如,父母和孩子一起模仿东倒西歪的小树、波涛汹涌的海浪、暴风雨中的闪电等简单动作,有利于孩子表达喜怒哀乐的情绪。

其次,家长要提高孩子交往的能力。"在孩子的所有情商技能中,和人相处的能力与日后的成功和生活质量关系最为重大",为此,父母要教会孩子了解自己的同伴、熟悉周围的环境,使孩子的言行不仅有利于自己,而且还有益于别人,以培养孩子在未来的社会生活中的人际交往能力。比如,爸爸鼓励儿子从家里拿着邻居孩子所喜欢的消防车玩具,到邻居家去玩,就能使儿子被邻居的小孩所接受。

再次,家长要萌发孩子风趣幽默的意识。幽默是孩子的一项重要的社交技能,它和社交能力的发展相辅相成。研究表明,"四五岁的孩子,社交能力强就比较容易与同伴幽默地交往,而且更容易被别人的幽默逗得大笑",因此,家长应及早开发孩子的幽默潜能,使幽默成为孩子成功社交的润滑剂。在家庭日常生活中,全家人彼此开个善意的玩笑、讲个笑话、猜个谜语等,都是在营造幽默的氛围。例如,在洗漱时,爷爷给孙女出个谜语(你就是他,他就是你,一样的小脸笑嘻嘻。伸出手来握一握,哟,隔着玻璃干着急),要求孙女揭出谜底"镜子",就是在培养孩子的幽默感。

最后,家长要帮助孩子形成乐观的心境。快乐是无价之宝,乐观主义精神能使孩子多从事物的有利一面考虑问题,看到事情的积极因素,期待良好的结果,给孩子带来真正的幸福。父母要把孩子培养成一个快乐的人。就要在与孩子朝夕相处的过程中,时时处处用自己愉快的情绪来感染孩子,即便是家境不佳的家长,也不应整天唉声叹气,而应积极进取,以饱满的精神状态出现在孩子面前。父母还可以通过欢快的儿童文学作品如儿歌《小石榴》(石

图5-3

榴连娃怎么啦?紧闭嘴巴不说话,太阳公公吻一吻呀,露出了红牙笑哈哈),来丰富孩子的情感,培养孩子的喜悦心情。

三、提高婴幼儿的情感技能

家长要培养孩子的同情心,使孩子能与别人产生情感上的共鸣,提高孩子理解情感和表达情感的能力,学会控制自己的冲动,坚持不懈地完成任务。

第一,家长要发展孩子的情感共鸣能力。以同情心为基础的共情能力是婴幼儿对别人情感的反应能力。处于婴儿期的孩子虽能对别人的情感做出反应,但还不能区别自己和周围世界,常常把别人的痛苦当作自己的痛苦,他的同情心具有"全球性"。比如听到身旁孩子的哭声,他就会和其一起哭。处于幼儿期的孩子已能清楚地分辨自己的痛苦和他人的痛苦,拥有了减轻他人痛苦的愿望,并能用言行加以表达。据我们在幼儿园的观察发现,同情心很强的孩子往往不霸道,乐于助人,能分担同伴的痛苦,做出对集体有益的事,个人受同伴和教师的喜爱。因此父母要根据孩子的年龄特点发展孩子的同情心,使孩子成为人见人爱的人。

第二,家长要培养孩子的情感倾听能力。鉴别情感、表达情感对孩子进行情感交流来讲固然重要,但引导孩子讨论情感、欣赏情感也应成为其必不可少的组成部分,理应引起家长的重视。父母要有意识地引导孩子当个好听众,耐心听取别人的想法,及时调整自己的心态,学会处理自己的情感。例如,外婆给孙子念《外婆笑了》(裤子短了,鞋子小了,我长高了,外婆笑了)这首儿歌时,先要求孙子仔细听,然后再要求孙子讲一讲"外婆为什么笑了""你的心情如何"等。

第三,家长要培养孩子的情感抗挫能力。责任心、坚持性、不怕挫折的精神和自我激励的技能都是孩子汲取教训、争取成功的情感良药,家长要使孩子明白"失败乃成功之母"的道理,舍得让孩子直面困难,激励孩子想办法自己战胜困难。在培养孩子责任感的时候,家长要认识到"孩子应该是家庭中作贡献的成员",让孩子分担一些家务劳动,这样"孩子学会做家务,他们就会觉得自己是能为整个家庭带来好处的家庭一员。这一点会使他们在情感上更加成熟一些"。比如,在教孩子学习儿歌《虾仁》(剥,剥,剥虾仁,剥出来是白的。炒,炒,炒虾仁,炒出来是红的。吃,吃,吃虾仁,吃起来是鲜的)以后,父母可让孩子参与烹调准备和制作过程,使孩子感受到劳动的艰辛和快乐。

四、培养婴幼儿的自主精神

父母不可能陪伴孩子一辈子,孩子终究要离开父母的怀抱,独立思考问题与解决问题,成为自食其力的人。

第一,家长要培养孩子的独立性。在适当的时候,让孩子从精神上"断奶",割断孩子对父母的依赖情结,使孩子从照顾自己开始,发展到学会生活中的更多事情,而不至于变成缺乏独立性的温室里的花朵。例如,孩子两三岁时,要让其自己穿脱衣服、叠被、刷牙、洗脸、倒牛奶、整理玩具、收拾餐具等;孩子四五岁时,应让其自己整理衣服、布置餐桌、把脏碗筷放入洗涤槽中、把脏衣服放进洗衣机里等。

图 5-4

第二,家长要培养孩子的自主性。在恰当的时机,让孩子出谋划策,自己可以决定的事情自己决定,自己能够做的事情自己做,树立孩子的小主人意识。比如,带孩子去看爷爷、奶奶时,孩子提出自己选择服饰进行穿戴,父母应予以支持。

第三,家长要培养孩子的适应性。人和动物一样,生来就具有适应环境的能力,国外许多家长重视让孩子从两三个月大时开始学游泳,通过在水中挣扎,锻炼拼搏精神。世界的变化越来越迅猛、多样,"适者生存",在锻炼孩子生存、应对能力的时候,父母应充分发挥孩子的潜能,促使孩子在身心全面发展的基础上形成自己独特的优势,将来为社会多作贡献。

任务三　掌握婴幼儿情商教育的方法

案例导入

多多是一个性格内向、不爱与其他小朋友交往的小姑娘,也不喜欢和小伙伴一起做游戏。在幼儿园里她经常会找各种理由不参加集体活动。每天进幼儿园之前都会在家里哭闹很久。多多妈妈非常苦恼,于是决定去幼儿园与老师进行沟通,寻求解决问题的办法。

? 案例思考

你认为多多妈妈该如何做呢?

为了完成情商教育的任务,学前儿童的家长应根据家庭的实际情况,综合运用示范法、谈话法、讨论法、体验法、想象法、风暴法、记录法、评价法等多种方法,让幼儿主动吸收环境中的积极因素。

一、示范法

榜样示范法有立竿见影之功效,尤其是对情绪不稳定、模仿性较强、知识经验较少、辨别是非能力较弱的小朋友来讲,影响力更大。

研究表明,父母的情绪对孩子有很大的影响。爱华·楚尼克在实验室里,要求母亲在她们 3 个月大的婴儿面前装作"有点难过或沮丧",结果发现:婴儿的情绪也变得"比较消极、退缩及没有反应";蒂芬妮·菲德的研究也表明:"忧虑母亲的婴儿有反映他们母亲伤心、无力、不热衷、愤怒及暴躁的倾向",母亲的忧郁对 3～6 个月婴儿的"神经系统的发展最具影响力","假如母亲的忧郁持续 1 年以上,婴孩的成长与发展也开始变缓慢,受到永久的影响"。可见,出生 3 个月的婴儿的眼睛是"明亮的",他能通过观察和模仿,学习解读及表达情绪,所以,父母从孩子出生后就应关注其情绪反应,及早对孩子进行积极的情绪暗示和辅导。家长在带养孩子的过程中可以用"轻松、平和、夸张、兴奋"等语气与孩子交流,让孩子能直观感受到带养人放松、愉快的情绪,从而影响孩子的情绪情感发展。

父母的言传身教,能为孩子树立完美的人格形象,使孩子潜移默化地掌握立身处世之道。在家庭生活中,父母可以利用生活的各个环节,择机而教,给孩子树立积极的影响。比如,父母可以主动和身边的朋友联系,主动和朋友们打招呼,对陌生人友好等,让孩子感受到父母朋友交往的乐趣。

二、谈话法

谈话法随时随地可执行,特别有助于提高孩子的会话技能,锻炼其思维能力。但是谈话法需要家长把握谈话的重点,需要家长做好示范,做好积极情绪的引导。家长通过和孩子谈论彼此的情感,能使孩子逐步学会理解别人的情感,用合适的方式表达自己的情感,为他人和社会所接纳。1岁前的孩子虽然还不能运用语言表达自己的情感,但他已能了解大人语言中所含有的情感内涵,家长通过与其建立情感联结,对孩子所表现出来的情绪及时做出反应,并适时地帮助孩子将自己的感受转化为语言,就能提高孩子的情商。例如,妈妈在询问孩子:"妈妈觉得你现在很快乐,是吗?""你现在感到有些害怕,对吗?"或"你现在觉得有点累,想让我抱,是吗?"等问题时,如配上自己的面部表情,就能帮助孩子在言辞和情绪之间建立的联系。

进入3岁以后,孩子的语言能力得到了迅速的发展,家长既可在睡前和孩子进行随机交谈,也可在特定的活动中和孩子展开有意识的谈话;既可自己出话题,引导谈话的方向,也可让孩子找话题,将谈话持续下去,真实地袒露自己的思想,分享彼此的感情。比如,"我看你今天从幼儿园出来很开心,可以和妈妈分享一下吗?""今天在幼儿园玩了什么区域呀? 和你的小伙伴是怎么玩游戏的呢?"等,谈话的主题要围绕孩子所经历的事情,让孩子能够说得出来,并有机会表达或者发泄自己的情绪。

另外,家长可以某一现实问题为中心,比如"被同伴取笑""被取绰号""被打"等问题,要鼓励孩子尽可能多地想出不同的解决办法,然后从中择优采用。年龄越大的孩子,应要求其想出的办法越多,从多种角度解决问题,掌握情感技能。父母可引导孩子思考:"你可以做哪些事情来制止他们?"启发孩子想出各种各样的办法,帮助孩子分析各种办法的优劣之处,鼓励孩子自己获取解决问题的金钥匙。

家长在与孩子谈话时,应处理好说和听之间的关系,一半时间自己说,让孩子当听众;另一半时间由孩子去说,自己做听众。只有这种交换式的相互倾听,才能达到谈话的较高境界,否则,自己滔滔不绝地说个不停,就会使孩子丧失表达情感的兴趣和机会。

三、体验法

体验法见效慢、费时多,对孩子有渗透、渐进的作用。家长要促进孩子情感大脑的发育,帮助孩子解决人际关系问题,就必须使孩子有许多情感上的亲身体验。当孩子因某件事情伤心、恐惧、苦恼而哭泣时,很多家长是立刻喝止,以停滞现象为目的,而不去关注现象背后的本质。此时,科学的做法是允许孩子发泄情感,轻轻安抚他,并用语言告诉他"妈妈知道你因为……现在有点伤心",让孩子明白父母理解自己的情绪表达。

"越来越多的证据证明,社会经历和对问题的熟悉程度才是解决问题能力的关键因素","孩子是否成功地解决问题,更多地决定于他们的经历而非聪明程度",所以,父母要给孩子建立事实和经验的宝库,使孩子能以此为中介,走向成功解决情感问题之路,而不要"误认为孩子遇到的问题越少,才越幸福,越成功",从而削减孩子体验问题解决后的快感。例如,寒冷的冬天,孩子和邻居小伙伴在垃圾箱旁边寻找游戏材料,当他们正在沉浸并满足于用装修房屋的一些废弃边角木料搭建出"儿童公园",而忘记回家吃饭时,父母也不应责怪孩子,以免减少孩子的体验,阻碍孩子成长的步伐。

四、记录法

记录法精确性较强,具有一定的持续性,父母在生活中记录孩子的典型事迹,能看到孩子成长的轨迹。家庭中父母要引导孩子随时随地做力所能及的事情,并用笔记本把孩子每天做的各种各样的好事记录下来,比如为爸爸妈妈拿鞋、主动与人打招呼、有礼貌地说"谢谢"、帮助爷爷奶奶递东西等,以利于孩子形成助人为乐的行为,拥有善良体贴之心。

另外,家长还需要关注并记录孩子在不同时间不同地点出现的特殊行为,作为日后分析孩子情感特点的原始素材。例如,孩子夜晚是否做噩梦,是否容易惊醒、惊醒的次数如何,孩子情绪稳定与不稳定的主要诱因是什么。家长对观察到的这一现象进行详细记录,并坚持多年,最终可以及时发现并解决孩子可能存在的情绪问题。

家庭中,父母可以设计有关的图表、表格,重点进行记录,如表5-1。

表5-1 儿童行为举止记录表

填表人:_____   填表时间:_____   填表地点:_____

编号	项目	评价等第				
		总是	基本是	有时是	很少是	从不
1	待人有礼貌	(　)	(　)	(　)	(　)	(　)
2	喜欢说"请"和"谢谢"	(　)	(　)	(　)	(　)	(　)
3	能说"对不起"和"请原谅"	(　)	(　)	(　)	(　)	(　)
4	不顶嘴	(　)	(　)	(　)	(　)	(　)
5	不打断别人说话	(　)	(　)	(　)	(　)	(　)
6	尊敬别人	(　)	(　)	(　)	(　)	(　)
7	关心别人	(　)	(　)	(　)	(　)	(　)
8	照顾别人	(　)	(　)	(　)	(　)	(　)
备注	详细记录典型语言、行为:					

五、评价法

评价法具有强化作用,有助于培养孩子积极的情感技能,抑制孩子不当的情感态度。评价就事论事,妥善解决,不能涉及人格评价,不能因做错一件事否定一辈子。有的家长就做得十分巧妙,例如,有个孩子口吃,很苦恼,就向妈妈诉苦。妈妈告诉他:因为你的大脑比一般人的聪明,你的嘴巴当然就跟不上大脑的运转速度,所以才会口吃。从此他就对自己有了信心。这个孩子后来成为著名的管理者,他就是最终担任美国通用电气公司首席执行官的杰克·韦尔奇。由此可见,巧妙解答儿童问题是多么重要。

　　家长在选用上述各种方法的时候,不仅要考虑孩子的年龄特征,而且还要考虑孩子的个性特征和性别特征。例如,幼小的男孩虽然和女孩一样,也乐于帮助别人,但比较而言,男孩子更喜欢给人以动作上、体力上的支持,如教同伴学骑车;而女孩子则更喜欢给人以心理上、精神上的安慰,如劝说同伴不要哭泣等。据此,父母在发挥孩子性别优势的同时,还要注意对孩子性别上的劣势进行补救,以促使孩子情商的健全发展。

任务四　开展婴幼儿情商教育的指导活动

❀ 案例导入

　　唐太宗李世民是我国历史上最著名的君主之一。在他的开明执政期间,中国社会进入了空前繁荣的"贞观之治"。历史课本还告诉我们,这与唐太宗民主纳谏是分不开的,而其中许多有重大价值的建议都是大臣魏征提出来的。魏征仗义执言是唐朝发展的重要原因。而唐太宗民主纳谏也传为佳话。但是,唐太宗每次听完魏征的进谏,都要一个人散步。日子久了,身边的人问唐太宗,为什么每次与魏征谈完话,都要散步,唐太宗说:我怕我忍不住杀了他!

　　❓ 案例思考

　　你认为唐太宗李世民是如何控制情绪的?

一、交流活动

　　家长和孩子在轻松愉快的氛围中进行双向交流,可使孩子利用新近学习的语言,尽可能地表达自己的内在情绪。

　　在交流活动中,父母可以根据孩子近期表现出来的问题进行交流,比如周末逛商场时看到喜欢的玩具不被允许购买,孩子大哭大闹,亲子互动共同想出解决办法。父母还可根据孩子的兴趣和在生活中存在的问题,编些有趣的故事,充满感情地讲给孩子听,并与孩子进行目光接触,鼓励孩子对故事进行评论,以起到隐喻的作用。

　　家长要帮助幼小的孩子进行交流。一般来讲,孩子在3岁以前还难以用语言正确地表达自己的情感,这就需要父母提供"拐杖",支撑孩子表现各种各样的情绪反应。例如,妈妈把孩子抱在胸前,她先在自己的五个手指头上分别画着不同表情的脸谱图:大拇指上是一张

图 5-5

生气的脸,食指上是一张忧郁的脸,中指上是一张恐惧的脸,无名指上是一张惊奇的脸,小指上是一张快乐的脸。然后,她掰着各个手指头问道:"你今天过得怎样?"如大拇指说"我今天很难受"……接着,她问孩子:"你今天过得怎样?"孩子马上抓住了最像他此时心情的那个小指头,妈妈便帮他描述"我今天过得很高兴"。这样,孩子的情感语言就会渐渐地丰富起来。

家长要向孩子主动谈论自己的情感。这既能为孩子提供学习情感语言的机会,又能为孩子提供与同伴交往的范例。比如,每天抽出一点时间,全家人聚在一起,各自谈谈当天的感受;遇到特殊情况时,应把自己的感受直接告诉孩子,如"你不好好吃饭,我要生气了",而不应闷在心里不说出来,更不能用武力来发泄。

家长不要伤害孩子的情感。在与孩子交流的过程中,父母应意识到孩子的情绪承受力和认知能力一样是有限度的,羞愧和内疚等负面情感能对孩子的健康成长产生有益的影响,但必须恰当适度;如果偏激过度,就会使孩子在情感上受到创伤,这种伤害比肉体伤害更残忍。例如,父母面对孩子的错误言行勃然大怒时,也不应说出"我怎么会生出你这个白痴""你是我见到过的最愚蠢的孩子"等话语。

二、游戏活动

亲子游戏是家庭中最有效的交流方式。家长参与孩子的游戏,和孩子一起玩,有利于养成孩子轻松愉快的心境并感受到来自父母的爱。在亲子游戏中,父母的角色要随着孩子需要的改变而改变,使孩子能不断受到挑战,产生更浓的兴趣,释放出更多的笑声。

家庭组织亲子游戏要注意,首先要考虑孩子的年龄特征。家长应根据孩子的不同年龄特点及能力发展情况,开展不同的游戏活动。比如,孩子出生后6个星期时,和他玩视觉追踪游戏;孩子2岁时,和他玩双脚离地跳跃的游戏;孩子3岁时,和他玩纯粹语言的游戏,如故意叫错名,让其觉得可笑,把手说成脚;孩子4岁时,可和他玩身体语言的不和谐性及概念的不和谐性的游戏,使孩子区分什么时候什么事可笑,什么时候什么事则不可笑;孩子5~6岁时,语言能力

图 5-6

增强,明白许多词语有多种不同的含义,父母可讲有双重含义的谜语。

其次,要支持孩子的情感表现。家长应仔细观察孩子的言语行为,客观反映孩子的情感

表现,如"我看得出,你还想继续在这里玩",适时表扬孩子的正当行为,如"你涂的颜色真好!我为你感到高兴",而不要控制孩子的活动。

再次,要让孩子当主角。家长自己当配角,通过"扮演一个毫无威胁性的但又有趣的弱者",以"确保孩子在游戏中担任强有力的角色来体现出你期望了解他的想法和感受的诚意",并抓住时机,在玩耍中帮助孩子通过大笑来松弛某种特定情况所引起的紧张情绪。例如,在玩"医院"游戏时,父亲让孩子当"护士",自己当"病人";当"护士"要给"病人"打针时,"病人"佯装怕痛,转身逃跑,滑稽地喊道:"求求你了,我不要打针。""护士"听后哈哈大笑。在这一过程中,孩子过去被迫接受打针时的恐惧情绪得到了化解。

最后,要让孩子做赢家,家长自己做输家。通过"亲昵、活泼地与孩子接触",使"孩子在游戏中占上风",尽情地大笑,"用笑声培养孩子的自信心和开朗性格"。比如,在玩"捉迷藏"游戏的过程中,妈妈找孩子时,要慢慢地大声喧哗到处找,即使发现了孩子的藏身之处,甚至摸到了孩子的手脚,也要装着没看见他。这样,就会引出孩子阵阵的笑声,使他感到很快活,产生成就感。

三、同伴活动

儿童从成人那儿学到的社交技能远比与同伴交往中所能学到的要少。他们会从错误和考验中学会取舍,并且"自觉地根据经验做出反应"。"无数次研究证明,遭同伴厌恶会直接导致学习成绩差、情感问题、少年犯罪率高等"。随着孩子年龄的增长,家长要为孩子多提供与同伴交往的机会以增加孩子的社交经历,发展孩子的社会性。

图5-7

家长要激发孩子交往的兴趣。通过文学作品,家长能唤起孩子与同伴交往的欲望,并使孩子体会到友谊的乐趣。例如,父母教孩子学习儿歌《小鸡》(小公鸡,小母鸡,身上带着小手机,要是找到小虫子,就给朋友发信息。叽叽叽,叽叽叽,大家快来吃东西)以后,孩子就可能产生交友的愿望。

家长要引导孩子结交朋友。年幼的孩子经常把一起玩或离得比较近的孩子当成自己的朋友,在他们看来,最好的朋友往往就是住得最近的小伙伴。据此,父母要经常鼓励孩子与小伙伴一起玩耍,邀请有共同兴趣的小伙伴,到家里来看图书、听音乐,引导孩子与周围邻居孩子友好相处,彼此成为好朋友。

家长要帮助孩子掌握说话技巧。俗话说:"一句话说得好,能让人笑;一句话说得不好,能让人跳。"父母应让孩子学会站在对方的角度去表达自己需要。例如,孩子想加入同伴的游戏,家长可引导他用"这个游戏看上去很好玩""你们可以教教我怎么玩吗"等语句来赢得小伙伴的认可,而不是用"我知道怎么玩这个游戏""我玩得比你好,让我玩会儿"等令人不快的语句来开头。

当孩子与同伴发生矛盾时,家长不要急于批评孩子,应观察等待孩子自己解决问题,引导孩子从同伴的角度思考问题,从自己的经历中推断同伴的感情。例如,当同伴来家里玩的时候,孩子什么都不让别人碰,别人稍一碰就开始大喊大叫。此时,家长就可以问:"你还记不记得上次你去小小家玩的时候,她什么都不给你玩,你是什么感觉呀? 是不是很尴尬,想马上回家?"然后再告诉孩子:"现在小小就是这种感受。"

四、体育活动

国外很多有关研究表明:一个人幼小时期所获得的户外游戏的经验,长大以后能够促使他积极参加体育活动,而运动中不可缺少的体力、技能、勇敢、果断、灵敏度及聪明、机智等品质,与同龄人相比都是较高的。由此给他们带来的成功喜悦和满足感,以及来自伙伴的肯定和赞誉,能更好地促进他们个性的形成和发展。儿童大脑的情绪中枢和运动中枢是紧密相连的,家长通过让孩子进行四肢和躯干的全身运动,就能促进孩子情感的升华。

通过游泳活动,培养孩子的求生精神。例如,孩子两三个月大时,父母可把他放进游泳池或水池里,让孩子在几次反复翻动以后,自己浮出水面,掌握游泳的要领,增强生存的能力;通过搀扶活动,提高孩子的信任感。例如,爸爸、妈妈和孩子轮流做盲人:眼睛被围巾蒙上,由别人牵着手在屋子里走来走去,一会儿绕过家具,一会儿又要躲开障碍物。在此过程中,孩子的信任感和助人为乐的精神都得到了发展;通过剧烈运动,发泄孩子的消极情绪。例如,你追我赶、袋鼠跳跳、在地垫上打滚等,都能帮助孩子释放紧张的情绪;通过轻缓运动,控制孩子的情绪激动。例如,父母和孩子利用收集到的冰激淋小木棒开展比赛活动;握住这些小木棒,用力撒开,一根一根地将其移走,但不能碰到其他小木棒,得棒多者为胜。这样孩子就能认识到情感在身体上的反应,学会控制自己的情感。通过协作性体育游戏,可以锻炼孩子的肢体协调能力,培养孩子与同伴分享、合作的精神。

五、艺术活动

世界著名小提琴家梅纽因呼吁家长要重视孩子的音乐、歌唱和舞蹈等方面的艺术活动,他认为在艺术世界里,没有"犯罪"这个词,孩子们只要接受了更多的艺术教育,过剩的精力就得到了宣泄,不切实际的愿望就会被消除,社会上的犯罪现象就会被减少;让每个孩子学会演奏一种乐器虽然不太现实,但是,让他们学会唱歌、跳舞却是可行的,因为每个孩子都有嗓子、眼睛和心灵;当孩子学会唱歌、跳舞以后,他们就会更善于思考,理解问题和互相沟通。

图 5-8

音乐活动在家庭中随时可进行。比如哄孩子睡觉时、玩游戏时、用餐前……父母可教低龄的孩子唱一些简单的儿童歌曲,培养孩子愉快的情绪。例如,《快乐小鼓手》(嗒嗒嗒嗒嘀,嗒嗒嗒嗒嘀,我是快乐的小鼓手。嗒嗒嗒,吹着喇叭朝前走。嗒嗒嗒,一切困难都不怕。嗒嗒嗒,胜利的曙光在前头)就可教给3岁前的孩子。随着孩子年龄的增长,父母可结合家庭活动内容,和孩子一起唱些复杂的儿童歌曲,培养孩子活泼的情绪。比如,重阳节时,教孩子唱《爷爷为我打月饼》;春节时,教孩子唱《新年快乐》。

舞蹈活动。父母可通过视听设备播放儿童歌曲,鼓励孩子随音乐晃动身体,引导孩子按节奏有意识地律动;家长还可以准备服装道具,启发孩子自由选择尽兴跳舞。

图 5-9

图 5-10

美工活动。家长可以准备一些彩纸、胶棒、儿童剪刀、画笔等美工材料。让孩子每天都有一个安静的时间进行创作。在进行美工作品创作的时候,孩子不仅能获得手眼协调能力的发展,还能促进其思维及审美能力的发展,这些都有助于孩子情绪稳定和谐发展。

六、训练活动

学前儿童的情商能通过专门的训练得以提高。早在 20 世纪 70 年代初,美国心理学家大卫·斯皮瓦克和默娜·舒尔就建构了"我能解决问题"这一培训工程,对儿童解决问题的技巧教育问题进行长达 25 年的临床研究,结果发现"即使是三四岁好冲动的孩子,也能学会用推理而非行动去解决问题。他们学会了用请求而非直接动手的办法分享其他孩子的玩具,学会了告诉别人自己生气了,而非动手打架;站出来为自己说话而非离群索居、郁郁寡欢"。该研究还表明:接受过这种训练的孩子,在"进入幼儿园以后,就会比没有接受过训练的孩子问题少,不太容易冲动、霸道、麻木或做出反社会的举动,而且在学习上表现更好"。

(1)学习单词活动。家长要让孩子在生活中,从学习基础单词入手,"这就好比弹钢琴前学习音阶一样"。"是/不是,和/或,有些/全部,之前/之后,现在/以后,同样/不同",以及"如果/那么,可能/或许,为什么/因为,公平/不公平"等都是孩子所必须学习的。例如,奶奶带孩子在超市购物时,可指着纸盒牛奶对孩子说:"这是我们早晨要喝的牛奶,不是我们中午要吃的米饭。"

(2)掌握单词活动。年幼的孩子不可能一次就学会了这些单词,家长只有让孩子多听、反复练习,才能帮助孩子牢牢地记住。比如,快要吃晚饭时,孙女要爷爷给她讲故事,爷爷就可对她说:"现在讲故事不是好时间,吃完饭就是好时间了。"画画时,孙女要爷爷让她吃苹果,爷爷就可对她说:"现在吃苹果不是好时间,画完画就是好时间了。"这就有助于孩子在某些行为之间建立起因果关系。

（3）运用单词活动。家长要随时随地给孩子提供使用单词的机会，以帮助孩子真正掌握。当孩子能自如地运用这些单词的时候，他们就能快速地思考，较好地解决情感问题。不论和孩子乘坐公交车，还是带孩子到饭店去吃饭，父母都是要注意适时强化孩子对单词的使用情况，使孩子能从中得到乐趣，并能迁移到解决人际关系的问题中去。

拓展阅读

幼儿情商
教育的
误区

三 同步实训

海宝生来就天生大嗓门，且特别爱哭，只要不如他意，便会号啕大哭——这哭应算是惊天地泣鬼神，街坊邻居都知道他家有个肺活量极好的孩子。

1. 实训目的
让学生给出建议，面对海宝的哭，爸爸妈妈应该怎么做。

2. 实训安排
（1）学生分成四组，讨论上述案例，并给出科学的指导意见。
（2）根据本模块内容分析婴幼儿情商教育的现状，并提出合理的家庭教育指导方案。

3. 教师注意事项
（1）由1+X幼儿照护职业技能等级证书、育婴员和家庭教育指导师证书具体考题导入婴幼儿教养基本理念的学习。
（2）提供一些简单案例，供学生讨论。

4. 资源（时间）
2课时，参考书籍、案例、网页。

5. 评价标准

表现要求	是否适用	已达要求	未达要求
外在表现（参与度、讨论发言积极程度）			
针对不同年龄阶段婴幼儿的家庭指导方案的合理程度			

四 教学做一体化训练

在线练习

一、重点名词

1. 情商
2. 幼儿情商
3. 情商教育

二、课后讨论

1. 幼儿情商教育的任务有哪些？
2. 幼儿情商教育的方法有哪些？

三、课后自测

案例分析:请运用所学理论对以下案例进行分析,并对其教育做出相应的指导。

有位心力交瘁的妈妈在粉丝页私信问我,她无法理解原本像天使般的儿子,为何会连续出现许多行为问题。我进一步询问:最近家中有何变化?儿子出现这些行为问题的时间点为何?妈妈才道出以下故事,这也是许多爸妈在二宝出生后面临的挑战。

自从妹妹出生后,哥哥开始出现一些退化行为,变得爱哭、赖皮、情绪起伏大,和其他幼儿相处摩擦也多,他人的好意提醒,对哥哥来说就好像无情的批评,让他的情绪失控暴哭。这几个月以来,哥哥的脱序行为越来越严重,在家经常推打妹妹,抢妹妹的玩具,而就算一人一个的玩具,他也要把妹妹的抢过来。开始妈妈好言相劝,到最后则拿出棍子"修理"他,然而兄妹俩顶多相安无事一个晚上,隔天继续上演相同的戏码。

面对这样的情况,爸爸妈妈应该怎么办?

课后推荐

图书:

《好妈妈胜过好老师》(尹建莉著)

电影:

《雷蒙娜和姐姐》,美国,2010

模块六
婴幼儿创造的家庭教育指导

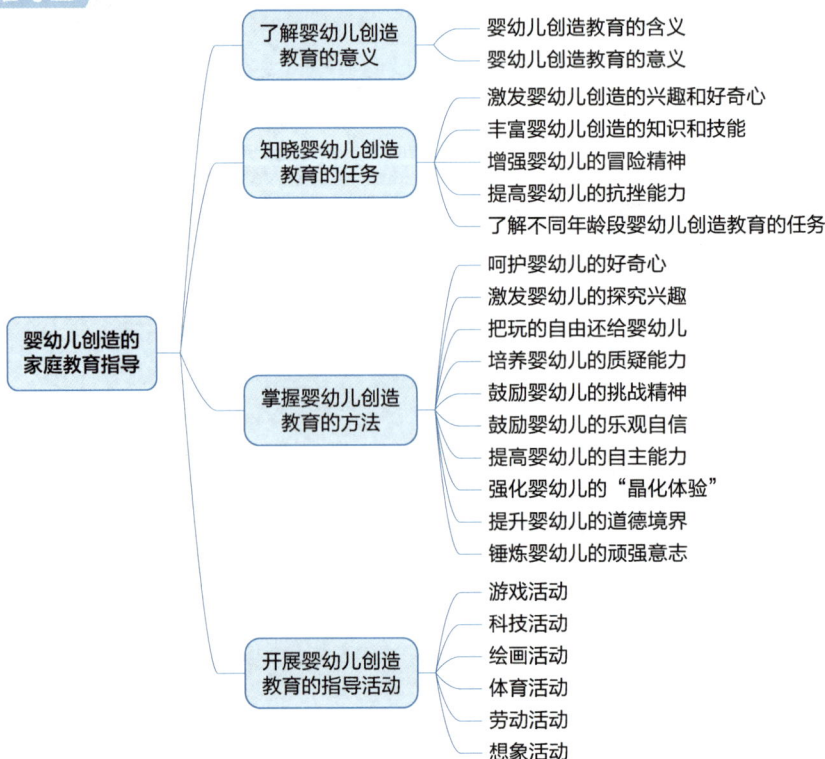

学习目标

- 识记：创造教育、婴幼儿创造的家庭教育指导。
- 领会：婴幼儿家庭创造教育的意义、方法。
- 理解：创造与创新的异同、婴幼儿创造教育的特点、家长指导对婴幼儿进行创造教育的重要意义。
- 应用：能指导婴幼儿开展游戏、科技、绘画、劳动、制作等多种活动。

模块描述

本模块略述了创造与创新的异同、婴幼儿创造教育等主要特点，并从婴幼儿自身发展和时代需要等方面论述了家长对婴幼儿进行创造教育的重要意义和操作方法。

思维导图

- 婴幼儿创造的家庭教育指导
  - 了解婴幼儿创造教育的意义
    - 婴幼儿创造教育的含义
    - 婴幼儿创造教育的意义
  - 知晓婴幼儿创造教育的任务
    - 激发婴幼儿创造的兴趣和好奇心
    - 丰富婴幼儿创造的知识和技能
    - 增强婴幼儿的冒险精神
    - 提高婴幼儿的抗挫能力
    - 了解不同年龄段婴幼儿创造教育的任务
  - 掌握婴幼儿创造教育的方法
    - 呵护婴幼儿的好奇心
    - 激发婴幼儿的探究兴趣
    - 把玩的自由还给婴幼儿
    - 培养婴幼儿的质疑能力
    - 鼓励婴幼儿的挑战精神
    - 鼓励婴幼儿的乐观自信
    - 提高婴幼儿的自主能力
    - 强化婴幼儿的"晶化体验"
    - 提升婴幼儿的道德境界
    - 锤炼婴幼儿的顽强意志
  - 开展婴幼儿创造教育的指导活动
    - 游戏活动
    - 科技活动
    - 绘画活动
    - 体育活动
    - 劳动活动
    - 想象活动

任务一　了解婴幼儿创造教育的意义

案例导入

爱迪生因为爱提"2+2为什么等于4"之类的问题,被老师认为"捣蛋鬼""糊涂虫"而被赶出学校。但他的妈妈颇有见地,认定爱迪生的失学是教师教育失当,并决定自己担起教育孩子的重担。当她发现孩子的兴趣后,又想方设法为他买来《派克科学读本》等名著,还为他在家里搞实验提供条件,使学习很差的爱迪生变得异常聪明起来。

案例思考

如果没有妈妈的宽容,爱迪生能够成长为日后的"发明之王"吗? 家庭创造教育的意义是什么?

一、婴幼儿创造教育的含义

(一) 创造

人类一直存在对超常人物的崇拜,创造被认为是天才的专利,近代自然科学取得迅猛发展以后,创造几乎成为科学家、发明家的同义词。实际上,创造有狭义、广义之分。狭义的创造,是从全社会范围来考察的,是指能导致诞生前所未有的新颖、独特、有突破性、具有社会意义的产品的活动。比如,科学创造就是创造新的知识,发现新的规律,或者形成认识世界和改造世界的新思想、新方法。从这一点上讲,创造显然是少数人的活动。广义的创造是指个人从事的活动,只要相对于自己的过去来说是新颖、独特的和具有突破性的就是创造,即使相对于全社会来说并非具有创造性。吉尔福特指出,几乎所有人都会有创造性行为,不管这种创造性行为是多么微妙或罕见。瑞士心理学家皮亚杰认为,婴幼儿要到14个月左右才开始有创造性,然而越来越多人坚信婴儿就已经表现出创造能力。本书对婴幼儿创造的定义侧重创造过程的发展,不以创造结果对社会的贡献和首创为标准。即使没有最终的产品,婴幼儿在创造性活动中的思想与行为(如探索材料、尝试不同方法等)也是创造。婴幼儿创造是经验的迁移和改造的过程,是发现问题、解决问题的过程,它主要通过各种创造性活动表现出来,如绘画、音乐、创编故事、手工制作、游戏、问题解决等。

(二) 创造与创新

创造的英语为 creation,创新为 innovation,二者不能混为一谈。创造力可以视为提出新想法,而创新则是指这些新想法在实践中的应用。因而,只有将创造成果(如发明)引入应用阶段,产生经济效益或其他某种价值,才是创新。应该说,没有创造,就不可能有创新,创新总是以创造为前提的。反之,没有创新,也不可能有创造成果的转化。因此,我们既要教会婴幼儿创造,又要引导他们创新。

(三)婴幼儿创造教育

陶行知先生在 20 世纪初就明确提出了创造教育,陶行知指出:"教育不能创造什么,但他能启发解放儿童创造力以从事于我们创造之工作。"本书中的婴幼儿创造教育主要是指以促进婴幼儿创造思维和创造个性品质充分发展为目的,设计、展开的系统化教育活动,是关注人的全面发展的教育,关注婴幼儿幸福的教育,在促进婴幼儿全面发展的基础上,使婴幼儿的创造性得到培养。

二、婴幼儿创造教育的意义

婴幼儿创造力的发展,有赖于家长的重视和培养。家庭的创造教育是一种开放式的教育,它以日常生活为基本途径,尊重婴幼儿独创性为前提,训练婴幼儿发散性思维为核心,培养创造型人才为目标。家长从孩子一出生开始,就应对其进行创造教育,以便促进孩子身心的健康成长,把孩子培养成为时代所需要的人才。

(一)有利于开发和激励人的创造潜力

婴幼儿天生具有创造力,然而,创造力是种脆弱的技能,很容易在早期夭折。婴幼儿创造思维的水平可以通过教育和训练得到发展。家长注意从小激发孩子的创造意识,训练孩子的创新素质,提高孩子的创造水平,强化孩子的创造欲望,能够促进孩子创造能力的进一步发展。爱迪生之所以能成为拥有两千多项发明创造的伟大科学家,是与其母亲重视其童年期的创造教育分不开的:对于孩子的独特想法和创新行为,母亲给予的是保护和支持,在家里的空地里,为孩子辟出一小块地方,使孩子能进行尝试和实验。反之,家长如果漠视孩子创造素质的培养,强求孩子按照非自然的模式成长,要求孩子循规蹈矩、老实听话、不越雷池半步,那就会阻碍孩子创造行为的产生,损害孩子心理的发展。例如,有位女孩子,在听到了关于"蚯蚓断成两节以后,还能成活,变成两条蚯蚓"的信息时,感到非常奇怪,便在家里的阳台上开展了自己的实验研究。母亲发现后,却责骂她是神经病,生气她把阳台搞得乱糟糟的,把她的实验品丢进了垃圾箱。母亲的这种做法,无疑会扼杀孩子好奇的心理和探究的精神,一个未来的发明家可能就此夭折。

(二)有利于培养和强化人的创新精神,培养创新创业时代所需要的人才

知识经济时代是一个充满创造力的时代,创新是"经济发展和社会进步的关键,是一个民族进步的灵魂,是国家兴旺发达的不竭动力",知识经济的核心就是要发挥人的创造性。21 世纪的激烈竞争,实际上是世界各国创造力的竞争,是创造型人才的创造速度和创造效率的竞争,在知识经济时代评价人才的一个最重要的指标就是"创造力",否则,就会失去生存与发展的起码条件。

中国人民大学附属中学的 12 名同学曾与中国科学院的科学家一起参与 20 世纪自然科学三大工程之一"人类基因组计划"的研究工作,撰写的科研论文不仅获得了全国青少年科技创新大赛一等奖,而且发表在世界权威杂志《自然》(Nature)上,这也是中国中学生的名字

首次出现在《自然》杂志上。事实证明,儿童的创造能力不容忽视。近年来,中国创造学会先后举办过全国创造学与创新素质教育研讨会、全国婴幼儿创造教育高峰论坛、全国小学创造教育高峰论坛、全国中学创造教育高峰论坛等。所以,家长应注意通过适宜的教育,开发婴幼儿的创造潜能,培养婴幼儿的创造素质,促进婴幼儿创造力的发展,使孩子成为时代和社会需要的人。

(三) 有益于我国学前儿童的家庭教育与国际接轨

进入 20 世纪后半期以来,世界各国都日益重视儿童创造能力的培养。日本 60 年代初开始培养儿童的创造力,进入 80 年代后更加重视。例如,1982 年成立了创造学会和创造开发研究所,对儿童的创造教育进行了一系列的研究。教育家乾侪认为培养创造型的人才要经历 3 个阶段:第一个阶段为启蒙时期,即 3～9 岁,这是人的创造力发展的基础阶段,要求成人注意激发儿童对自然现象和社会现象的好奇心,指导儿童学习、掌握发现问题的方法。德国把培养儿童的创造能力作为学前教育的一个重要目标。美国设有"创造教育基金会",大力资助培养儿童创造力的各种研究;1993 年《美国 2000 年教育目标法》中专设了培养儿童创造力的内容,增加了思维技艺、创造技艺、创造活动等课程。教育不仅要使儿童学会生存、学会学习,而且还要使儿童学会创造,这一观念已经成为世界各国学前教育界的共识。创造是人类生存和发展的手段,如果只会重复模仿而不会创造,人类就不可能进步,就不可能有更好的生存条件和更高的生活质量。

研究表明,儿童在学前期学习创造性思维技巧的效果比进入小学以后再来学习同样东西的效果更好。美国学者的研究表明,经过创造能力训练的儿童和未经过创造能力训练的儿童相比,在接受需要运用创造能力才能完成的任务时,前者的成功率比后者高出 3 倍。加德纳通过采用超常规思维、重构、复合等方法,对发展较为落后的儿童进行了实验研究,发现创造性思维训练能够大大提高这些儿童在创造性思维测试中的成绩。

因为学前儿童的家庭教育是整个学前教育的有机组成部分,所以家长尽早开发孩子的创造潜能,教给孩子创造的方法,培养孩子创造性思维的技巧,具有十分重要的意义,它也有利于我国的家庭教育与国际接轨。

任务二　知晓婴幼儿创造教育的任务

🌸 案例导入

星期天,妈妈带 3 岁的女儿和 8 岁的儿子去看电影、逛商场。他们走出商场时,3 岁的女儿提出要走另一条路回家。见妈妈没同意,她便使上孩子惯用的招数——赖在地上不走了,无论是妈妈劝,还是哥哥拉,她就是不起来,引来了不少行人的围观。妈妈无奈,只能依了女儿。小家伙一骨碌爬起来,迈开了小腿。妈妈在后边跟随,只一会儿工夫,就听见女儿说:"妈妈,到了。"妈妈定睛一看,已到了自家的屋后,那真是一条回家的捷径啊! 10 岁那年,女儿上中学了。学校离家有好长一段路,得乘电车。第一天,妈妈怕女儿下错车,就偷偷跟着女儿,想不到半路上被女儿发现了。女儿很生气地说:"别跟踪我,妈妈,别让同学以为我还是个娃娃。"随即下了车,改乘另一趟车上学去了。妈妈发现了女儿特立独行、不肯从众的个性,觉得应该改变的是自己,而不是女儿。无论是学习还是嬉戏,只要是女儿决定的,她不再干预,并给予支持和鼓励,使她那倔强好胜和另辟蹊径的个性得到了充分发展。

这个女孩叫芭芭拉·麦克林托克(Barbara McClintock),由她提出的"可移动遗传基因学说"荣获了诺贝尔生理医学奖。

❓ 案例思考

这位妈妈的做法对吗? 为什么? 婴幼儿创造教育的任务有哪些? 婴幼儿不同年龄段的创造性发展有什么样的特点?

图 6-1

婴幼儿家庭创造教育的任务不在于苛求孩子去发明什么、创造什么,而是要求家长着力于培养孩子的创造欲望、活力和创新行为。

一、激发婴幼儿创造的兴趣和好奇心

兴趣和好奇心是婴幼儿进行创造性学习的基础,是儿童进行发明创造的推动力。家长要注意引发孩子对周围事物的好奇和探究,萌发孩子的首创精神和创造热情,培养孩子的创造意识和创造力量,而不用任何外界的因素去压抑它,使孩子能更好地成长。例如,家长可向孩子提出"看一看金鱼缸里有哪些东西""除了有金鱼以外,你还看到了什么""金鱼是怎样游泳的""金鱼是怎样吃东西的"等问题,以激起孩子广泛观察的兴趣。

二、丰富婴幼儿创造的知识和技能

知识和技能,对婴幼儿创造能力的发展虽然没有直接的作用,但却具有间接的影响。"创造能力的促进与知识的获得是不矛盾的,两者是相互补充的。"家长在培养孩子创造能力的时候,要根据孩子的具体情况,丰富孩子的知识,培养孩子的技能,使孩子学会处理信息,掌握相应的技巧。比如,为了开阔儿童的视野,家长可定期带孩子去美术馆看画展,指导孩子如何欣赏世界。

三、增强婴幼儿的冒险精神

　　冒险是创造行为的一个自然组成部分,当婴幼儿表现出创造性的时候,通常总是带有某种程度的冒险性。家长要在相对安全的环境中,允许孩子去冒险,进行不同的尝试,以培养孩子创造的勇气。例如,在保障安全的前提下,父母要允许孩子从地上往床上跳,从沙发上往地板上跳。

四、提高婴幼儿的抗挫能力

　　创造活动不可能一次就取得成功,很可能要经过多次的尝试,因此,家长要培养孩子的耐心和毅力,使孩子能持之以恒地去做事。创造活动并非总会获得成功,不可避免地要遇到失败。所以,家长要帮助孩子正确对待失败,提高孩子的心理承受能力。例如,为了培养孩子"不获全胜决不罢休"的精神,家长可用激将法,如"我敢打赌,你遇到困难时,不能坚持下去",来向孩子发出挑战。

图 6-2

五、了解不同年龄段婴幼儿创造教育的任务

　　家长首先需要了解婴幼儿创造性发展的具体内容,才能更好地指导婴幼儿。婴幼儿创造性发展具体包括创造性个性发展和创造性思维发展,不同年龄阶段有不同的发展特点。

(一)创造性个性发展

1. 好奇心

小班:

(1)对周围的很多事物和现象感兴趣。

(2)经常问各种问题,或好奇地摆弄物品。

中班:

(1)喜欢探索生活中常见的熟悉事物。

(2)经常被周围的新事物所吸引,并注意观察新事物,经常问一些与新事物有关的问题。

大班:

(1)从受局限的日常生活中突破出去展开想象与探索。

(2)对自己感兴趣的问题喜欢寻根究底。

(3)经常动手动脑寻找问题的答案。

2. 自主性

小班:

(1)自己能做的事情愿意自己做。

（2）能根据自己的兴趣选择游戏或其他活动。

（3）在提醒下能遵守规则。

中班：

（1）自己的事情尽量自己做，不愿意依赖别人。

（2）能按自己的想法进行游戏或其他活动。

（3）能感受规则的意义，并能基本遵守规则。

大班：

（1）自己的事情自己做，不会的愿意学。

（2）遇到困难能够自己尝试解决而不轻易求助。

（3）主动发起活动或在活动中出主意、想办法。

（4）经常有目的地活动。

（5）理解规则的意义，尝试与同伴协商制定游戏和活动规则，并自觉遵守。

3. 挑战性

小班：

（1）喜欢承担一些小任务。

（2）愿意表达自己的需要和想法。

中班：

（1）敢于尝试有一定难度的活动与任务。

（2）敢于当众发表自己的看法。

大班：

（1）喜欢做新鲜的事情。

（2）主动承担有一定难度的任务，体验解决问题的乐趣。

（3）与别人看法不同时，敢于坚持自己的意见并说出理由。

4. 坚持性

小班：

经常在提醒或指导下完成任务。

中班：

（1）努力完成接受了的任务。

（2）在教师的鼓励下完成有一定难度的任务。

大班：

（1）认真负责地完成自己所接受的任务。

（2）主动克服困难，坚持把事情做完。

（二）创造性思维发展

小班：以重现生活中的某些经验或别人的描述而引起的再造想象为主；能够在情境中进行联想、表达；能够在启发下对常见模式进行简单模仿，如仿编儿歌；能够运用声音、动作、姿态模拟常见事物，运用简单材料表达自己想象的事物；在帮助下解决问题。

中班：创造性想象增加，常常在想象中加进自己的内容，如看图说话时能够加入原故事没有的情节;能够在原型基础上进行加工,产生新的事物,如仿编故事;能用多种形式表现自己观察或想象的事物;新事物的情节逐渐丰富,从原型发散出来的数量和种类增加;在引导下尝试自己解决问题。

大班:创造性想象普遍;初步不依赖于原型创造新事物,如创编故事;新事物的情节丰富,种类多样;灵活运用多种形式、多种材料表达自己想象的事物;尝试自主解决问题。

1. 流畅性

小班:在原型基础上进行模仿,数量不多。

中班:在原型基础上进行加工,数量增加。

大班:新事物数量丰富。

2. 变通性

小班:在原型基础上进行模仿,仅数量的增加,很少种类的变化。

中班:在原型基础上进行加工,种类增加。

大班:新事物种类多样。

3. 精进性

小班:对原型进行简单的改造,不太注意细节。

中班:在原型基础上进行丰富,有一定的细节。

大班:能够对新事物加入大量自己的内容,细节丰富。

4. 独创性

小班:仅对原型进行模仿,没有独创。

中班:对原型加工时,产生一些自己的想法,但基本上与同龄幼儿的想法一致,较少独创。

大班:新事物中有大量自己的想法,出现异于大多数人的想法,个别幼儿有独创性,但不是每个幼儿都会有。

任务三 掌握婴幼儿创造教育的方法

案例导入

据说爱迪生在 5 岁时,看到母鸡孵小鸡,就问妈妈:"鸡把蛋放在屁股底下坐着干吗呀?"妈妈告诉她,母鸡给鸡蛋暖和暖和,为的是孵小鸡。爱迪生想,母鸡能孵出小鸡,自己也一定能孵出小鸡来。于是,他找了几个鸡蛋,躲在邻家的仓库里,学着母鸡的样,蹲在鸡蛋上孵起小鸡来。在这个案例中,小爱迪生看到母鸡把蛋放在屁股底下坐着的时候,就会提出为什么;当他得知母鸡在孵小鸡后,他就会模仿母鸡,以致做出孵小鸡的"荒唐"事情来。爱迪生的妈妈不像其他人,对孩子的无聊问题不以为然,也没有任何的不耐烦,而是耐心地解释。

❓ 案例思考

爱迪生妈妈的做法,体现了婴幼儿创造教育需注意的哪些方面,请在学完本节内容后回答此问题。

吉尔福特说过,尽管有大量证据表明,一个人的能力水平在某种程度上是由遗传决定的,但是,也有许多证据表明,那些有助于创造性的特性是可以通过练习,通过控制和环境条件方面的种种变化而得到提高的。培养婴幼儿创造性人格,掌握婴幼儿创造教育的方法,必须注意以下方面。

一、呵护婴幼儿的好奇心

心理学研究表明,好奇心是孩子的天性。孩子能够独立行走以后,随着活动空间的扩大,好奇心也随之增加,无论见到什么物品都想用小手摸摸,用牙齿咬咬,甚至用舌尖去品尝一下滋味。他们见到任何新鲜事物,总是喜欢问为什么,一开始家长还能对他们的各种好奇的表现以笑相迎,但随着婴幼儿逐渐长大,家长就会限制他们的活动范围,甚至对婴幼儿提出的各种问题表现出很不耐烦、嘲讽、讥笑、打骂,严重摧残了孩子的心灵。特别是婴幼儿入园以后,他们要过集体的生活,必须遵守园所的各项规章制度,他们的言语受到约束,不再"童言无忌"了;他们的行为也受到限制,必须遵守园所的相关规定。因而,培养婴幼儿的创造性人格,家长要呵护好婴幼儿的好奇心。

图6-3

首先,认真对待婴幼儿的提问。只有当儿童对周围的世界充满了好奇,他们才会不断提出各种各样的问题。即使有些问题在家长看来非常幼稚,甚至是毫无意义的,但对婴幼儿来说却是一种探索,一种对世界的认知。他们正是带着这种好奇心来认识这个世界的。我们不应对婴幼儿的问题置之不理,简单问题可以直接回答,复杂问题可以鼓励婴幼儿注意事物之间的关系,通过观察对比得出答案。有些问题暂时回答不了,也应该跟他们说清楚,比如"这个问题现在你还理解不了,上中学以后才能学到"。最重要的是,千万不能因为自己不懂而传递错误的知识,我们可以告诉儿童,等自己查阅相关资料以后再告诉他正确的答案。如果婴幼儿的每一次探寻,遇到的都是家长的"不可能""无意义"或者"无聊"的断语,那么,他们的创造之火就会慢慢熄灭,就很难形成可贵的创新精神。

其次,理解婴幼儿的好奇心。有些婴幼儿喜欢拆家里的东西,不是因为他们爱搞破坏,也不是跟父母过不去,而是因为他们有强烈的好奇心和探究兴趣。对此,我们不该责骂,更不应该惩罚。有一次,一位朋友的夫人来看著名教育家陶行知,说她的孩子把一块新买的金表拆坏了,她非常生气,狠狠地揍了孩子一顿。陶行知听了,幽默地说:"恐怕一个中国的爱迪生被枪毙了。"他告诉朋友的夫人,这种行为是婴幼儿创造力的表现,解放婴幼儿,就得让他有动手动脑的机会。"那我现在该怎么办呢?"听了老师的话,这位夫人感到有些后悔。"补救的办法还是有的,"陶行知说,"你可以和孩子一起把金表送到钟表铺,让孩子站在一旁,看修表匠如何修理,这样,修表匠成了先生,你的孩子就成了学生,修表费成了学费,孩子的好奇心就得到了满足。"陶行知之所以能够成为著名教育家,一个很重要的地方就是他理解婴幼儿的好奇心,支持孩子的创造性行为。

最后,创设满足婴幼儿好奇心的环境。随着婴幼儿探索范围的扩大,教师应该带着学生走出教室,走出校园,去野外观察天气的变化、花木的生长、河道的变迁,在大自然中进行观察记录和科学探究;也可以多带他们去动物园、植物园、博物馆乃至农场、企业、银行、报社和电视台,放手让他们去探索、去发现,培养他们对自然和社会研究的兴趣。

二、激发婴幼儿的探究兴趣

兴趣是指人对某一特定客体所产生的心理倾向性的积极态度。它在创造心理活动中具有发动性、驱动性和指向性,能激发人的创造心理,使人进入愉悦、紧张的心理状态,从而促进创造心理活动的功能实现。兴趣是创造的动力、成功的先导。科学家的创造性成果,无一不是在对所研究的问题产生浓厚兴趣的情况下所取得的。有人问丁肇中教授搞科研苦不苦,他说一点也不苦,正相反,觉得很快活,因为有兴趣,急于要探索物质世界的奥妙。所以,家长在平时要善于激

图 6-4

发孩子的探索兴趣,利用孩子的探索兴趣,吸引他们去思考、去探究、去创造。此外,还要大力开展课外亲子阅读。科学探究需要实验,更需要阅读,婴幼儿在课外阅读中可以开阔视野,发现问题,感受科学探究的乐趣。

图 6-5

三、把玩的自由还给婴幼儿

爱玩、爱动的婴幼儿,或许每天会让你烦恼、生气。我们常常会看到孩子们在地上玩泥巴、做游戏,不亦乐乎。也常常听到父母责怪:"这么脏,不准玩!"然而,玩是天下所有孩童的天性。在游戏中,孩子们基于他们天生的嗜好来玩耍,他们以自己独特的方式四处游逛,进行探险,认识世界,体验生活,表现出极大的创造性、原发性

和好奇心。美国心理学家艾曼贝尔指出,至少对儿童来说,在工作之前,参加好玩的、幻想性的活动,能培养高水平的创造性。婴幼儿并不仅仅是玩,他们就是生活在游戏中,作为生活,他们的游戏有着极大的灵活性,是随时随地超越时空的。婴幼儿就是通过玩、通过游戏建立起通向未知的道路,通向此时此地以外的领域。正是在充分的玩乐中,他们积淀了人生的阅历。鲁迅先生若不是童年迷恋农村"玩"的那段经历,岂会知道农民是毕生受着压迫的,有很多苦痛,又岂能写出意蕴如此之深的《呐喊》和《故乡》呢!

童年时代,鲁迅常跟母亲住到绍兴乡下的安桥头外婆家。鲁迅喜欢那里,他把那里看作为自由的天地,崭新的世界。因为在这里不仅可以免读晦涩的四书五经,还可以同农民的孩子自由自在地生活在一起,到密如蛛网的河面上去划船、捉鱼、钓虾,或者到岸上去放鸭、牧羊、摘罗汉豆,呼吸新鲜空气。每逢村子里演社戏的时候,鲁迅就和小伙伴们一起学习演戏、扮小鬼,涂上鬼脸手持钢叉跃上台去,愉快地玩耍着……

农村对少年时代的鲁迅是很有吸引力的。在这片自由的天地里,鲁迅不仅学到了许多社会知识和生产知识,还和农民家的小伙伴建立了深厚的友谊,逐渐了解了农民勤劳、质朴的性格,同时也看到了旧社会阶级压迫、阶级剥削的血淋淋的事实。这些深刻体验成为他长大后进行文学创作的原材料。我们每个人都是伴随着游戏成长起来的:捉迷藏、打仗、过家家、玩泥沙、玩积木……每一项都是婴幼儿心仪的。任何形式的玩耍均是一种智力活动,不能以成人的眼光来衡量儿童做的游戏,也许孩子的游戏在大人眼中是低级的,但在他们眼中是有趣的,是他们想象力释放的最好方法。因此,我们要尽可能地把玩的自由还给孩子,多给他一个空间,让他自己往前走;多给他一点时间,让他自己去安排;多给他一个条件,让他自己去锻炼;多给他一个问题,让他自己找答案;多给他一个困难,让他自己去解决;多给他一个权利,让他自己去选择;多给他一个题目,让他自己去创造!

四、培养婴幼儿的质疑能力

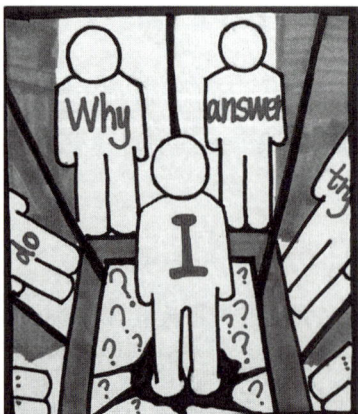

图6-6

北京师范大学校长董奇教授认为,创造型儿童应该是敢于标新立异、逾越常规的。而质疑就是标新立异、逾越常规的前提,可以说质疑精神是创造的一个基本素质。只有敢于质疑、提出疑问才能逾越常规,推翻陈旧的体系,建立新的体系,科学才能发展。如亚里士多德关于物体下落快慢与重量成正比的论断统治了世界达两千多年之久,由于伽利略敢于质疑进而进行了推理和实验,创立了自由落体定律。所以说,质疑是创造的起点。作为家长,我们要时常激励孩子去怀疑权威、怀疑课本、怀疑教师,鼓励孩子发现课本中的错误,勇于向权威挑战。

五、鼓励婴幼儿的挑战精神

科学研究重要的是做别人没有尝试过的事,更重要的是做别人做过却存在着争议的事,没有一点挑战精神绝对是不行的。但心理学家发现,创造力高的学生常常因发表"奇论""高见"而被老师与同伴视为"顽皮""淘气",直接导致他们在别人的负面评价中退缩。了解到这一点,作为父母,我们要告诉婴幼儿,既然是挑战,就有可能成功,也有可能失败,即使失败,也虽败犹荣,因为你向真理迈进了一步。同时,我们也要创造出一种自由而安全的家庭宽松氛围,解除孩子的思想顾虑,使其创造潜能能够得到充分发挥。

六、鼓励婴幼儿的乐观自信

尽管已有多位华裔科学家荣获诺贝尔奖,但杨振宁却一直为人津津乐道,除了他是首位获奖者,还有一个重要原因就是他在科研、生活乃至演讲中都充满了自信心和乐观精神。看看他的童年时代,就不难发现,这份乐观与自信由来已久。

杨振宁出身于安徽合肥。2岁的时候,父亲杨武之赴美留学,母亲从此担负起照顾和教育他的重任。杨振宁4岁母亲开始教他认字,一年多时间他就认识了3 000多个字。5岁的时候,杨振宁和大家庭中的兄弟姐妹一起,跟着一位老先生读《龙文鞭影》,居然很快就背得滚瓜烂熟,老先生非常高兴,夸他"前程不可限量"。

1928年,父亲杨武之从芝加哥大学拿到博士学位后回国,先在厦门大学任教一年,次年被清华大学聘为数学系教授。杨振宁对在清华园中度过的童年记忆犹新:在我的记忆里,清华园是很漂亮的。我跟我的小学同学在园里到处游玩,几乎每一棵树我们都曾经爬过,每一棵草我们都曾经研究过。

尽管杨振宁十分淘气,但他非常聪明,领悟能力很强。上初二时,他在学校的小图书馆里偶然发现了一本《神秘的宇宙》,书中介绍的一些物理学最新的现象与理论,使他对物理学产生浓厚的兴趣,回家以后就对父亲高声宣布:"爸爸,我长大了要争取得诺贝尔奖!"父亲欣喜地看到儿子的过人见识和超群智慧,慈爱地看着他:"好好学吧!"

升入初中以后,杨振宁显示出更强的学习能力。他和好朋友经常在家里做功课,还自办了一本小刊物《赤子之心》,也尝试做些物理、化学、生物小实验,比如在玻璃瓶中养蚂蚁,研究蝌蚪、蚯蚓和蜻蜓。他还用饼干盒自制过一台幻灯机,为弟妹们放映幻灯,小小庭院中飘出的欢声笑语让邻居们非常美慕。身为教育家的父亲对儿子的成长颇感欣慰,觉得"孺子可教"。

培养婴幼儿的创造性人格,就必须让他们拥有积极乐观的心态,让他们充满自信。首先,家长要善于营造有利于创造的宽松环境,为婴幼儿的自主创新提供足够的空间,为他们设置有适当难度的问题,鼓励他们以乐观的态度去迎接挑战。其次,要积极鼓励他们参加群体活动,只有在跟同龄人的比较中,孩子才能发现自己的长处和闪光点,只有不断地肯定自己,才能真正地树立自信心。最后,我们还应该清醒地认识到,自信就像温室中的幼苗,应当得到精心的保护。作为父母,千万不要轻易地对孩子说"你不行""你怎么那么笨""我从来没见过你这么蠢的孩子"。如果我们一会儿在保护婴幼儿的自信,一会儿又在伤害婴幼儿的自信,或者父(母)亲在保护婴幼儿的自信,母(父)亲却在伤害婴幼儿的自信,这种不一致的教育就不会取得成效。

七、提高婴幼儿的自主能力

美国心理学家霍华德·加德纳（Howard Gardner）曾于 20 世纪 80 年代访问中国，试图了解中西方教育文化的差异。在南京的一家宾馆，他看到一名中国幼童试图自己打开房门，但他的父母却好心地阻止了他的尝试。他发现，中国的父母倾向于自己替孩子开锁，或者直接告诉他开锁的方法。而加德纳教授认为，在相同的情况下，美国父母的典型做法是，允许、鼓励孩子的尝试和探究，不会像中国父母那样出于爱心而急于"帮助"。对待儿童尝试开锁的不同态度，恰恰表现了两个民族不同的教育观念。加德纳教授的发现是很准确的，无论是家庭教育还是学校教育，我们都喜欢大包大揽，尽可能什么都替孩子想好、做好。北京市海淀区中小学生创新能力发展的学校环境现状的调查显示，在研究性学习的开展中，学生研究自己提出的问题的情况非常少，小学仅为 9.4%，初中为 10.6%，高中为 17.3%。相反，由老师指定研究性学习活动的选题却非常多，其比例小学为 64.8%，初中为 53.0%，高中为 42.6%。从表面上看，这是对学生的爱护，实际上却无意中剥夺了他们自主性发展的机会，长此以往会让他们丧失独立性和责任感。创造本身要求的就是新颖性和独特性，现在建设创新型国家更是提倡自主创新，我们必须加强儿童自主发展能力的培养，在生活方面要更多地培养儿童的自理能力，在学习方面要更多地培养儿童的自主学习能力，在创造发明方面要更多地培养儿童的自主创新能力，将创新的权利还给儿童，或许他们就会带给我们一个更好的未来。

八、强化婴幼儿的"晶化体验"

哈佛大学加德纳教授在对弗洛伊德、爱因斯坦、毕加索等 7 位创造大师进行了系统研究之后发现，除了毕加索，没有一人是典型的天才儿童。即使童年时代拥有超凡的绘画能力，毕加索也是一个让人跌破眼镜的学生，他厌恶上学，想尽办法逃学，即使被迫上学在班级里学习成绩也很差。在加德纳研究的每一个个案中，有些人一旦进入自己所选择的专业，他们就能够奇迹般地表现出超常的能力。尽管他们投身专业的时间有所不同，可能是婴幼儿，也可能已经成年，一旦投身其中，他们的进步幅度就陡然直上，并迅速达到专业的顶峰。因此，加德纳确认年轻人发展进程中有一个转折点或"晶化体验"（crystallizing experience）。正是在这个关键时刻，他们追寻自己的心智集聚或自觉地指向一个明确的目标，由于知道自己此生要做什么而得到动机和目标感，于是突然投入到一个专业，直至发展到越来越高的水平。

九、提升婴幼儿的道德境界

道德创造力是做出或者发现新的有道德价值的产品（见解、方法和结果）的能力。近年来，无论是韩国首尔大学黄禹锡的学术造假事件，还是日本理化学研究所小保方晴子的研究丑闻，都一再提醒人们必须关注道德创造力问题。在中国，也有一批高学历的贪腐官员纷纷落马。这都提醒我们，婴幼儿创造教育更应提倡"立德树人"，这是教育的根本任务。

当今中国正处在大发展大变革的重要时期，面对前所未有的机遇和挑战，我们应该在婴幼儿创造教育上找到道德和创造的链接点。一方面，道德始终在创造教育中处于弱化状态。我们的创造教育不但要教婴幼儿创造理念、创造性思维、创造技法，还要教他们创造道德。如果创造缺乏道德的修炼和约束，我们培养的创新人才可能是有责任感的，也可能是没有责任感的;可能是亲社会的,也可能是反社会的;可能是亲人类的,也可能是反人类的。因此,我们应积极建构"道德型创造教育",以道德教育改进创新人才的早期培养,充分发挥道德对婴幼儿创造的引领和制约功能。另一方面,我们的道德教育教婴幼儿伦理规范、公民道德、法制和纪律,但有时却忽略了婴幼儿道德创造。如果缺乏了道德创造力,我们培养的未来公民可能具有良好的道德认知,却未必具有崇高的道德理想;他们可能会刻板地遵从道德标准去评判是非,却未必能够在真实的道德情境中进行道德选择;他们可能会很好地维护道德传统,却未必能应对全球化进程中的道德变迁。这样的人才往往受教育的水平越高,越难实现道德力量的超越。所以,我们要积极推进"创造型道德教育",以创造教育滋养道德文

图 6-7

化,从而提升婴幼儿的道德境界。总之,推动婴幼儿道德教育与创造教育的互动和融合,既是思想道德建设的重大工程,也是创新人才培养的重大工程。

十、锤炼婴幼儿的顽强意志

坚强的意志具有巨大的创造力量。创造不是游戏,不可能一帆风顺,会存在各种各样的障碍和困难需要去克服,人的精神处于高度紧张状态,在这种情况下,意志因素起着异常重要的作用。而作为意志活动的目的性、顽强性、果断性和自治性品质,需要我们家长从小来培养婴幼儿。

任务四　开展婴幼儿创造教育的指导活动

案例导入

《爱因斯坦传》中披露,有一次,爱因斯坦父亲问训导老师,自己的儿子将来应该从事什么职业,这位主任直截了当地说,做什么都没关系,你的儿子将来是一事无成的。后来,这位训导主任干脆向爱因斯坦宣布,由于败坏班风、不守校纪,他被勒令退学了。但之后,爱因斯坦以令人难以置信的速度和惊人的创造力,完成了 5 篇具有跨时代意义的科学论文,成为 20 世纪最伟大的科学家。

案例思考

如果你是爱因斯坦的父母,在家庭中应该如何开展创造教育活动?

婴幼儿对丰富多彩的活动非常感兴趣,父母要想把孩子培养成一个充满创造力的人,就应该鼓励孩子多运用想象力,发表独特见解,提高独立思考的能力;多尝试事物,开展各种活动,运用独特的方法进行实验研究,发展创新能力。

一、游戏活动

游戏是孩子最喜欢的活动,孩子越年幼,家庭创造教育的活动就越应有游戏的成分。家长和孩子一起玩的游戏活动多种多样,常见的有以下六种。

图6-8

(一)角色游戏

在游戏前,家长先鼓励孩子说出想玩什么主题的游戏,是"图书馆"还是"超市";再让孩子先挑选自己想扮演的角色,是"图书管理员"还是"读者",是"收银员"还是"顾客"。在游戏过程中,当出现问题时,要引导孩子自己想办法去解决。例如,在"超市游戏"中,当妈妈这个"顾客"向孩子这个"收银员"提出要买"袋装花茶"而"超市"里又无货时,孩子这个"收银员"便去问爸爸这个"值班经理"要怎么办。"值班经理"告诉"收银员":你很聪明,只要自己开动脑筋,就能找到许多办法。在游戏结束后,家长要表扬孩子独立解决问题的精神。比如,"顾客"高兴地对"值班经理"说:"今天的收银员真能为顾客着想,他记下我家的电话号码和地址后,要我先回家,在家里等着,一会儿,他就让快递员给我送来了。"

(二)结构游戏

家长和孩子一起拼拼搭搭,用不同的材料和方式进行平铺、堆叠、架空、围合等,组成不同的物体。例如,全家人面对一堆废旧物品,爸爸用几个牛奶盒、几节旧电池搭成一座"南浦大桥",妈妈用几个饮料罐、几根吸管搭出一个"水果花篮"以后,先鼓励孩子自己选择材料拼搭喜欢的东西,如用几个牙膏盒和果冻盒搭建"虹桥机场",再要求孩子用爸爸、妈妈的材料建构出不同的物体,如"外滩""人民广场"等,或用不同的材料搭建出与爸爸、妈妈相同的物体。

(三)表演游戏

家长和孩子一同对有趣的童话、故事、诗歌进行改编、创编、表演,按照一定的角色和内容进行游戏。例如,在表演诗歌《小石榴》时,爸爸、妈妈和孩子一起制作"石榴娃娃""太阳公公"的头饰,由孩子扮演"石榴娃娃",妈妈扮演"太阳公公",爸爸担任"报幕员"和"讲解员"。通过表演,发展孩子用不

图6-9

同的动作和体态来表现思想与情感的能力。

(四) 智力游戏

通过生动有趣的游戏,丰富孩子的知识,发展孩子的创造力。家长可以和孩子一起猜谜语,既可以是家长讲谜面,孩子猜谜底,也可以是孩子讲谜面,家长猜谜底。例如,外公说出"抓住它的尾巴,伸进我的嘴巴,刷出泡沫白花花,牙齿干净乐哈哈"的谜面以后,启发外孙猜出它的谜底是"牙刷"。家长还可和孩子一同下棋,既可是买来的现成的棋,也可以是孩子自己设计的棋。例如,一名5岁的小男孩,他自己制造了一套交通棋,棋盘是从家到幼儿园的线路图,棋点是公交车所要停靠的站名、十字路口的红绿灯,棋子是酸奶瓶,色子是在果冻盒上贴上数字1~4,棋规是:当掷出数字的目的地是站名时,就可前进,而掷出数字的目的地是红绿灯时,则要后退。

(五) 音乐游戏

在音乐和歌曲的伴奏、伴唱下,家长和孩子一起游戏,以提高孩子的音乐感受能力。例如,在演唱《绿色的家》(小树是绿色的家,住进了小鸟娃娃,小鸟唱歌给小树听,小树笑啦,小树笑啦。沙沙沙,沙沙沙)这首歌曲时,可由妈妈弹琴,孩子唱歌,也可由孩子边唱边弹。

图 6-10

(六) 体育游戏

家长通过和孩子一起游戏,使孩子的动作得到发展,体力得以增强。例如,妈妈做"老鹰",爸爸做"鸡妈妈",孩子做"鸡宝宝",全家人一起玩老鹰捉小鸡的游戏。

二、科技活动

图 6-11

近年来,我国公民科学素质水平实现快速提升。公众科学素养是一个国家参与综合国力竞争的基础,在国家经济、文化、科学技术迅速发展的今天,家长注意通过科学活动,从小培养孩子的科学素养和创造精神就显得十分重要。

在孩子的眼里,世界充满了神奇,家长要尊重孩子,理解孩子,认识到孩子充满稚气的问题可能是创新的萌芽。家长首先要为孩子创设开展科技活动的条件:保证活动的时间,不使"背唐诗""认汉字""学外语""弹钢琴""练书法"填满孩子的整个生活;开辟活动的空间,让孩子有一席之地做自己想做的事情;提供活动的材料,比如,给孩子一些边角木料、废纸、胶水、尺子、线圈、线笔、钉子、小锤子、锯子,使孩子有可能敲敲打打、钉钉粘粘,制作"飞机""火车""火箭""风筝"等。

其次,家长要引导孩子进行科学小实验。例如,双休日的早晨,父母让孩子把自己的小袜子洗一洗,分别晾晒在不同的地方:一只晾放在卫生间里,另一只晾放在阳台上,到晚上时,要求孩子看一看、摸一摸两只袜子是否都干了,比一比、想一想,为什么晾在卫生间里的那只袜子未干,而晒在阳台上的那只袜子却干了。

再次,家长要支持孩子的独立实验。随着孩子的日益长大,独立性逐渐增强,会自发进行一些科学实验,对此,家长应给予关心和爱护。例如,孩子打开水龙头,使浴缸里盛满水,然后把肥皂、肥皂盒、纸船、海绵、卫生纸、明信片、筷子、饭勺、盘子、鞋子等众多不同的物体置入其中,想看看它们在水中会有什么样的表现时,父母不应责怪孩子,而要肯定孩子的探索行为,使孩子能自己发现筷子等物体会一直浮在水上,肥皂等物体会很快沉入水底,而纸船等物体则是先浮在水面上,然后才沉到水底下。

最后,家长要和孩子一起开展科学研究。父母参与科学实验,成为孩子的伙伴,会强化孩子对科学活动的兴趣。例如,选择一个有风的日子,带领孩子外出放风筝、推风车,让孩子感受到风使风筝飞上了天,使风车转得更快,冬天的风使人觉得寒冷,夏天的风使人觉得凉快,明白风既能给人们带来好处,同时也能带来不利影响的道理。

三、绘画活动

绘画活动是婴幼儿从事创造的重要活动。在孩子进行绘画之前,家长尽可能不要为孩子提供各种范例,或硬性要求孩子画得和范例一样,以免阻碍孩子创造想象的迸发;在孩子进行绘画的过程中,家长要有耐心,注意观察,不要指手画脚,急于询问孩子"画的是什么",更不能要求孩子按照家长的意愿来画,以免干涉孩子绘画的过程;在孩子绘画活动结束以后,家长应让孩子讲一讲自己的作品,要从孩子的画面是否有新意而不仅仅是从清晰度、整洁度上来评价作品的优劣。例如,孩子画好了一棵站立的青菜以后,又在旁边加了一团黑色,妈妈觉得这团黑色把画面搞得脏兮兮的,她压住火气,指着这团黑色,问道:"这是什么?"儿子答:"这是青菜的影子。"妈妈听后恍然大悟,庆幸没有把儿子的创造性给扼杀掉。

此外,家长还要尽量多地带孩子去美术馆参观、去画廊看画展,到街头、公园、乡村去写生,拓宽孩子的视野,引发孩子的创作灵感;在家里为孩子举办画展,用孩子的作品来装扮孩子的居室和家庭的客厅,强化孩子艺术创作的行为,形成孩子创造的习惯。

四、体育活动

家长鼓励孩子运用头部、肩部、臂部、臀部、腿部等部位的大肌肉动作,进行创造性活动。例如,让孩子在家里的沙发垫子上往下跳,在阳台上举纸板箱,在庭院里扔皮球;在小区里骑三轮车,在草地上奔跑,在土地上挖隧道;在儿童乐园里荡秋千,滑滑梯,爬攀登架;在动物园里模仿动物的动作和姿势等。

家长还可鼓励孩子利用手指、手掌等部位的小肌肉动作,进行创造性活动。例如,让孩子捏爆水果的泡沫网套、剪吸管、搓塑料绳、编包装带、折纸、缝扣子、给瓶子盖盖子、替玩具娃娃穿衣服等。

五、劳动活动

婴幼儿家庭创造性的劳动活动包括孩子的自我服务、为父母服务和为家庭服务等方面的活动。在孩子的自我服务活动中，凡是孩子力所能及的事情，家长都要让孩子自己的事情自己做，解放孩子的手脚，并鼓励孩子想出不同的办法去做。例如，吃冰激凌时，父母启发孩子可用手端着吃，也可放在桌上吃；可用小勺和筷子吃，用吸管吸，也可直接张开嘴巴去吃。

图 6-12

在为父母服务的活动中，家长要培养孩子基本的劳动技能和爱心，鼓励孩子开动脑筋，寻找出不同的劳动办法。例如，带四五岁的孩子到公共浴室去洗澡，父母在请孩子为自己搓背的时候，要指导孩子总结出搓背的各种方式：从上往下搓，从下往上搓；从左往右搓，从右往左搓；从中间往外围搓，从外围往中间搓等。

在为家庭服务的活动中，家长要帮助孩子建立全局观念，提高孩子与人合作的能力，探寻劳动的最佳办法，达到事半功倍的效果。例如，在擦玻璃门、玻璃窗时，父母可先让孩子思考：如何使玻璃变得更明亮？然后再让孩子分别用手掌、塑料袋、报纸、卫生纸、毛线、抹布等去擦门与窗，有的地方用水去擦，有的地方用清洁剂去擦，而有的地方实行干擦，最后要求孩子进行比较，看看哪一种擦法最干净，且耗时最少。

六、想象活动

图 6-13

家长经常和孩子一起开展想象活动，让孩子展开想象的翅膀，自由地去翱翔。孩子的创造设想来自日常的生活和学习，家长要以此为基础，去引导孩子的想象活动。例如，带孩子去菜场买菜，当看到黄瓜时，父母可鼓励孩子说一说黄瓜看上去像什么，当孩子说出"像鳝鱼"以后，父母还应激励孩子继续往下说，说得越多越好，如"除了像鳝鱼以外，它还像什么？""除了像茄子以外，它还像什么？"等等，使孩子能从不同的角度去看黄瓜、说黄瓜。

家长要有计划地为孩子提供一定的材料，让孩子"见物思情"，发展想象力。例如，给孩子一块肥皂以后，父母可问孩子：能用这块肥皂干什么？引导孩子说出：作为生日礼物，送给爷爷；作为画笔，在地上画画；作为材料，在上面雕刻；作为空气清香剂，挂在卫生间里等。

家长还要利用偶发事件，培养孩子的创造想象。例如，电话铃响的时候，可先让孩子猜一猜：这个电话可能是谁打进来的？然后再接通电话。还可让孩子按免提键，一边听着人们的谈话，一边猜测打电话的人现在可能穿什么式样、什么颜色、什么质地的衣服，面部表情如何，体态又怎样等。

拓展阅读

教育应助力儿童想象力的发展

三 同步实训

婴幼儿创造教育家庭指导实训

1. 实训目的

加深学生对家庭婴幼儿创造教育的认识。

2. 实训安排

（1）学生就家庭创造教育搜集资料，制作 PPT。

（2）小组讨论、总结。

3. 教师注意事项

（1）由案例导入婴幼儿的家庭创造教育。

（2）提供一些网络资源，供学生讨论。

4. 评价标准

表现要求	是否适用	已达要求	未达要求
外在表现（参与度、讨论发言）			
资料收集的全面程度			
PPT 制作的适宜和完整程度			

四 教学做一体化训练

在线练习

一、重点名词

1. 创造

2. 创造教育

3. 创新

二、课后讨论

1. 婴幼儿家庭创造教育的主要任务是什么？

2. 在对婴幼儿进行创造教育时，家长应遵循哪些原则？

三、课后自测

婴幼儿家庭可以开展哪些活动来提高孩子的创造性？

课后推荐

图书:

1.《大师的创造力:成就人生的 7 种智能》([美]霍华德·加德纳著,沈致隆,崔蓉晖,陈为峰译)

2.《创新人才与教育创新研究》(林崇德等著)

3.《学习中的创造》(程胜编著)

4.《创造教育学导论》(谭小宏主编)

5.《让创造成为习惯》(张军瑾主编)

模块七
婴幼儿素质的家庭教育指导

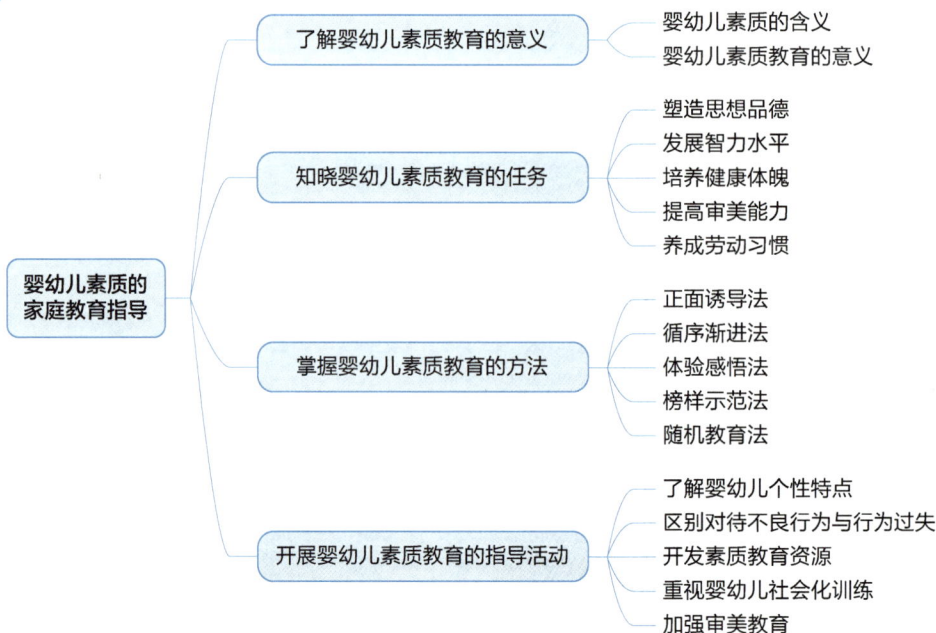

任务一　了解婴幼儿素质教育的意义

案例导入

19世纪著名的物理学家、数学家麦克斯韦很小的时候,有一次父亲叫他画静物写生,对象是插满秋萝的花瓶。麦克斯韦画完交卷的时候,父亲拿过他的画,边看边笑了起来。因为满纸涂的都是几何图形:在麦克斯韦的笔下,花瓶是梯形,菊花成了大大小小的圆圈,叶子则用一些奇奇怪怪的三角形表示。细心的父亲立即发现小麦克斯韦对数学特别敏感,就开始教他几何学和代数,培养他的数学才能。从此他和数学结下了不解之缘,在未满15岁时,就写了一篇数学论文,发表在最高学术机构的学报——《爱丁堡皇家学会学报》上。后来又专攻数学物理,成了对物理学最有影响力的物理学家之一。

图7-1

案例思考

1. 父亲是如何发现麦克斯韦的数学天赋的? 父亲的教育对他的一生产生了什么样的影响?

2. 通过这个故事,讲一讲:你认为什么样的婴幼儿期的教育才是好的教育?

一、婴幼儿素质的含义

(一) 素质的概念

素质是指事物本来的性质以及其品质、质量等,人的素质即人所具有的维持生存、促进发展的基本要素。它以人的先天遗传为基础,在后天因素影响下形成并发展起来的内在的、相对稳定的身心组织结构及其质量水平,主要包括生理素质、心理素质和社会文化素质等。

(二) 婴幼儿素质的内容

我们把婴幼儿的素质结构也按生理层面、心理层面、社会文化层面来划分,具体包含以

拓展阅读

婴幼儿素质结构图

下内容。

1. 生理素质

（1）身体形态：指体格、体形和姿势的发育状况。体格包括人体的身高、坐高、体重、胸围、肩宽等方面；体形指人体各部分的比例；姿势指坐、立、行的姿势，通过人体脊柱弯曲的程度、四肢的形状等来体现。

（2）生理机能：指人体在新陈代谢作用下，神经系统、循环系统、呼吸系统、运动系统等各种器官系统的工作能力，通常以脉搏、肺活量为指标。

（3）运动能力：包括运动时表现出来的速度、耐力、力量、灵敏、协调、柔韧等素质和跑、跳、投、攀、爬等初步运动能力的水平。

（4）对外界环境和外部刺激的适应能力：如抗热、抗寒、抗病能力等。

2. 心理素质

（1）智力因素：主要包括注意力（广泛性、持久性、稳定性等）、观察力（深刻性、敏锐性、全面性等）、记忆力（巩固性、灵活性等）、想象力（丰富性、开拓性、新颖性）、思维力（逻辑性、多维性、批判性、独创性等）。

（2）非智力因素：主要包括情感（初步的爱心、同情心、责任心）、意志（如抗耐性、顽强性、坚毅性、果断性、自制力等）、性格（自信、自尊、自立、自强、自律、自爱，以及勤俭、谦让、诚实、勇敢、活泼开朗、积极进取的精神）。

3. 社会文化素质

（1）科学素质：有初步的自然与科学知识。

（2）语言能力：具有一定的词汇量，具有接受、理解、表达语言的能力；结合生活与实物认识一些汉字的能力；有阅读婴幼儿读物的兴趣、习惯。

（3）道德素质：包括人们学习、工作、生活的各个方面，大致包括应该爱祖国、爱集体、爱劳动的认识，具备基本的社会公德等方面。

（4）审美素质：初步体验、感受与理解自然界、社会、艺术中美好的情感与事物；具有初步表现美的愿望与能力（唱歌、跳舞、绘画、泥塑、朗读等）；具有初步辨别美丑的能力（判断与选择的能力）。

（三）婴幼儿素质教育的含义

1. 素质教育的概念

既然素质是先天遗传和后天因素的结合，那素质教育就是通过科学的教育途径，充分发掘人的先天条件，提高人的各种素质水平，并使其按照社会要求的目标，最大限度地使其得到全面、充分、和谐发展的教育。

2. 素质教育的提出

自改革开放以来，党和国家始终把提高全民族的素质作为关系社会主义现代化建设全局的一项根本任务。1999 年，中共中央、国务院印发了《关于深化教育改革全面推进素质教育的决定》（以下简称《决定》），对全面实施素质教育进行了部署，把素质教育提高到事关国家发展大局的重要地位，标志着素质教育进入全面实施。

素质教育观念契合了当今国际社会关注的教育质量问题。从 2000 年 4 月达喀尔论坛把全面提高教育质量作为教育发展的目标,到 2003 年 9 月联合国教科文组织第 32 届大会的教育部长圆桌会议的主题"有质量的教育",再到 2004 年 9 月联合国教科文组织第 47 届国际教育大会主题"面向所有青年的优质教育",可以清楚地表明,全面提高教育质量,发展优质教育,是当今世界基础教育领域的普遍追求。教育质量概念,与学习者综合素质水平密切相关。素质教育目的就是促进学生在综合素质方面的全面发展。

3. 我国素质教育的内涵

《决定》中指出了素质教育的内涵,即全面贯彻党的教育方针,以提高国民素质为根本宗旨,以培养学生的创新精神和实践能力为重点,造就"有理想、有道德的、有文化、有纪律"的、德智体美等全面发展的社会主义事业建设者和接班人。

《决定》中还指出实施素质教育应当贯穿于学前教育、中小学教育、职业教育、成人教育、高等教育等各级各类教育,应当贯穿于学校教育、家庭教育和社会教育等各个方面。在不同阶段和不同方面应当有不同的内容和重点,相互配合、全面推进。这说明素质教育是终身的,也是贯穿于学校、家庭和社会各个方面的。

(四) 婴幼儿素质教育的概念

人的素质要从小开始培养,因此婴幼儿素质教育是基础教育的有机组成部分。

婴幼儿的素质教育是一种以素质为导向的教育,它是以培养婴幼儿的各种理想素质为目标,通过各种教育活动使婴幼儿身心、智慧、能力和谐发展的教育。

婴幼儿从诞生起,就是一个独立的个体,有自己的独特个性和需求。教育者必须尊重婴幼儿的年龄特点和个性差异,实施素质教育要从婴幼儿的实际出发,满足他们的合理要求和情感需要。

二、婴幼儿素质教育的意义

(一) 婴幼儿素质教育是开发潜能的主要手段

婴幼儿素质教育能凭借教育手段,充分利用和优化婴幼儿自身的遗传影响。从出生起,人脑存在巨大的开发潜力,婴幼儿时期是发展这种潜力的最佳时期。婴儿的脑细胞像一张白纸,从外界获得听觉、触觉、视觉等刺激,不断充实大脑,建立反射。到 3 岁,人类的智力和性格已经完成了 60%,而到 6 岁,脑细胞的组织就完成了 80%。决定人一生幸福、学习能力和事业成功最高水平的各种能力、兴趣、行为习惯、心理素质、交往能力、语言能力,以及思维模式和悟性思维能力等产生和发展的关键期都在婴幼儿时期。

婴幼儿素质教育克服了强调教授知识的传统教育缺陷,而强调通过科学的方法使婴幼儿各方面都得到充分的开发,使形象思维和抽象思维能协调发展,从而促进人脑和人的整体潜能的全面开发。

(二) 婴幼儿素质教育是个性发展的基础

素质教育的灵魂、核心和目标是关注人的发展,既要全面发展,也不能抹杀个性的发展。个性的最基本含义是指个人具有稳定、综合的心理特征,是一个人基本的精神面貌。每个人由于先天禀赋、环境影响和接受教育方面的不同,个人的素质存在多样性,而素质教育可以从差异出发,因材施教,给不同发展水平和个性特点的婴幼儿以不同的发展机会和条件。

1. 建立婴幼儿的自我意识

自我意识是对自己存在及存在状况的觉察,对自己态度和行为的调节。包括自我评价、自我感觉、自尊心、自信心、自制力、独立性等。

2. 培养婴幼儿完整独立的人格

人格指的是人的性格、气质、能力等特征的总和。人格的独立性来源于婴幼儿的真实活动,来源于亲身体验。

3. 发展婴幼儿的个性才能

培养和发展婴幼儿的兴趣、爱好和其他特长,帮助他们找到感兴趣的事情。

(三) 婴幼儿素质教育是国民素质提高的基础

经济、文化、社会的发展要求有高素质的国民。中国深度融入世界、拥抱世界,人们希望向世人更多展示中国的好,展现国人的高素质,更多赢得世界对中国的了解、尊重与认同,进而实现中华民族的伟大复兴。

素质教育已开展二十多年,我国的国民素质有了很大的提高,但从总体来看,还需要进一步提升。目前我国素质教育形成了从学前教育、基础教育到中高等教育,再到社会从业人员教育的基本梯次结构,并不断向前延伸、向下扎根,这个过程是相互衔接、承上启下、相互影响的。

婴幼儿素质教育正是民族素质教育的奠基工程,实施素质教育,要从婴幼儿阶段抓起。习近平总书记曾说:"少年儿童是祖国的未来,是中华民族的希望。未来总是由今天的少年儿童开创的。"

任务二　　知晓婴幼儿素质教育的任务

案例导入

现在经济条件好了,孩子的教育问题成了家长们关注的焦点问题,很多家长都不想让自家的孩子输在起跑线上,希望孩子能提前学到更多的东西。于是,越来越多的小朋友三四岁的时候就拿起课本,学拼音、学英语、学数学、学诗歌、学朗诵、学绘画、学舞蹈……孩子累,家长也并不轻松,要按时接送,准点陪练,更要提前规划。

5岁的婷婷就读于幼儿园的中班,每天下午从幼儿园回到家,先写作业,边写边等着妈妈下班后带她去上辅导班,作业有辅导班老师留的,也有婷婷妈布置的。每天的作业都很多。语文:背诵古诗一首,认5个汉字。数学:10道2位数乘2位数的乘法题,

10 道珠心算题,50 道公文数学(10 分钟之内做完)。英语:听录音并巩固对话,分级阅读一本。除去作业,婷婷辅导班的安排如下:周一、周四上认字班,周二、周三是围棋班,周五是珠心算,周六、周日是英语。

🔵 案例思考

1. 婷婷的时间安排科学吗? 这样的学习安排会对婷婷产生什么样的影响?

2. 尝试为婷婷制订一份你认为合理的时间安排表。

3. 讨论婴幼儿素质教育应包含哪些任务。

图 7-2

婴幼儿时期实施全面发展的素质教育非常重要。这个时期不仅是智力开发的最佳时期,也是健康身心的奠基时期,人格发展的敏感时期,行为习惯养成的重要时期,实施美育的最佳时期。实施素质教育有利于婴幼儿的协调发展,对婴幼儿未来具有深远意义。

本节任务按照德智体美劳全面发展的构成要素,把婴幼儿素质教育的任务分解为若干内容,但这些要素是相互联系和统一的,只是在教育任务表述中按传统习惯进行归类。

一、塑造思想品德

婴幼儿心灵纯洁、简单、幼稚,少受外界因素干扰,是形成健康人格和良好道德素质的有利阶段。婴幼儿的思想品德教育不同于成人,也不同于青少年。因为婴幼儿的思维具有具体形象性,所以思想品德的形成不能借助简单的说教,而必须借助形象的活动和情感的陶冶。

思想品德教育的任务包括培养良好思想品格,例如爱祖国、爱家乡、爱集体、爱劳动;包括培养良好的社会公德,即培养婴幼儿成长为一个合格公民所必须具备的基本的品德、行为和习惯;还包括培养个性发展,如活泼、开朗的性格等。

"育人先育德",从小培养婴幼儿良好的思想品德,培养出德才兼备的高素质人才,形成良好的社会风气。德育教育让婴幼儿认识善恶、分辨是非,为良好品德的形成奠定知识、认识、情感、意志、行为等方面的基础,还关系着全民素质和国家未来。所以,应该把婴幼儿思想品德教育放在婴幼儿素质教育的核心位置。

二、发展智力水平

婴幼儿天生对周围的一切充满好奇,有强烈的探索欲望。因此婴幼儿阶段知识技能的教育绝不是背古诗、做算数那么简单。发展婴幼儿的智力,就是要促进构成婴幼儿智力结构的各个要素都得到发展。因此,对婴幼儿来说发展智力是使他们正确认识周围世界、获得知识必不可少的重要前提。具体地说,要使婴幼儿的注意力、观察力、记忆力、思维力、想象力

图 7-3

得到全面而和谐的发展。

（一）培养注意力

注意是心理活动对一定事物的指向和集中,是心理活动的一种积极状态。注意分为无意注意和有意注意。婴幼儿期无意注意占优势,有意注意正在逐步形成。注意培养婴幼儿的有意注意,教会婴幼儿善于支配自己的注意,这不仅能把注意力集中在感兴趣的事情上,也能把注意力集中在他不感兴趣而又必须要注意的事情上,促进婴幼儿有意注意的发展。培养婴幼儿的注意力能使其善于与分散注意力的干扰因素作斗争,为将来的学习建立认真负责的习惯,极大提高未来的学习效率。

（二）培养观察力

观察力就是善于正确、全面、深入地感知事物特点的能力。婴幼儿的观察力往往集中在事物的突出特征上,训练婴幼儿的观察力应该注意激发他们观察的兴趣,教会他们观察的方法,如先近后远、先人后物、先主后次、先静后动有顺序地进行观察。在观察过程中要伴以语言指导,用问题做引导,进行分析解释,启发婴幼儿积极思维。

图 7-4

（三）培养记忆力

记忆是过去的经验在人脑中的反映。人的记忆力的差异具体表现在人的记忆品质上,简单来说就是记得快、记得久、记得准、用得对。记忆力强的人,常常能促进其他智力的发展。没有记忆力,学习知识就无法继续下去,婴幼儿的记忆是短时记忆,需要不断加深印象方能记住事物。婴幼儿的记忆带有直觉形象性,他们容易记住那些生动形象、富有艺术性或能激起他们情感的东西,很难记住那些抽象单调、不理解、不感兴趣的东西。因此,在给婴幼儿传授知识技能时,必须用生动形象的方式,运用各种各样的方法来加深巩固婴幼儿的印象。

（四）培养思维力

思维是人脑对客观事物的一般特性和规律性的一种概括的、间接的反映过程。良好的思维能力是一个人生活、学习、工作的基础。培养一个人思维能力的关键时期就要从婴幼儿开始。婴幼儿的思维能力水平较低,抽象概括能力开始萌芽,理解、判断、推理能力和分析问题解决问题能力较差。婴幼儿思维训练就是利用图形、音像、动画等视觉、听觉信息来引导他们的学习积极性、语言表达能力及动手动脑能力。

三、培养健康体魄

身体素质是载体,是其他各种素质赖以生存和发展的基础。身体素质教育是婴幼儿素质教育的重要组成部分,为婴幼儿发展提供物质基础。婴幼儿身体素质教育包括以下三个方面。

(一)促进生长发育

遵循婴幼儿生长发育规律进行身体练习,能促进婴幼儿神经系统的发展,能增强心肺功能,促进骨骼、肌肉的发育,提高呼吸系统的机能,提高胃肠的消化能力,促进婴幼儿身体的正常发育和身体基本能力的发展。

(二)培养运动兴趣

培养婴幼儿对体育活动的兴趣和积极参加体育锻炼的习惯,发展婴幼儿的运动技能,同时培养婴幼儿活泼、开朗、勇敢、不怕困难等心理品质。

(三)获得健康常识

婴幼儿的身体处于快速生长发育阶段,需要养成规律的生活习惯和健康的饮食习惯来保证生长发育的需求。养成规律的生活习惯包括规律起居、科学刷牙、正确洗手、优美的体形仪态、勤洗澡、勤剪指甲、正确用眼等。养成健康的饮食习惯包括建立合理的膳食制度,定时定量、不挑食、不偏食、细嚼慢咽等。

四、提高审美能力

婴幼儿素质教育的任务之一是培养婴幼儿感受美、理解美、表现美和创造美的情趣,提高审美能力,使人们的整体素质按照美的规律发展。美是一个抽象的概念,所以必须通过教育将美形象化、具体化、丰富化,让婴幼儿意识到美的存在,理解和善于欣赏美。主要归纳为对自然美和艺术美的欣赏能力两方面。

(一)对自然美的欣赏能力

对自然美的欣赏首先要掌握自然美的特征:色彩、线条、形状、声音、材质等。帮助婴幼儿发现这些不同形式的美感,使各种感官产生通感效应,提高对自然美的感觉能力,拓宽精神境界,激发热爱生活的情感,陶冶健康向上的情操。

(二)对艺术美的欣赏能力

对艺术美的欣赏,能够使婴幼儿的审美认识不断地发展,使婴幼儿的审美感受得到熏陶,并能发展学生的想象力和创造力,使审美能力得到不断的提高。因此,让婴幼儿多接触、欣赏文学、音乐、绘画和雕塑作品等,是提高他们审美素质的有效途径。

五、养成劳动习惯

劳动是人类生活的基础。劳动教育是实施素质教育中非常重要的一个环节。《指南》中写道:"引导婴幼儿生活自理或参与家务劳动,发展其手的动作。如练习自己用筷子吃饭、扣扣子,帮助家人择菜叶、做面食等。"

图7-5

（一）培养自理能力

劳动教育首先要培养婴幼儿的自理能力。让婴幼儿自己亲自尝试体验自我服务的成就感，进而培养其基本的生活自理意识。从生活的点滴做起，自己穿衣、自己洗袜子、自己倒水……不断地给婴幼儿创造生活自理的机会，鼓励婴幼儿进行尝试，让婴幼儿体验生活自理带来的快乐，树立"我可以""我能行"的自信心。

（二）培养劳动意识

劳动教育还包括培养婴幼儿的劳动意识。

通过要求婴幼儿承担一些家务劳动，避免婴幼儿养成娇气、懒惰的坏习惯，培养婴幼儿的家庭责任感，让他们学会关心他人、尊重他人劳动，进而培养其社会责任感。同时，让婴幼儿了解家庭成员及各行各业劳动者的劳动状态和贡献，引发婴幼儿对劳动的向往，对劳动者的尊敬，对劳动成果的珍惜，使婴幼儿认识到劳动的价值，激发劳动意识，养成热爱劳动的良好习惯。

（三）培养劳动兴趣

劳动教育必须引发婴幼儿对劳动的兴趣。利用各种有趣的形式，耐心指导，让婴幼儿在积极的氛围中，体验劳动喜悦，激发对劳动的兴趣，自觉养成良好的劳动习惯。只有让婴幼儿喜欢上劳动，体验到劳动的快乐与激情，才能把热爱劳动的思想、吃苦耐劳的精神及坚强的意志"迁移"到未来的学习、工作、事业中去。

图7-6

任务三　掌握婴幼儿素质教育的方法

案例导入

晨妈和豆妈两位面对孩子自己动手叠得并不整齐的被子时，晨妈气冲冲地对孩子喊："我说你不会，你偏要逞能。看，搞得乱糟糟的，还要我再重新给你叠。"豆妈却欣喜地赞赏孩子："哟！今天你自己叠被子了，真能干。来，让妈妈瞧瞧。嗯，不错，如果这个地方再整理一下就更好了。"

> **❓ 案例思考**
>
> 1. 设想一下,听了晨妈和豆妈的评价,她们的孩子分别会有什么样的想法。
> 2. 思考在进行素质教育时,可以采取什么样的教育方法。

教育是一个复杂的问题,在开展婴幼儿素质的家庭教育过程中,必须从婴幼儿的实际出发,遵循科学的教育方法来促进婴幼儿发展。

一、正面诱导法

婴幼儿辨别是非的能力还不强,家长在开展素质教育时,应该坚持用正面的思想行为来启发诱导婴幼儿。对婴幼儿表现好的地方,要及时表扬,切忌用反语或者讽刺、谩骂以至体罚的方法来刺激婴幼儿。比如婴幼儿打架,不能直接责怪婴幼儿,而要认真了解事情发生的原委,如果孩子错了,要让其知道错在哪里,引导他换位思考,如果自己被人欺负心情如何,从而引导孩子学会道歉,以后不再打架。如果错在别人,也应正面引导,让其知道打架不是解决问题的办法,从而学习如何处理矛盾。

家长要通过正面的教育和诱导,以游戏、绘本、戏剧等形式,让婴幼儿不断体验美好的情感,在不断重复正确行为规范的过程中,逐步养成良好的思想情感和正确的行为方式与习惯。

二、循序渐进法

婴幼儿良好素质的形成,不是一朝一夕的,这是一个反复教育、潜移默化的过程。教育中要遵循婴幼儿身心发展的规律,尊重婴幼儿发展的现实表现。有些家长存在急躁情绪,在实施素质教育时,没有计划,也没有耐心,希望一蹴而就,一劳永逸,结果事与愿违,反而不能达到预期的目的。

美国心理学家格赛尔曾做过一个著名实验——"双胞胎爬梯实验"。在这个实验中,他研究记录了双胞胎在不同的时间学习爬楼梯的过程和结果。他让双胞胎中的哥哥在出生后的第 48 周开始学习爬楼梯。出生 48 周的哥哥才学会站立没多久,偶尔可以摇摇晃晃地走几步路。格赛尔每天对哥哥进行 15 分钟的训练,在历经无数次的跌倒、哭闹、爬起的过程后,这个孩子终于在练习了 6 周后(即出生第 54 周)能够自己独立爬楼梯了。格赛尔又让双胞胎中的弟弟在第 53 周的时候练习爬楼梯,这时候弟弟已经能很好地走路了,腿部肌肉也比哥哥刚开始练的时候更加发达。结果,在同样的训练强度和内容下,弟弟只用了 2 周(即出生第 55 周)就能独立爬楼梯了,且比哥哥爬得更快更稳。为了验证结论的准确性,他找了上百对双胞胎,反复地做了上百组对比试验。结果,他发现不管双胞胎的人种、性别是怎样的,都不会影响这个实验的结果。基于实验结果,格赛尔认为个体的发展取决于成熟,成熟是推动婴幼儿发展的主要动力,当身体不够成熟的时候,就没有真正的发展与变化。

图7-7

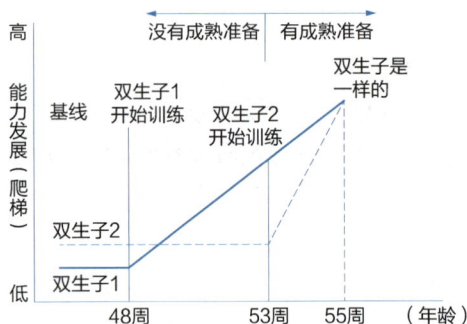

图7-8

比如有的家长要求3岁的幼儿就练习写字,孩子练习了很久,写得仍然"惨不忍睹",于是家长大发雷霆,认为孩子不认真,怀疑孩子的学习能力。殊不知,这时的幼儿手指肌肉不够发达,难以为写字这样的精细动作提供精准的力量支持,过度的练习甚至会造成肌肉损伤。其实这时候和孩子玩一些锻炼手部肌肉和视觉发展的小游戏,比如剪纸、拍球,都可以为以后学习写字打下很好的基础。只有从实际出发,尊重婴幼儿发展的规律性,由深入浅、由易到难、由简到繁,才能更好地实施素质教育。

三、体验感悟法

由于婴幼儿的思维有着具体形象性的特点,生动感人的具体情景和事物最能激起他们情感的波动,因此,我们在对婴幼儿进行素质教育时,可以利用体验感悟的方法。情感是人们对客观事物是否适合个人需要和社会需求而产生的态度体验,是复杂心理活动的一种反映。情感作为人的心理活动的一个重要组成部分,对人的行为和活动具有调节、强化功能。

因此,首先要保护和鼓励婴幼儿的情感,让他们在接受教育过程中体验到愉悦和自信,形成有利于教育的情感、态度、价值观。其次,要善于营造具体的环境和有关活动,只有把情感教育寓于特定的环境和活动中,使情感转化为具体的形象,才能使某种情感变得可看、可摸、可辨、可行、可感、可想,情感教育才能收到效果。

利用国旗进行爱祖国的教育,光谈祖国的可爱、国旗的意义,婴幼儿理解不深。有的家长就先让婴幼儿看运动员在国际比赛中得到冠军,升起中国国旗的镜头,然后叫婴幼儿讲出中国国旗的特征和模样。婴幼儿很感兴趣,因为他们把这特定情景中出现的国旗,看作电视形象的一部分。这样,就容易使婴幼儿明白国旗是国家的象征这一特定意义,能较好地激发他们爱国的情感。

四、榜样示范法

榜样形象、具体,容易被婴幼儿接受。实践证明,在素质教育中,遵循榜样示范原则,有较好的教育效果。

做人有做人的道理,处事有处事的原则,婴幼儿学会这些道理和原则,不是从书本上,不是从社会上,而是从家长的一言一行、一举一动上。身教重于言教,家长首先应该具有较高的素质。比如父母不辞辛劳地处理家庭日常事务,婴幼儿耳濡目染、潜移默化地感受到劳动在生活中的重要性,他们就会自觉地仿效。家长被评为劳动模范或者先进工作者,就可以利用这一机会,把奖状奖杯带回家中,送给孩子,并要求孩子长大后,也要好好劳动,争当模范,这就使婴幼儿能从小领悟"劳动光荣"这个基本道理。

家长是孩子最亲近的人,对孩子的影响最经常、最直接、最深刻,家长的榜样示范作用最为重要。试想,每天手机不离手的父母,如何说服婴幼儿远离电子产品呢?

另外,家长应该向孩子多讲英雄人物的故事,使孩子心中从小就有学习的正面形象。也可以利用孩子伙伴中的好儿童事例来教育孩子,因为这些榜样是他们熟悉的人,他们会感到亲切自然。总之,榜样示范原则是婴幼儿素质教育中的一条重要原则,不可忽视。

五、随机教育法

婴幼儿的教育,具有必然性和偶然性的特点,因此家长既要加强德育工作的计划性、目的性,又要注意实施计划的灵活性和针对性,要善于抓住环境因素和偶发事件进行随机教育。

婴幼儿在生活中会提出许多问题。这些问题,是婴幼儿求知欲望的表现,是婴幼儿心理发展的动力。例如,有个孩子洗手后没有用毛巾擦,发现手上的水不见了,便问:"妈妈,手上的水到哪里去了?"家长可以和孩子一起把手弄湿,看看手上的水到底会不会跑。可以趁机和孩子讲讲水的形态的变化。

图 7-9

一些偶发事件也是很好的素质教育的契机。例如,有个幼儿在家过生日,正当家长给他点燃生日蜡烛时,突然电话铃响了,家长拿起电话,发现电话是幼儿园的老师打来的。老师要孩子亲自接电话,并在电话中向孩子祝贺生日,孩子接到这个电话后激动不已。这是个偶发事件,孩子的家长立即利用这件事,向孩子进行了尊师的教育。这种教育就是充分注意了教育的随机性。因此,从本质上来看,教育的随机性,就是一种教育机智。每个家长,只要做有心人,就能利用这些偶发事件,来实现预期的教育目的。

任务四　开展婴幼儿素质教育的指导活动

案例导入

4 岁的文文参加幼儿园的"六一"文艺演出活动。唱歌、跳舞、弹琴、朗诵……多才多艺的孩子们轮番上台,自信地展示着自己。文文要表演的是唱歌,为了让孩子登台表

图 7-10

演,妈妈这一周都陪着孩子练习。临上场前,文文却打起了退堂鼓。妈妈只能鼓励文文,为她加油打气。可是,文文却抓着她的衣角,躲在她身后,怎么都不肯登台。"你这是怎么了!在家不是表演得挺好吗!"妈妈开始不耐烦起来,大声质问孩子。"我害怕,我不敢……"孩子唯唯诺诺,一脸无辜的表情。"怕什么,妈妈就在台下,快去啊!"妈妈有点焦急,开始推搡着孩子上台。见状,孩子拼命挣脱,眼泪巴巴,就是不肯登台。这时,旁边还有老师和其他家长,场面一度尴尬不已。妈妈又急又恼,数落着她胆小、没出息,文文情绪越来越差,最后妈妈只能拉着她离开会场。

案例思考

1. 文文面对舞台临时怯场,确实令人尴尬,但是孩子面对陌生场景,紧张、胆怯也是正常的。你认为文文妈妈应对得如何?

2. 如果你是文文的老师,见状你会怎么做?过后你要如何与文文妈妈沟通呢?

一、了解婴幼儿个性特点

了解婴幼儿是向婴幼儿进行素质教育的基础。受遗传和环境等多因素的影响,婴幼儿在感知动作、学习能力、兴趣爱好、气质性格等各方面都会表现出不同的特点,产生个体差异。在素质教育中,一定要从婴幼儿的实际出发,坚持因材施教。

(一) 善于观察

著名教育家陶行知先生说:"教育为本,观察先行。"观察婴幼儿的生活、学习、游戏以及生理、心理的细微变化,通过观察,了解婴幼儿的性格、兴趣、爱好和特长,获得各种真实材料,为分析、评价婴幼儿提供依据,促进婴幼儿进一步的学习与发展。

在观察中,家长需要认真观察婴幼儿的行为,从婴幼儿与他人之间、婴幼儿与材料之间的互动中分析、发现婴幼儿兴趣点和需求点。

首先,观察时,使婴幼儿保持自然状态,不能干扰婴幼儿。只有自然状态下的表现才是最真实的,家长不要急于评判。比如2岁的宝宝玩得好好的,却突然迅速地走到门口,要去摸垃圾桶。家长正要批评他不能玩垃圾桶,却看见他跟跟跄跄地搬起垃圾桶向旁边的厨房走去。原来,这个垃圾桶本来就是放在厨房的,妈妈出门倒垃圾后,没有及时把垃圾桶放回原位。通过观察,家长发现婴幼儿在每日的生活环境中,逐渐建立了内在秩序,搬动垃圾桶是在维护自己的秩序感。这提醒家长要保护婴幼儿对有序环境的需求,为培养其良好的自制力打下基础。

其次,家长也可以创造观察的机会,比如涂鸦游戏就是一个很好的观察的窗口。家长可以和孩子一起玩涂鸦游戏,然后猜猜对方画的是什么。在孩子猜的时候,他其实在想象他心目中的家长;而家长在猜的时候,孩子会补充、纠正,这样他就有机会表达出内心中真正的想法。

(二)建立档案

成长档案是婴幼儿成长过程的记录,通过婴幼儿生活中各种行为趣事的记载、学习的记录与评价、婴幼儿作品收藏、活动记录及相关资料的收集,反映婴幼儿的兴趣、态度以及进步。记录的形式可以是多样的,可以是体检报告单、文字记录、影像资料、荣誉证书等。随着科学技术的进步,建立档案已经非常方便。

每个人的成长经历都是不同的,在制作婴幼儿成长档案的过程当中,可以根据婴幼儿的成长环境、教育环境以及个人素质进行个性化构建。档案可以有效帮助家长及时、客观了解婴幼儿的近期发展状况。建立档案后,阶段性的归纳和总结让家长对自身教育行为与经验进行积累与提炼、批评与反思。

成长档案也为婴幼儿提供了自我认识与评价的空间。他们可以从成长档案中感受到自己的成长,既唤起对过去生活的美好回忆,又激发对未来的畅想,培养他们积极的生活态度。

(三)加强家园合作

婴幼儿时期所处的环境除了家庭就是幼儿园。幼儿园和家庭是婴幼儿成长过程中两个最大的影响因素。家园合作是指幼儿园和家庭都把自己当作促进婴幼儿发展的主体,双方积极主动地相互配合、相互支持,通过幼儿园与家庭的双向互动共同促进婴幼儿的身心发展。家园合作也是贯彻实施素质教育的需要。

婴幼儿素质教育中家园合作方式主要如下。

(1)个别交谈。教师把观察到的情况与个别家长交流,家长也让教师了解孩子在家的表现或存在的问题。

图 7-11

(2)家园练习册。教师定期给家长书面反馈,评价孩子的表现,给予建议,家长再进行回复。

(3)家长会。以年级或班级为单位,把家长聚集起来,主要方便交流集体的情况,比如介绍本学期的计划安排。

(4)家长开放日。让家长有机会以旁观者身份观摩孩子的在园活动情况,可以观察到他们的上课、生活表现。

加强家园合作可以更好地确保婴幼儿能够得到全面发展,使素质教育效果更加显著,如可使婴幼儿在幼儿园学到的知识技能在家庭中得以巩固提高,在家庭中学到的经验和技能能在幼儿园得以运用和发展。应把幼儿园教育拓展到家庭中,把家庭教育中出现的问题反映到幼儿园,使两种教育形成互补,共同促进婴幼儿素质的提升。

加强家园合作可以提升家长教育水平。由于家长自身文化水平的差异,或缺少专业训练,或教育理念和方法都存在一些欠缺,通过家园沟通,能使家长认识到自身教育方式的不足,有利于提升家庭教育。

二、区别对待不良行为与行为过失

婴幼儿在成长过程中,常常会出现一些错误的行为。有的家长看到孩子有错误行为,不分青红皂白,就训斥谩骂,以至造成了孩子的心理创伤。其实,婴幼儿不同于青少年,他们的错误行为大致有两类:一类是婴幼儿受到社会、家庭环境的不良影响,确实在思想品质方面出现了问题,这可以称之为萌芽性的不良行为,例如,抢夺别人的玩具占为己有、打人、讲脏话,等等;另一类是由于婴幼儿大脑及神经系统未发育完全,不能调节和控制自己的行为,或者是不懂得有关的社会规范而犯下的错误,这是一种行为过失,不能称之为不良行为。前者是在一定条件作用下,有意识、必然的行为;后者是在一定条件下,无意识、偶然的行为。

对于婴幼儿这两类不同的错误行为,在家庭教育时,要用心区分,分别对待,采取不同的教育手段,纠正婴幼儿的不良行为,以培养其良好的思想品德与行为习惯。切忌不问青红皂白劈头训斥。对待不良行为,需要树立是非观念,通过科学的方法批评教育,帮助婴幼儿改正缺点和错误,不能得过且过,放任自流。而对待行为过失,例如帮家长盛饭时把碗打翻之类的,家长要注意保护婴幼儿的积极性,对待错误要重动机而轻后果。先肯定他们爱劳动的行为,然后再帮助他们总结行为过失的原因,用示范的方法教会他们纠正过失。家长可以先讲节约粮食的重要性,再教会孩子盛饭时拿碗的方法,这样他们既能慢慢学会简单的劳动技能,又养成了节约粮食的好习惯。

三、开发素质教育资源

婴幼儿素质教育资源是指直接或间接影响婴幼儿教育,有利于实现婴幼儿素质教育目标,促进婴幼儿全面发展的各种因素。教育资源蕴含于家庭、社会、幼儿园中,只有保持良好的氛围,相互合作,全面运用各种各样的教育资源,才能为婴幼儿良好发展创造基础条件。

对婴幼儿的素质教育,不能光空洞说教。家庭教育时,要利用各种有利条件,充分发掘各种素质教育资源。

图 7-12

(一)开发与利用家庭资源

家庭资源包括对婴幼儿发展造成影响的物质和精神方面的所有资源:家庭物质条件、物质生活安排、家庭布局;家长的思想品德、行为规范、成员关系、教育态度、教育方式等。

如为了对婴幼儿进行爱祖国、爱家乡的教育,家长可以注意收集各种爱国教育的图书、画刊,特别是关于本乡本土的英雄人物的故事、传说、民歌、民谣等,并利用这些资料对婴幼儿进行教育。另外,也可带领婴幼儿参观家乡的名胜古迹,利用这些生动的资料,培育婴幼儿对家乡的感情。即使在自己的家庭中,也有许多可供对婴幼儿进行教育的材料。

(二) 开发与利用自然资源

大自然是一部具体、生动的百科全书,可以开阔眼界、丰富生活、提高审美。家长要带领婴幼儿走向大自然、接触大自然,引导他们感受自然、认识自然、亲近自然、享受自然。家长可以利用节假日全家一起踏青、郊游、野餐、采摘等,在大自然中放松、享受亲子时光;也可以搜集身边存在的天然材料,如树叶、石头、贝壳等,进行分类、收藏、创作,感受不同物质的特性;还可以在居住环境中种植植物、饲养小动物,方便婴幼儿观察学习。

图 7 - 13

(三) 开发与利用社区资源

图 7 - 14

社区的各种物质和文化资源是婴幼儿生活学习的活教材。社区教育资源的积极开发与充分利用,不仅可以开阔婴幼儿的眼界,丰富婴幼儿的经验,还可以发展婴幼儿的社会意识,更自然地融入社会,并从中体验到一种被社会接纳、重视的感受,形成对社区的良好情感。如充分利用超市、公共绿地、健身广场拓展婴幼儿的活动空间、提高人际交往能力,利用图书馆、博物馆、美术馆等文化设施扩大婴幼儿知识面、提高审美能力。

四、重视婴幼儿社会化训练

婴幼儿素质教育,光在家庭内部进行是远远不够的。家长还应该适应当前信息社会越来越开放的特点,有意识地加强婴幼儿社会化的训练。

(一) 组织婴幼儿与同伴交往

婴幼儿渴望与同伴交往。一般来说,家长不应该规定婴幼儿的同伴。婴幼儿与不同年龄段孩子交往对他们的思想行为会产生不同的有益影响。同年龄比自己小的孩子交往,遇到问题就需要婴幼儿自己解决,有利于培养婴幼儿的独立性;同年龄比自己大一些的孩子交往,可以使婴幼儿模仿这些孩子的思想行为,有利于婴幼儿良好行为习惯的形成。

图 7 - 15

有些婴幼儿没有小伙伴时,家长应该有一颗童心,自觉地参与孩子的活动,充当孩子的伙伴。这样除了可以增进亲子感情,还可以随时体察孩子的心理需要,抓住时机进行教育,同时可以解除孩子的寂寞感,提高其社会交往能力。

图 7-16

家庭的礼尚往来为婴幼儿提供了很好的社会交往机会。带孩子拜访亲友时,也要让孩子参与进来。5 岁的贝贝见到家中有小客人来拜访,总是把玩具和零食看得紧紧的,如果强行让她分享,贝贝就会又哭又闹,这让贝贝父母在客人面前感觉特别尴尬。于是贝贝妈妈想到一个办法,和贝贝一起玩"小主人和小客人"游戏——妈妈当"小主人",贝贝当"小客人"。妈妈准备了贝贝很喜欢玩的小汽车玩具,贝贝很想玩,可是妈妈说这是她的玩具,不让他玩。贝贝被拒绝以后很生气。妈妈趁机告诉贝贝,其他小朋友来家里做客,想玩她的玩具被拒绝以后,也是一样生气和难过,如果贝贝愿意一起分享玩具,大家一定玩得更开心。贝贝意识到了自己以前做得不对,下次有小朋友来时,很爽快地分享了自己的玩具,很快结识了新朋友。

(二) 指导婴幼儿参加实践活动

婴幼儿在实践活动中可以增长知识,激发兴趣。婴幼儿的实践活动主要有三类:一类是社会实践,如带领他们参观名胜古迹、博物馆、各种展览会,或者参加少年宫的活动。这一类活动可以激发婴幼儿社会交往的兴趣。另一类是科学实践,如指导他们饲养小动物,搞一些小制作等。这一类活动,可以培养婴幼儿对科学技术的兴趣。再一类是艺术实践,如让婴幼儿参加歌舞表演,玩一些简单的乐器,学习绘制简单的图画等。这类活动对婴幼儿的吸引力较大,很容易激发起婴幼儿对艺术的爱好,培养终身的兴趣。

在瑞典,2 岁多的婴幼儿最初学的单词除了"你好、谢谢"以外,都是森林里的植物及野果的名称。在夏天,每周有 2 天由老师带着小宝贝们到森林里玩耍或做小试验。例如,在地上挖几个坑,分别将塑料袋、纸、玻璃、香蕉皮等埋入,过了几个星期后再挖出来,看看发生了什么变化,据此对小孩讲解土地可以或不可以吸收哪些垃圾。像土地不会吸收玻璃,而且还会伤害到人和动物的脚,太阳光反射聚焦还会引起火灾,所以不可乱扔玻璃垃圾。瑞典的环境建设做得好,这与他们自身从小受的教育是分不开的。

五、加强审美教育

让婴幼儿在多种审美活动中满足精神需要。婴幼儿天生有对美的需求,家长应该珍视他们的这种情感。当然,婴幼儿毕竟还缺少社会经验,他们体验的美感还是十分初步的。尽管这样,美的教育对婴幼儿来说是不可缺少的。审美教育的途径是很多的。自然美、生活美、艺术美,都在婴幼儿审美教育的范围内,因此,随时随地都可以对婴幼儿进行审美教育。

带婴幼儿散步时就可以利用所见所闻对婴幼儿进行审美教育。说一说身边的事物,并且尽量用优美、准确的语言表达出来。一开始主要是家长说,随着婴幼儿语言能力的提高,可以慢慢让婴幼儿多说一些。哪怕散步的路径总是相同,也可以一起发现不同时节的美:春天的小河边柳树开始冒出嫩黄色的新芽;夏天的小河边绿树成荫;早晨的小河边笼罩着一层茫茫的浓雾;夜晚的小河边虫鸣蛙叫……这种方法既简便,又实用,不但训练了婴幼儿观察力、发现力、语言表达能力,更重要的是让婴幼儿懂得从审美的角度来认识事物。

有些审美教育,还可以和游戏结合起来。蔡元培先生曾说:"注意审美的享乐。"这说明只有寓美于乐,才能使婴幼儿获得美感体验和对美的精神需求的满足。

有个幼儿园老师教孩子画圆,孩子老是画不好。后来他改进了教法,上美术课时,先让孩子开展吹肥皂泡的游戏,当五彩缤纷的肥皂泡飞到空中时,引导他们观察肥皂泡的形状,然后让孩子铺开纸画一个圆圆的肥皂泡,结果孩子的圆都画得很好,而且在不少肥皂泡上还用蜡笔涂上色彩,显得很美。这是一次利用游戏把审美教育寓于知识和技能教学中的成功范例。家长也可以仿照这种方法,进行一些创造性的审美教育。

图 7-17

三　同步实训

1. 实训目的

加深学生对婴幼儿素质教育家庭指导的认识。

2. 实训安排

(1)学生分组参加幼教机构面向家长的交流活动。

(2)分析在家长素质教育指导中出现的问题及其原因。

(3)分组模拟指导婴幼儿素质教育现场活动。

3. 教师注意事项

(1)由幼教机构中的具体实例导入对素质教育的认识。

(2)提供一些简单案例,供学生讨论。

4. 资源

参考书籍、案例、网页。

5. 评价标准

表现要求	是否适用	已达要求	未达要求
小组活动中,外在表现(参与度、讨论发言积极程度)			
小组活动中,对概念的认识与把握的准确程度			
小组活动中,角色扮演的精准度			
小组活动中,文案制作的完整与适用程度			

三 教学做一体化训练

在线练习

一、重点名词婴幼儿素质教育

1. 家园合作
2. 素质教育资源

二、课后讨论

1. 对婴幼儿进行素质教育有何意义?
2. 婴幼儿素质教育的基本任务是什么?
3. 婴幼儿素质教育的主要方法有哪些?

三、课后自测

案例分析:

小杰天资聪颖,虽然才刚上幼儿园小班,已经认识马路上的交通标识了。他爸爸经常和他玩一个游戏:摆出一个个标识图案,让他指认。小杰每一个都能准确无误地辨认出来,禁止机动车通行、禁止掉头、禁止鸣喇叭、禁止携带火种……小杰 2 岁多时,就特别喜欢坐公交车,对家附近每辆公交车的线路都熟悉。等再长大一些,他开始喜欢坐地铁,地铁站内的各种站牌也会认,还能独自带着外婆坐地铁。

小杰这么能干,妈妈的功劳最大。她给儿子买了点读笔,点在卡片上,字、词、造句就会出来。小杰每天拿着笔戳啊戳的,就是这样一点点学习。到现在为止,他已经会认六七百个汉字了。

小杰很聪明,对感兴趣的事情学起来很快。但妈妈觉得不满意,不过瘾,所以在孩子上幼儿园之前妈妈已经给他报了很多个培训班:数学、画画、英语,还有时长为两个月的幼儿园学前班等,恨不得能上的班都上。

小杰爸爸很不赞同。他认为孩子还太小,这么早学这些,收效甚微。他觉得小杰妈妈都是被那些贩卖焦虑的公众号文章影响了,朋友圈加得越多,网上育儿文章看得越多,内心的焦虑感就越强烈。

1. 请说一说小杰父母在教育孩子过程中让你赞同的地方。
2. 试着提出你不赞同的部分,并给出建议。

课后推荐

图书:

1.《儿童素质教育成长读本》(赵倩编)

2.《素质教育在美国》([美]黄全愈著)

3.《素质教育论》(毛家瑞、孙孔懿著)

期刊:

1.《幼儿家庭教育的社区支持指标体系:构建与应用》(作者:李晓巍、刘倩倩、王梦柯,刊载于《教育学报》,2019,15〈02〉)

2.《再论素质教育》(作者:眭依凡、王贤娴,刊载于《中国高教研究》2017,〈08〉)

3.《家庭教育指导不仅仅是教育工作》(作者:晏红,刊载于《人民教育》2017,〈Z2〉)

4.《如何改变幼儿教育策略,提升幼儿的全面素质》(作者:崔银环,刊载于《学周刊》2015,〈15〉)

模块八
家长与婴幼儿沟通的家庭教育指导

学习目标

1. 了解家长与婴幼儿传统的沟通模式类型。
2. 明确传统的家庭沟通模式的主要成因。
3. 掌握建立新型的家长与婴幼儿沟通模式的方法。

模块描述

本模块介绍了目前我国家长与婴幼儿传统的几种比较典型沟通模式,分析了不同的沟通模式对婴幼儿的身心发展产生的影响,论述了形成传统的家庭沟通模式的主要因素,并提出建立新型的家长与婴幼儿沟通模式的具体策略,指导家长进行卓有成效的教育,切实提高家长与婴幼儿的沟通能力和效果。

思维导图

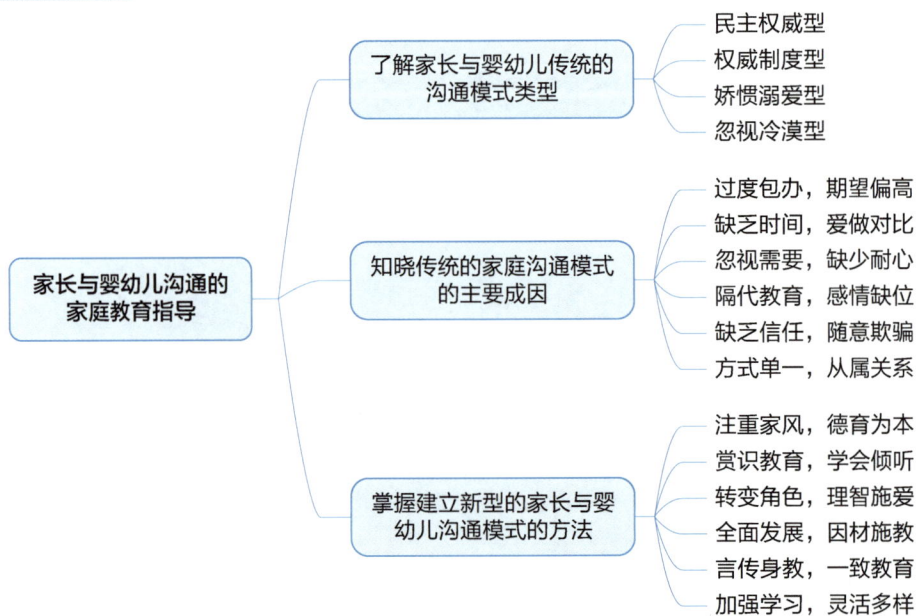

家长与婴幼儿沟通的家庭教育指导	了解家长与婴幼儿传统的沟通模式类型	民主权威型
		权威制度型
		娇惯溺爱型
		忽视冷漠型
	知晓传统的家庭沟通模式的主要成因	过度包办,期望偏高
		缺乏时间,爱做对比
		忽视需要,缺少耐心
		隔代教育,感情缺位
		缺乏信任,随意欺骗
		方式单一,从属关系
	掌握建立新型的家长与婴幼儿沟通模式的方法	注重家风,德育为本
		赏识教育,学会倾听
		转变角色,理智施爱
		全面发展,因材施教
		言传身教,一致教育
		加强学习,灵活多样

任务一　　了解家长与婴幼儿传统的沟通模式类型

案例导入

2岁的鼎鼎非常大胆,不再喊"爸爸"了,而是直呼其名"方华",喊妈妈也是一样。今天,竟然对着外公大喊"熊宗齐",妈妈听见了,立即批评鼎鼎:"不能喊外公的名字,那是很不礼貌的,应该喊外公,以后不能这样了,来,快给外公道歉。"鼎鼎委屈地看着妈妈不作声,眼泪直在眼眶里打转。鼎鼎妈妈也不知道该怎么办了。

案例思考

1. 鼎鼎为什么会直呼长辈的名字?

2. 你怎么看待妈妈对鼎鼎的批评?

3. 如果你是鼎鼎的家长,接下来你会怎么处理?

沟通是家庭教育最主要的手段。每一个家长都想与孩子成为亲密无间的好朋友,和孩子进行沟通是十分必要的。通过沟通家长可及时发现、了解孩子的心理问题,以正确的方法给予引导,这对孩子的身心健康发展非常有利。

在家庭中,亲子关系较和谐,家长和孩子之间进行有效沟通,孩子的主动性就比较强,通常能够主动学习。相反,亲子关系紧张的家庭,不管家长怎样教育,结果都是"恨铁不成钢"。并不是孩子笨,而是孩子有心结,亲子沟通就会出现障碍,逐渐导致孩子的逆反心理。合格的家长,不但要为孩子提供衣食住行,更要成为孩子的老师、朋友。良好的亲子沟通可以把家长的期望、爱和教育充分地传递给孩子,也能让家长了解孩子的所思所想,帮他们解决成长中的问题,只有这样才能给孩子提供有效的教育。但在现实生活中,我们的亲子沟通往往差强人意,要么是家长不重视,要么是方法不得当。很多家长虽然很想了解孩子的内心感受,但是无意中流露出的传统角色总会造成亲子沟通的障碍。

在以上案例中的鼎鼎,多半会冠上"没大没小""没有教养"的"罪名",会被批评,限制以后不许直呼大人姓名,大人胜利了,孩子的心理却受到了打击。这个年龄的孩子能够记住家长的名字,有的时候直呼其名,其实他小小的心灵正在享受着和家长平等的胜利感,如果遭受训斥,以后有可能失去信心,不敢大胆表达自己的想法。这是家长和孩子沟通的典型之一,我国家长与孩子比较典型的沟通模式有以下四种。

一、民主权威型

采用民主权威教育方式的家长对孩子的教育显得更加理性,对孩子不明显干预但也不放任自流,这类家长肯定孩子,对孩子表现出尊重,平时能和孩子进行交流,倾听他们的想法,一旦做出了决定就坚持完成。他们能给予孩子平等的家庭地位,家庭氛围也很民主,能够去倾听孩子的看法,懂得尊重孩子,能够允许孩子拥有不同的意见,不把大人的意识强加在孩子身上,家长也懂得去倾听孩子对于事物的不同看法。鼓励他们去探索未知的世界,依据孩子的兴趣爱好去帮助他们健康快乐地成长,在适当的时候家长会给出一些建议供孩子参考。当孩子做错事的时候,与他一起分析原因,吸取教训。在孩子的生活中,家长给他制定了一些行为规范来约束他的行为举止,当家庭出现一些重大决策的时候,家长也会让孩子一起参与讨论。

二、权威制度型

权威型的家长对孩子要求很严格,孩子只要有少许抵触家长就会对其采取处罚措施。这种家长缺少对孩子必要的关心,使用强权教育模式,鲜有与孩子沟通的情况。这类家长在家里用强制性的方式操纵着孩子的一切,家里所有的指令均出自他们,他们的命令必须执行,孩子没有说不的权力。家长对孩子的感受不关注,他们总是认为自己是为孩子好,所做的一定是对的,孩子长大了就会慢慢理解了。这一类家长在家庭中比较武断,听不进不同的意见,对自己的子女期望很高,与孩子交谈的语气很严厉,甚至使用更为粗暴的行为来纠正孩子的错误。

三、娇惯溺爱型

娇惯溺爱型的家长往往对孩子百依百顺,对一些不正确的做法也不加以约束,对孩子高度肯定,允许孩子任意随时表达自己的想法,但极少做出控制,有时候提出一些要求但却不能坚持。家长对孩子过度溺爱,任何事都是亲力亲为,使得孩子缺少与外界沟通交流的机会,不愿意思考,害怕困难,一遇到挫折首先想到的就是家长,不会自己去处理问题,缺乏自制力、动手能力,创造性思维较弱。所以,对孩子的过分溺爱其实是不利于他们人格的塑造的,也不利于他们身心健康成长。

四、忽视冷漠型

忽视冷漠型的家长通常会忽略孩子的言谈举止,只要孩子吃饱穿暖,其他的并不是很在乎,通常不会为孩子设定标准与要求,也不会对他们格外关心与照顾。此类家长对孩子倾注的爱很少,对孩子缺少理解与帮助,总是以个人为主,忽略孩子的需求,对他们很不在乎。如果孩子遭遇困难时,他们感受不到来自家长的关心与帮助,得到的只是他们无情的呵斥与嘲笑。在家长眼中,这种漠不关心的教育方式就是顺其自然的教育方式。此类现象多发生于闲暇时间少、工作比较忙的家长身上,他们将更多的精力与时间倾注在工作上,大大地减少了与孩子沟通、玩耍的时间,不清楚孩子需要什么、渴望什么,久而久之,家长与孩子之间的隔阂愈来愈大。

任务二　　知晓传统的家庭沟通模式的主要成因

案例导入

早上起床,鼎鼎妈拿好衣服裤子放在鼎鼎的床头说,先穿衣服。过了一会,外公对鼎鼎说,先穿裤子。鼎鼎纠结了,我到底先穿衣服还是先穿裤子。

鼎鼎想买玩具了,对妈妈说:"妈妈,给我买一架飞机。"妈妈说:"等你表现好了再买,但不是今天。"鼎鼎又对外公说:"外公,给我买一架飞机。"外公说:"买买买,明天就买。"

出去吃饭的时候,鼎鼎吃完了就向外公要手机玩,外公掏出手机给鼎鼎,妈妈却说:"不能玩手机了! 鼎鼎,你的眼睛都近视了。"

案例思考

鼎鼎一家怎么会出现这样的情况? 帮他们想一个办法。

家庭中的沟通指的是家庭中家长与婴幼儿之间交换信息、观点、意见、情感和态度等,以达到共同的理解、信任与合作的过程。通过调研发现,当前婴幼儿家庭亲子沟通中存在着这样的问题:沟通状况不乐观,部分家长还没有充分认识到家庭教育的重要性,教育观念滞后,定向沟通模式等,其表现有以下方面。

一、过度包办,期望偏高

有些家长把孩子作为家庭的中心,使孩子在受到过多关注的同时,也容易受到过分的溺爱。不少家长非常重视对婴幼儿早期教育的物质投入,甚至将家庭经济收入的一半以上用在孩子身上,而且全家上下齐动员,尽一切可能满足孩子的需求。但在教育方式上却表现出对孩子过度包办代替,这对孩子的健康成长是非常不利的。

其次是片面追求教育结果,忽视婴幼儿的心理特点和接受水平,由于缺乏科学的早期教育知识,不少家长出于"盲从"或"跟风",或出于自己的感受和期望,将孩子送到各种时髦的"兴趣班"去学习,希望孩子从小能有一技之

图 8-1

长,今后能"出人头地""做人上人",提高将来的身份地位。这种教育态度导致家长片面追求教育结果,忽视婴幼儿的心理特点和接受水平,甚至不惜代价地对婴幼儿进行超前教育,强迫婴幼儿去做自己不愿意或不适合做的事情,挫伤了婴幼儿对学习的兴趣和积极性。

另外是重智力开发,轻身体素质、行为习惯、人际交往和良好品德的培养。日益提高的物质生活水平为婴幼儿的营养、卫生、保健、医疗和生活环境改善创造了条件,家长对文化和教育的需要也相应提高,因而非常重视婴幼儿的智力开发。婴幼儿时期是智力发育的关键期,科学的早期教育是开发智力的重要条件。但是,片面重视智力开发,忽视其他方面的培养,会影响婴幼儿一生的可持续发展,不利于他们成长为全面发展的人才。

二、缺乏时间,爱做对比

要知道,婴幼儿的成长只有一次,错过了就不能再重来。只有贴心的陪伴才是家长给婴幼儿最好的礼物,而且这不是其他物质所能够取代的。在与婴幼儿的相处中建立良好的亲子关系,家长和婴幼儿之间才能更融洽地相处,婴幼儿才能更快乐地成长。

很多家长把自己定位成"监工"的角色而不是陪婴幼儿玩的角色,也有一部分家长虽然每天都跟孩子在一起,但是孩子并未感觉到来自家长的关爱,因为这些家长把孩子送到了各种培训班。家长认为自己所做的一切都是为了孩子,却没有思考过孩子真正需要的是什么。

图 8-2

很多家长总是喜欢拿自己孩子的缺点与其他孩子的优点来比较,似乎自己的孩子总是不如其他孩子好。殊不知,家长的这种做法给孩子的感觉,就是"爸爸妈妈不信任我""我在爸爸妈妈眼里是没用的家伙"。这种消极的想法也让孩子产生了不信任家长的情绪,从而造成亲子沟通困难。孩子的成功与否应该根据孩子本身的成长来衡量,而不是根据其他人的情况来衡量。很多家长认为,拿孩子与他人比较是希望激励孩子上进。实际上,每个孩子都有自己的个性、缺点,家长一味地拿优秀的人与孩子相比,会使孩子产生自卑感,从而忽视了自己的优势,产生沮丧、颓废的心理。这种消极心理一旦产生,孩子就不可能与家长建立良好的关系。

三、忽视需要,缺少耐心

子女与家长具有血缘联系,家长肩负着培养、教育子女的重担,对子女就有了深沉的爱和期望,成为教育子女的天然教师。另外,家长对子女来说,既是教养者、管理者,又是监护人,所以具有自然的权力性影响力。但家长不能认为"我是爸爸/妈妈,你就得听从我",这样会抑制婴幼儿主观能动性的发挥,使婴幼儿的发展受到影响。婴幼儿虽小却有思想,他们有好多心事和想法,希望得到家长的肯定和支持,同时也希望知道家长的想法,他们在寻求与家长沟通的方式。而有些家长总觉得婴幼儿的想法幼稚,没有什么价值,不值得重视。在访谈中,有的家长说:"我了解他就行了,用不着让他了解我,他懂什么啊。""只要他在家里够乖够听话,我就很开心。"这样的教育理念限制了家长与婴幼儿心灵的通畅交流。婴幼儿和成人一样,都是按照自己对事物认识的程度去表达。因为婴幼儿的阅历、经验和知识有限,做出一些在成人看来不对的事情是很正常的现象。对于婴幼儿做的事情,家长有时会认为是婴幼儿不听话,其实这是婴幼儿有思想的表现,他们有自己的主意、自己的见解,家长应该高兴才对。婴幼儿固然单纯但并不等于没有思想,他们有着丰富的内心世界,需要家长用全部心思去体会。作为家长,要充分发挥、合理使用好自然具备的血缘因素的权威性,让婴幼儿健康成长。因此,进行有效沟通的前提就是家长对婴幼儿充分尊重。家长应采取正确有效的手段,促进婴幼儿和自己的交流。

四、隔代教育,感情缺位

现实生活中隔代常常没有充分发挥家庭教育的功能,祖辈家长会对婴幼儿往往过于溺爱,处处迁就,过度疼爱,造成婴幼儿任性、依赖性强、自理能力差,使婴幼儿缺乏锻炼能力的机会。

年轻的父母一定要在百忙中抽出时间与婴幼儿交流,与老人沟通,切勿放弃自身的职责。比如:每天晚饭后和婴幼儿做游戏、讲故事,周末带婴幼儿外出活动。同时要做到尊重老人,经常和老人聊聊天,讲讲科学养育儿的新观念,虚心接受老人的指点;买一些科学育儿的读物,与老人交流学习体会,帮助老人接受新事物;对老人溺爱孩子等做法,既要坚决表明自己的态度,又要耐心和老人商量,尽量减少正面冲突。

五、缺乏信任,随意欺骗

信任这个词,好像更多的是发生在成年人身上,但在亲子关系中,信任尤其重要。家长跟婴幼儿之间的这份信任,是决定了亲子关系好坏的基本标准。很多家长总是怕孩子做不好,不相信孩子的想法,总是插手孩子的决定。不信任孩子带来的是关系的恶化,还会给孩子造成自卑、愤怒、叛逆等很多的伤害,但过度信任有时又不过是对孩子忽视的一个借口,即不负责任。

几乎每位家长都欺骗过自己的孩子,不管这欺骗是否出于善意或者存有百般的不得已,对于孩子来说欺骗就是欺骗。很多家长都喜欢和孩子承诺这样那样的奖励。比如鼎鼎爸爸总是给鼎鼎描绘有趣的假期旅行,"只要你乖乖地每天上幼儿园,一到假期我就带你去海边,可以玩沙玩水;周末也可以带你去附近游乐场,玩打枪游戏……"鼎鼎听了就一直期盼周末和假期,可是鼎鼎爸爸不是出差就是加班,一次也没带他出去玩。一个学期过去了,鼎鼎爸爸再次说起有趣假期时,鼎鼎直接回复:"我才懒得听你吹!"说完继续玩手里的乐高玩具了。若是婴幼儿长期生活在失落心境中,很容易对周围的人群产生怀疑缺乏信任,和家长沟通时很难真实地表露自己的想法,亲子沟通自然无法顺利进行。如何平衡便是家长把握好这个分寸的关键。

六、方式单一,从属关系

传统的观念认为,亲子关系是一种单向关系,强调家长的养育和教育角色,强调家长在亲子关系中的学习能力,强调家长传授给婴幼儿良好的生活习惯、生活态度和价值观,强调家长向婴幼儿单方面传递信息。长期以来,家长在亲子互动中占支配地位,婴幼儿处于服从地位,必须接受家长的安排,否则便会受到家长的批评和指责。比如鼎鼎的需求受到限制时会说:"你们凭什么管我!?"生气的爸爸时常回答他:"我是你爸,我管你怎么了! 不管管你,你要飞上天!"表面看是家长用控制、惩罚的手段战胜了孩子,但是赢了孩子,孩子就成了失败者,而失败通常会导致反叛或盲目顺从。其实婴幼儿是和家长具有同等地位的个体,婴幼儿也可以成为自己的主人,在与家长的互动中有着平等的对话、交流的权利。婴幼儿关注的是解决需求的问题,家长应该表达出对婴幼儿感受的理解,问婴幼儿对于将来再出现这类问题有什么想法。还可以提出一些建议,直到家幼双方达成共识。

任务三　掌握建立新型的家长与婴幼儿沟通模式的方法

🌼 案例导入

3月是学习雷锋活动月,鼎鼎去参加小雷锋义卖捐赠活动,活动给每个宝贝准备了10本家庭教育手册,义卖所得将作为爱心基金进行捐赠。鼎鼎在活动开始时,在社区街道用大声吆喝的方式进行义卖,可是并没有家长观望。过了5分钟,鼎鼎就泄气了,小嘴翘得老高,还说不参加义卖捐赠活动了。

❓ 案例思考

如果你是鼎鼎的家长,你会怎样再次激发他参加活动的激情?

不平等的亲子关系,突出表现为孩子对家长的服从、听话。家长往往按自己的主观意愿去为孩子设计未来,强迫孩子学这学那,孩子变成了被动的学习机器。为了婴幼儿的健康发展,我们必须建立新型、和谐、平等的亲子关系。

一、注重家风,德育为本

习近平总书记指出,千家万户都好,国家才能好,民族才能好。他强调,家庭是人生的第一个课堂,家长是婴幼儿的第一任老师;有什么样的家教,就有什么样的人;家风是社会风气的重要组成部分。

家风是家长之风,只有有担当、有责任的合格家长,才能建设好的家风。婴幼儿是家长的一面镜子,也可以反过来说家长是婴幼儿的镜子,有什么样的家长就有什么样的婴幼儿。婴幼儿的成长成才,离不开家风的传承。婴幼儿在中国好家风的熏陶下,按照良好家风的内容来塑造自己的行为,就是抓住了问题的根本。

当前国家和社会的高速发展,解散了传统的祖孙数代同堂、朝夕相处的大家庭,家庭规模、结构、类型特征呈现出多样性和复杂性,家庭形态和家庭关系也发生了变化。但家庭教育并没有因之而弱化,反而在进一步加强。家风作为家庭教育的前提条件,同样举足轻重,在婴幼儿家庭教育中则更是如此。根据当前国家发展趋势和婴幼儿自身发展特点,家风在婴幼儿家庭教育应用中应注重以下两点。

其一,从传统家风、家训文化中找到符合社会主义核心价值观的优秀家风文化,通过视觉、听觉等方式,从中国传统家风文化中寻找切合社会主义核心价值观的内容。视觉的方式有:看新时代体现家风的影视材料,如纪录片《守望家风》《我和我的父辈》、云课堂《家风代代传》、动画短片《幸福一家人》等,也可以参观具有教育意义的景点,如到江苏省淮安市周恩来故居接受家风熏陶,到山东省临沂市书圣王羲之故居听一场家风诵读。听觉的方式有:听家长或者是音频材料讲解关于中国、社会、本民族、家族的积极正向的典型案例,如《岳母刺字》《陆纳杖侄》《朱柏庐的家风故事》。学是视觉与听觉的综合,我们要有效利用视听触等多种感官刺激,使婴幼儿逐渐形成稳定的认知,逐渐认同并指导其行动。

其二,家长要以身作则,用自己的实际行动来影响婴幼儿。在良好家风培养的过程中,家长扮演着实施者和示范者的角色。家长对婴幼儿的教育有言教和身教之分,就婴幼儿的特点而言身教重于言教,因此家长要处处以身作则,真正起到榜样示范的作用。

二、赏识教育,学会倾听

沟通需要家长有足够的耐心。毕竟家长与婴幼儿在年龄、心理、思想及感情等各方面都存在着巨大差异,相互理解需要一个过程。如果过于急躁,沟通就会成为泡影。只有掌握与婴幼儿交谈的艺术,做婴幼儿的朋友,才能使两代人做到真正意义上的沟通。蹲下来对话,这样能促使婴幼儿意识到自己同成年人是平等的,是受到尊重的人,有利于从小培养婴幼儿的自尊、自信与合作精神,也能帮助婴幼儿认真对待自己的问题或缺点;同时为婴幼儿创造了乐于接受教育的良好心境,而不是使婴幼儿听而不闻或产生逆反心理。这虽是一种很具体的教育方法,却体现了如何看待子女同家长的关系的教育观念,也从侧面体现出家长教育婴幼儿的能力和水平。家长不经意间的一句话,都有可能让婴幼儿弱小心灵受到严重伤害。但若是适时的赞美和欣赏就会增强婴幼儿的自尊和自信。家长要对婴幼儿多了解、欣赏、赞美和鼓励,这才是亲子间沟通的润滑剂。

家长只有听婴幼儿的心里话,才能知道婴幼儿到底在想些什么,他们需要家长关注什么,这样才会有针对性地给予婴幼儿关心和帮助,才会让沟通变得更加容易。当婴幼儿向你说着令他们高兴的事,你应该也表示出欢喜。当婴幼儿向你说你不感兴趣的话题,作为家长也要耐心地听完,并对婴幼儿的说话内容适当的参与几句,表示你在认真地倾听,鼓励婴幼儿继续说下去。在家庭教育中,家长要对婴幼儿充满耐心,因为有些问题婴幼儿无法快速地做出理解。家长要掌握与婴幼儿交流的方法,做婴幼儿的向导,才能做到真正意义上的亲子沟通。倾听是沟通的前提,学会倾听是沟通的第一步。只有倾听婴幼儿的心里话,知道婴幼儿想什么、关注什么和需要什么,才能有效沟通。

当婴幼儿要与家长沟通时,家长务必要停下自己的事情,蹲下来看着婴幼儿的眼睛,安安静静地倾听。如果婴幼儿支支吾吾表达不清楚,家长也不要急躁,慢慢听婴幼儿说完,可以微笑或者点头给予鼓励,不要打断婴幼儿说话的思路,更不要不耐烦地催促。学会倾听就等于告诉婴幼儿:你是我重视的,我在认真地听,在注意你所说的一切。如果家长这样做了,家长一定能听到埋藏在婴幼儿心底深处的话。家长学会倾听能让婴幼儿感受到家长是尊重他的,自己和家长是平等的,这样就利于培养婴幼儿的自尊心、自信心以及合作精神,还能帮助婴幼儿勇于面对自己存在的问题或错误。良好的品质有利于婴幼儿愉快学习,避免或者减轻逆反心理,避免婴幼儿冷漠对待事物。同时也体现了家长的教育观念和家长教育婴幼儿的水平与能力。

三、转变角色,理智施爱

家长的职责是保护自己的孩子,同时帮助他长大成人。比成为孩子的朋友更加重要的是家长要成为一名领导者和一位充满耐心的老师。家长要记住对婴幼儿发火、情绪激动,是无法解决问题的。有时无法控制情绪怎么办?那就先自己待一会儿,平静一下。当在婴幼儿面前表现得平和时,家长就起到了最佳的表率作用,要身体力行地教给婴幼儿如何控制情绪和压力。

心理学把接纳视为沟通的先锋。接纳就是在跟婴幼儿沟通时,注意接受、容纳、解读婴幼儿传达出的各种信息,然后利用这些信息做出更妥当的回应。当需要说服婴幼儿的时候,接纳的语言表述是:"我很理解你现在的感受(委屈、伤心等)";重复婴幼儿说过的话表示接纳;还可以用肢体语言和表情来接纳。家长维护婴幼儿的尊严,以尊重的态度对待他们,相信婴幼儿有能力与家长合作,这就是赢得了婴幼儿。赢得婴幼儿则意味着婴幼儿心甘情愿地合作,且积极主动。建议家长们通过鼓励的方式渐进式地与婴幼儿沟通,这样比较容易调动婴幼儿的积极性,而且能够把握住婴幼儿思想、行动的方向。要善于将婴幼儿的行动目标分成许多的小台阶,每一步都具体而又相对容易达到目标,让他们每一步都体会到成功的乐趣。家长是孩子第一任老师,所以家长的引导对孩子是十分重要的。一般来说,婴幼儿的成长过程可以分为保护、指导和自立几个阶段,对于年幼的婴幼儿来说,家长更重要的是保护他健康成长。随着婴幼儿年龄的增长,家长的角色应该从保护者转变为指导者和教练,切勿再拿家长的权威来干涉婴幼儿,应与婴幼儿交朋友,耐心地引导他们,让他们乐于与你交流。虽然家长对婴幼儿要严格要求,但不要对婴幼儿的期望值过高,要求要适中,要符合婴幼儿的自身实际。要尊重婴幼儿,不要对婴幼儿的行为处处设卡,要给婴幼儿充分的自由,不要剥夺婴幼儿活动的空间和时间,不要过多地干涉。要以鼓励表扬为主,不要用引发婴幼儿对抗情绪的教育方式去教育他们,如使用恐吓、棍棒、斥责、殴打、禁闭、逐出家门等都是不可取的。要循循善诱,不要将自己的爱好、兴趣、思想方法和生活方式强加给婴幼儿。要多观察、多了解婴幼儿的独特之处和点点滴滴的进步,要纵向比较,多认可、多接受婴幼儿,才能使他们懂得自尊、自爱、自信。

四、全面发展,因材施教

婴幼儿从来到这个世界起,就不断地和生活中的环境互动,家长应该全面关心婴幼儿的身体动作、情绪情感、语言人际交往、认知逻辑等方面的内容。例如,满足均衡营养的同时要有充足的运动量。体育锻炼对身体健康的有着重要意义,保证婴幼儿的运动时间,既可保证婴幼儿的身体健康,还可以促进婴幼儿提高学习效率。除了身体健康外,心理健康也十分重要。所以在帮助婴幼儿树立自信的同时,也要帮助他们学会与老师和小朋友之间建立良好的人际关系。培养婴幼儿成为一个有品德、有教养的人,从身边的小事做起,在家里做做简单的家务活,在托幼机构参与劳动,帮助他人都是培养责任感的好时机。同时,还要引导婴幼儿学习别人的优点,学会尊重他人、宽容待人、感恩他人。当然,适当的挫折教育对于培养婴幼儿的耐力、毅力和自主意识也很重要。另外,适当的艺术教育有助于培养婴幼儿感受美、欣赏美和表现美的能力,对促进婴幼儿智力发展、帮助婴幼儿树立自信、调节婴幼儿的身心和谐也具有重要作用。家长要重视婴幼儿的全面发展,避免重智轻德、超前教育等影响婴幼儿身心健康发展的问题。

家长的育儿态度和方式要与婴幼儿的特点和需要相适宜,对不同类型的婴幼儿应采取不同的策略。例如,在和能言善辩型的婴幼儿相互作用时,家长要热情洋溢地倾听婴幼儿的话语,给婴幼儿创造活动的机会,为婴幼儿提供行为的榜样,帮助婴幼儿把语言落实到行动上,使婴幼儿不至于成为"语言的巨人,行动的矮子";在和谨慎型婴幼儿相互作用时,家长要有耐心,不催逼婴幼儿,给他们提供充足的时间,让他们进行思考和活动,接纳他们的严谨作风,尽可能少地批

图 8-3

评惩罚他们。家长不应从自己的个性特点和主观意愿出发,漠视婴幼儿的独特个性,强迫他们按自己的行为方式做事,复制、克隆自己。既不能因自己喜欢冒险,就对安静、被动的婴幼儿提出过多过高的冒险要求;也不能因自己小心谨慎,就对活泼好动的婴幼儿作出过多过分的限制。

五、言传身教,一致教育

婴幼儿与家庭的联系是终生的,婴幼儿一生中可以有许多位教师,然而亲生的爸爸、妈妈是终生的,不能更换的,所以家长对婴幼儿的教育是深远的,具有长期性。另外家庭教育与家庭生活密切结合,它渗透在日常生活的方方面面,无时不有,无处不在。无论家长是否意识到对婴幼儿的教育,这种教育影响是实实在在存在着,并潜移默化地影响着婴幼儿的发展。家长的一言一行都是教材,作为家长,要有高度的教育意识,随时随地,自觉地发现教材,捕捉时机,及时对婴幼儿进行教育。

家庭是婴幼儿成长过程中的第一所学校,家长是婴幼儿的第一任教师,而且是长期的、全方位的教师。因此,家长的素质如何,往往决定着家庭教育的成败。目前,我国家庭教育中存在的问题绝大部分是因为家长缺乏教育子女的科学知识及教育方法不当造成的。家长自身良好的素质和形象对子女来说就是一种无声的要求和鞭策,是一种潜移默化的影响。因此,作为家长要严格要求自己,加强自身修养,学习科学育儿的方法,以便更好地推进家庭教育的有效实施。家长更要以身作则,凡是要求婴幼儿做到的,首先家长要做到,不仅要有

规则,而且要有践行的示范和具体帮助,这样才能有效帮助婴幼儿逐渐内化,形成良好的品质。可见,身教的作用远远大于言教。

家长双方对婴幼儿的教养态度要一致,这样才能进行有效的家庭教育,有利于培养婴幼儿良好的品质和操行。

此外,还要注意充分发挥婴幼儿自身行为的教育价值。"数子十过,不如奖子一长",这是家长必须掌握的教子艺术。在家庭教育中,应多加使用赞扬奖励这类正强化,以便对婴幼儿产生激励作用。例如,发现婴幼儿的一些优点时,家长可运用描述性赞扬:将看到的一切描述出来(如:我看到你一直在看画报),使婴幼儿能了解到自己的行为;把感受全部描述出来(如:当我看到你在看画报时,我感到很高兴),使婴幼儿能意识到自己的行为给别人带来的益处或快乐;用一句话或一分钟肯定表扬婴幼儿(如:你总是努力把事情做得更好),使婴幼儿能将自己的行为持续下去。

六、加强学习,灵活多样

陈鹤琴指出,"做家长是一桩不容易的事",家长"要有一种专门的技能,专门的学识"。所以家长需要不断地学习,尤其在当今信息化时代,更应与时俱进,通过书籍报刊、电视节目、线上线下课程、育儿讲座等多种方式了解教养婴幼儿的理论和方法,并应用于自己教养婴幼儿的过程中。与此同时,家长还应多与同龄婴幼儿的家长以及早期教育机构、婴幼儿照护机构、社区亲子教育中心的专业教师沟通交流,以便提升自己的教养理念和育儿能力。从传统家庭向学习型家庭转变。学习型家庭所提倡的家庭成员全员学习,有利于营造浓郁的学习氛围,密切了亲子关系,家庭教育易取得较好的效果。学习型家庭所提倡的专项学习,让学习家庭教育知识成为家长的"必修课",家长大量汲取相关的家庭教育知识,有利于提高家庭教育水平。

家长的教育行为对婴幼儿影响较大。家长教育行为的作用是通过家庭的交往活动折射出来的,它对婴幼儿具有示范和导向的功能。家长与婴幼儿进行有效的交往,不仅能更好地了解婴幼儿、指教婴幼儿,而且还能为婴幼儿与同龄人、异龄人的交往活动提供范例。

家长的教育艺术对婴幼儿也有很大的影响。不同的家长,实施家庭教育的效果不同,有的卓有成效,有的收效甚微,这就和家长是否懂得、是否会运用教育艺术有关。家长若能从婴幼儿的实际情况出发,创造性地运用教育策略,就能取得预想的效果。家长的教育艺术不是天生的,也不是自然形成的,而是在家庭教育的实践中不断尝试、大胆探索,逐步锻炼出来的。在教育婴幼儿的过程中,家长要不怕失败,勇于实践,形成自己的教子风格。

> 4岁的鼎鼎,每到吃饭时总磨蹭不肯吃,家长就引导劝说:"多吃饭才能长得高,多吃菜消化才好。"但鼎鼎碗里的饭菜没什么动静。数日以后家长又想出一招,对鼎鼎进行忆苦思甜:"我们像你现在这么大的时候,爸爸妈妈根本没钱给我们买肉吃,我们都很嘴馋,想吃肉。不像你,让你吃肉,你还不肯吃。"鼎鼎仍然如故。过了几日,家长又心生一计,让鼎鼎和自己一起买菜、择菜、洗菜,饭前帮助摆桌子、拿碗筷、端饭菜。结果奇迹出现了,鼎鼎吃饭时,再也不用大人说教,自己吃得又香又多,厌食、挑食的毛病终于改善了。

三 同步实训

1. 实训目的

加深学生对家长与婴幼儿沟通模式的认识。

2. 实训安排

(1) 学生分组模拟家长与婴幼儿传统的沟通模式的不同类型。

(2) 分析在活动中家长与婴幼儿传统沟通模式中出现的问题及其原因。

(3) 分组模拟指导建立新型的家长与婴幼儿沟通模式的活动。

3. 教师注意事项

(1) 由社会新闻中的具体实例导入对家长与婴幼儿沟通模式的认识。

(2) 提供一些简单案例,供学生讨论。

4. 资源

参考书籍、案例、网页。

5. 评价标准

表现要求	是否适用	已达要求	未达要求
小组活动中,外在表现(参与度、讨论发言积极程度)			
小组活动中,对概念的认识与把握的准确程度			
小组活动中,角色扮演的精准度			
小组活动中,文案制作的完整与适用程度			

四 教学做一体化训练

在线练习

一、重点名词

1. 沟通

2. 隔代教育

3. 家风

二、课后讨论

1. 家长的教养态度对婴幼儿有哪些正面或负面作用?

2. 在亲子沟通中如何学会倾听?

三、课后自测

1. 隔代教育有何利弊? 如何才能正确发挥老年人在家庭教育中的作用?

2. 根据婴幼儿的不同的特点和需要,可采取哪些教育策略?

课后推荐

图书：

1.《家庭教育——怎样教小孩》（陈鹤琴著）

2.《因材施教的艺术》（〔美〕查尔斯·博伊德著，刘萍译）

影视：

纪录片《守望家风》，中国，2019.

模块九
家、园、社区合作共育

学习目标

- 识记:家、园、社区共育。
- 领会:家园合作共育的内容和方法。
- 理解:家、园、社区共育的意义、目标、内容、原则和方法。
- 应用:梳理家、园、社区合作共育对婴幼儿家庭教育的促进作用,以及具体体现。

模块描述

　　本模块主要了解家、园、社区合作共育的概念,理解家、园、社区合作共育对婴幼儿家庭教育的影响,掌握家、园、社区合作共育的目标和意义,明确家、园、社区合作共育的原则和方法。

思维导图

任务一　　了解家、园、社区合作共育的意义

案例导入

　　为了培养幼儿的爱心和社会责任心,幼儿园拟做一场爱心义卖的活动,将活动的善款捐助给有需要帮助的人。但在策划的时候遇到了难题:如何保障孩子们的善心是帮助到了真正有需要的人?幼儿的活动如何保证人手充足,确保安全?如何才能让活动辐射到更多的人,将爱心的精神做更多的宣传?于是,幼儿园决定寻求社区和家长的帮助,家、园、社区一起组织这次活动。将活动地点设置在小区的中心花园,以家庭为单位,设置一个一个的小摊点,幼儿园作为活动的主策划方和组织者。活动组织得特别成功,最后在家长和社区工作人员以及幼儿园老师们的见证下,小朋友们筹集到善款 5 000 多元,由社区联系红十字会,现场由红十字会工作人员、社区代表、幼儿园代表、小朋友和家长代表共同组成捐赠小组,将善款捐赠给了辖区内一名失去双亲的孤儿。红十字会也为每名参与活动的幼儿颁发了捐赠证书,活动成功且有意义。

　　案例思考

　　1. 为什么要进行家、园、社区之间的合作?

　　2. 家、园、社区这次合作的义卖活动对幼儿的发展有什么意义?

一、家、园、社区合作共育的概念

　　家园共育即家庭与幼儿园紧密合作,以为婴幼儿的教育问题建立一个积极的环境。

　　陈鹤琴先生曾说:"幼儿教育是一种很复杂的事情,不是家庭一方面可以单独胜任的,也不是幼儿园一方面可以单独胜任的;必定要两个方面共同合作才能得到充分的功效。"一席话语,告诫我们幼儿园和家庭二者必须同向、同步形成教育合力,才能有效地促进幼儿的发展。然而家庭也不是指单个的一家、两家这样的小单位,家庭是依靠社区存在,通过社区与周围的一切发生关系。我们培养的婴幼儿是独立的个体,他们不仅仅属于父母,他们是社会的、是国家的、是世界的、是地球的……由此,婴幼儿的培养,就必须是学校、家庭、社区,以及国家共同合作的教育。

　　幼儿园与家庭、社区合作,共同担负起教育婴幼儿的重任,是现代社会对婴幼儿教育提出的要求,也是实现婴幼儿教育目标的重要保证。《纲要》总则中指出:"幼儿园应与家庭、社区密切合作,与小学衔接,综合利用各种教育资源,共同为幼儿的发展创造良好的条件。""家

园社区共育"也是当今婴幼儿教育改革的大趋势,是新的科学教育理念的充分深化,它能有效地促进良性婴幼儿教育机制的形成,也使幼儿园、家庭、社区的各种教育资源得到了充分的利用,有力地促进了幼教事业的发展。

二、家、园、社区合作共育对婴幼儿行为习惯的影响

父母是孩子的第一任教师,父母的言谈举止会给孩子产生极大的影响,家、园、社区合作共育在婴幼儿家庭教育方面有积极的正向引导作用。

(一) 家长做好榜样作用,培养婴幼儿良好行为的规律性

婴幼儿除了幼儿园教育就是家庭教育,所以一个好的家庭教育是非常重要的。这就需要父母不断完善自己,丰富自己的知识,以身作则,言传身教。父母必须树立一个好的榜样在前,然后再以适当的方式来教育婴幼儿。

(二) 家、园共育,提高婴幼儿良好行为的独立性

随着婴幼儿自我意识的提高,他们就会慢慢地出现独立性,慢慢地控制自己的情绪,会有自己的认知,这个时候家长和幼儿园教师应在家园共育的基础上积极引导婴幼儿的独立性,为其创建积极自主的环境,让其学会独立自主地解决问题。婴幼儿独立性会越来越好,自己学会擦屁股,自己穿鞋子,上完厕所以后自己提裤子,包括自己吃饭,把吃完的碗和勺子送回指定的地方,等等。在幼儿园养成的独立性,需要在家里继续保持,不然婴幼儿容易将好的习惯忘记。

图 9-1

在一次对幼儿园老师的访谈中谈到周一到周五,幼儿园老师觉得最累的是哪一天? 80%的老师都说是周一。了解原因后发现,除了老师本身经过周末两天休息以后,自身会较慵懒外,更多的是周一的小朋友常规差,习惯差,还有很多过完周末以后回来就不肯午睡的。为什么出现这样的情况,就是因为小朋友在幼儿园养成的良好作息习惯,回到家里以后没有得到很好的延续和保持。周末家长会带孩子外出游玩,不顾及孩子的作息时间等,两天不午睡,孩子再回到幼儿园就不想午睡了。包括孩子回到家以后,家长觉得孩子小,什么都不会做,吃饭给送到手里,甚至是喂到嘴里,这就造成很多家长会反映,自己的孩子有两面性,在家什么都不会,在幼儿园什么都会。

孩子独立性的培养是一个大工程,是为其终身发展打下基础的好品质,需要家园之间尽可能做到互相配合,有效沟通,互相补充。

(三) 家、园、社区合作共育,形成婴幼儿良好的社会规则性

规则意识是婴幼儿社会性培养的重要内容,构建家、园、社区共育情境,让婴幼儿能够在家庭教育、幼儿园教育、社会环境教育沟通协作的情况下学会规则,理解规则,进而遵守规

则。社区积极参与到婴幼儿协同教育中来,有助于幼儿园更好地了解婴幼儿教育需求,也可以使社区对幼儿园的教育活动进行有效监管和评价。一方面,社区要积极为婴幼儿营造良好的社区环境,开阔婴幼儿的知识视野,使婴幼儿更好地融入社区,尤其是要做好社区安保工作,避免婴幼儿受到意外伤害。

(四) 社会文化对婴幼儿行为习惯的影响

不同国家和民族在其长久的繁衍发展过程中,都形成了较为固定的行为模式习俗和传统。儿童从出生开始就生活在这样的模式之中,父母的教养方式有特定模式,学校教育遵循特定模式,人与人之间的交往遵循特定模式,为了适应社会,为他人所接受,儿童的行为和观念也会按照社会中的特定模式展开,社会文化通过对儿童人格和行为的影响,在一定程度上调节着儿童的社会生活。

三、家、园、社区合作共育对婴幼儿身心发展的影响

(一) 幸福完整的家庭对婴幼儿身心发展的影响

家庭环境对婴幼儿的生活来说是相当重要的。孩子的健康成长离不开身边每一位亲人的关爱。实践证明,一个充分受到成人有理智的爱的孩子,总是充满自信、朝气蓬勃、积极向上的;反之,被成人厌弃的孩子则常常自暴自弃,形成自卑、逆反的心理。只有温暖的港湾才能够让婴幼儿快乐地成长。家庭周围的环境,包括与邻居们的关系等,对婴幼儿的成长有着非常重要的作用。在生活中家庭成员的行为及教养态度、方式将影响婴幼儿意识的形成。

(二) 家、园合作对婴幼儿身心发展的影响

教师和家长若具有积极向上、良好的思想观念,可以帮助婴幼儿在愉快、轻松的生活和学习环境中健康成长。现在很多父母让婴幼儿参加各种各样的培训班,强迫他们去学,去做他们不喜欢的事情,使他们丧失了童年自由自在、无忧无虑的快乐时光。家长应注意观察,自己的孩子平时喜欢做什么,迎合孩子的兴趣,报适合孩子的兴趣班。这样才能使婴幼儿学到更多的东西,同时也不会产生厌学的心理。

(三) 家、园、社区合作共育对婴幼儿的身心发展的影响

婴幼儿是个完整的人,需要全面的关怀。家庭是婴幼儿最初也是最基本的社会生态环境,对婴幼儿一生的身心发展有深远的影响;幼儿园是婴幼儿接受教育时间最长的场所,是婴幼儿获得身心发展的场所;社区是幼儿园重要的教育资源,对婴幼儿身心发展作用也比较广泛,是婴幼儿社会化最直接的阵地,能为广大婴幼儿提供多种接触社会、与人交往的机会,对婴幼儿的身心发展有重要的作用。

(四) 社会文化对婴幼儿身心发展的影响

社会文化对婴幼儿的身心发展也有重要的影响,不同社会文化背景下的教育观念、家庭养育方式、亲子关系等方面也千差万别。一般来讲,不同民族国家、教育背景、职业阶层的父母教养方式也不同,因此,社会文化对婴幼儿产生的影响基本都是需要以家庭和父母为中介的。

四、家、园、社区合作共育最大化整合已有的资源

(一) 幼儿园是社区资源

幼儿园作为专门的教育机构,拥有许多的教育优势,其中包括完备的教育硬件设施和精心设计的教育环境,专业的师资力量,有计划、有组织的教育活动等。幼儿园作为社区内的重要教育机构,是社区的有机组成部分,自然要以自身的优势服务于社区,支持社区各项教育活动的开展。同时通过其示范性的教育工作,带动整个社区婴幼儿教育的发展,开发自身的教育资源供社区使用,以提高资源的利用率,使社区内的婴幼儿受益。利用幼儿园的教师资源培训各位家长,举办家长学校或者建立家庭辅导站等,幼儿园教师用自己的专业知识为家长解答常见的家庭教育问题,并普及科学育儿知识,为社区的精神文明服务,树立良好的榜样,支持参与社区有益的文化教育活动,使幼儿园成为教育和文化宣传的阵地,推动整个社区文化教育素质的提高。

社区的老年活动中心有一支老年舞蹈队,幼儿园教师中有很多能歌善舞者,所以这支老年舞蹈队的老师就来自幼儿园的舞蹈老师。每周利用中午或者晚上的时间,一周两次走进社区,免费教老人舞蹈队跳舞,帮他们编排合适外出演出的舞蹈节目等,受到大家的一致好评。

幼儿园是社区重要的专业教育机构,对整个社区的学前教育都有义务和责任,在社区里 3 岁以上的幼儿都入了幼儿园,接受了专业的学前教育,享受了教育服务。但是 3 岁以下婴幼儿还处于没有专业人员服务的群体,因此幼儿园就可以每个周末,选派 1~2 名幼儿园教师,走进社区,为学龄前的婴幼儿上公益早教课,每次活动 1 个小时左右,教孩子的同时也能更好地教家长。这样的公益早教既不会占用幼儿园的太多时间和精力,对未入园的婴幼儿和家庭又是非常好的指导。

(二) 社区是幼儿园资源

社区不仅是一个居住的区域,而且是一个有着丰富物质环境和文化资源的载体,能为幼儿园提供教育所需的很多支持,如果能够对幼儿园开放其所拥有的资源,无疑将大大拓展幼儿园教育的深度和广度。因此,幼儿园如果能把社区资源有效整合利用起来,可以为婴幼儿全面身心健康发展创造更好的教育条件。

1. 用好社区的人力资源

社区中的人根植于各个行业,如民警、工人、医生、离休干部等,这些人展现了社会的多姿多彩,活跃于各个工作岗位,他们所从事的工作和职业同幼儿园日常教育教学存在部分交叉,他们有能力为婴幼儿讲授某些方面的专业发展,为幼儿园常规教学提供指导和有力的补充。根据教育活动的需求,可以邀请他们来幼儿园与婴幼儿一起活动,也可以请他们带领婴幼儿参观他们的工作场所,了解各行各业工作人员为社会服务的工作情形,

让婴幼儿通过亲身体验认识社会中的人和事,体验各种职业的责任、价值和对社会的贡献。

图 9-2

消防日的时候,幼儿园门口来了一些特殊的人,他们来自社区消防大队。消防员们一边做操作演练一边讲解,非常直观。同时消防员组织了一次紧张有序、别开生面的疏散演练。随着幼儿园报警声响起,全体师生立即行动,教师组织幼儿用湿毛巾捂住口、鼻,低头、弯腰从指定路线快速有序撤离,到指定位置后各班教师清点人数上报给分管责任教师,并做好登记。疏散演练结束后,教师再次带领小朋友观看消防车及消防装备。小朋友们个个兴致高涨,有的指着消防装备跟好朋友热烈交谈,有的感叹"好厉害的消防车啊",有的专心致志地观察每种消防装备的使用方法。孩子们大开眼界,收获满满。

2. 用好社区环境资源

每个社区都是一个小社会,有着丰富的环境资源。环境资源里包含社区物质环境资源和社区文化环境资源。

(1) 物质环境资源:婴幼儿的学习对象和内容很多都来自周围的环境,社区本身除了有各类企业、学校等,社区用房本身也有一些功能,如电子阅览室、图书室、活动室、日间照料室、法律服务室等等。另外,社区里的公园、树木、花草,也都是丰富的自然资源。这些环境资源,都是幼儿园可以整合利用的资源。户外资源是婴幼儿探索大自然、接触大自然的重要途径,能提供很多婴幼儿可以探究、观察的素材,是教育活动内容的重要补充。

在大班幼儿的美术活动"我眼中的春天"中,如果幼儿只能是在幼儿园里,看到的景物毕竟是有限的,对春天的感知也很局限。于是,老师带孩子走进社区公园,走近小区附近的河边,感受春天的气息,看黄色的迎春花迎风绽放,一团团、一簇簇;看粉色的樱花开放,放眼过去,美丽尽收眼底;小河边的小草也在努力地生长着,柳树迎风飘荡,就像美丽的舞者……这些话都是孩子说出来的,如果没有亲眼看到,用心感受到,孩子是没有办法这样表达的。

(2) 文化环境资源:社区文化无形地影响着幼儿园教育,优秀的社区文化更是幼儿园教育的宝贵资源。如全国闻名的安吉游戏,初衷就是安吉县本身竹子多,竹制品多,当时的想法只是把这些竹子和竹制品补充到幼儿园的环境、区域中使用,结果后来发现,因为竹子这些自然材料随处可见,当地人也非常善用这些东西,婴幼儿身边的人和事,都跟这些东西有关系,婴幼儿也善于用这些东西做模仿、做游戏。安吉游戏非常明显地反映出当地特色文化对幼儿园教育的影响。又如有的幼儿园在课程中将社区的历史风俗、革命传统等作为本土教材来利用。例如山东曲阜,只要走进曲阜的幼儿园,随处可见孔子画像、雕像等,以及各个幼儿园对儒家传统文化的传承活动,这些乡土文化的使用,不仅丰富了幼儿园课程,还让幼儿园更具有特色。

任务二 家、园、社区合作共育的目标和内容

案例导入

开开语言发育迟缓,喜欢重复大人的话,最近他喜欢悄悄地溜出中一班的教室大门,等到老师发现时,开开已经在小二班后门口的小池塘边扔了一会石头了。这不是第一次了,大家总能看到中一班老师寻找开开的身影。老师想出各种办法来阻止开开不要外溜,但是收效甚微,最终老师打通了开开妈妈的电话,和妈妈沟通了开开最近在幼儿园的生活情况,表示希望开开妈妈能够给予帮助,一起合作帮助开开成长。

于是妈妈和老师商议后,决定来到幼儿园参与一日生活,协助老师。开开妈妈从陪坐在孩子身边到渐渐地守在教室门口,开开也从满教室跑、时不时外溜,到后来静静坐下来参与集体活动。一个月后,老师和妈妈对孩子的现阶段状态很满意,开开妈妈也不再陪读了。

案例思考

1. 在开开的案例中老师和家长的关系怎样?
2. 如果你是老师,你该怎么做?

一、家、园、社区合作共育的目标

(一)家长与婴幼儿建立平等和谐、信任支持的伙伴关系

现在,很多幼教工作者都充分认识到,加强与婴幼儿家长的沟通、建立良好的合作关系,是幼儿园生存与发展的关键,也是家园共育的前提条件。我们只有与家长的感情沟通了,有了良好的感情基础,才能谈得上相互了解、相互交流、互相合作,共同教育婴幼儿。

(二)园所教给家长科学育儿知识,提高家长育儿水平

目前,家庭教育中存在的问题还比较多,如家长只重知识技能的培养,忽视了思想品德

图9-3

和良好行为习惯的培养,溺爱娇惯、包办代替、过度保护等。《规程》指出,教师要"帮助家长创设良好的家庭教育环境,向家长宣传科学保育、教育幼儿的知识,共同担负教育幼儿的任务"。支持和帮助家长改善家庭教育的状况,提高家长的科学育儿水平,是教师义不容辞的责任,是家长工作中不可缺少的一部分,也是实现家园共育、提高婴幼儿素质的需要。

(三) 开发社区现有资源,为婴幼儿教育做有益的补充

充分利用社区资源,包括当地资源与人文资源,使婴幼儿教育从封闭走向开放,发挥整体性教育影响,提高教育质量。

(四) 最终实现家、园、社区合作共育的良好社会文化

让家、园、社区实现互动,真正实现家、园、社区共育,形成良好的社会文化。

二、家、园、社区合作共育的内容

家长工作是幼儿园工作的重要组成部分,做好家长工作是幼儿园的重要职责。提升幼儿园的办园质量和教育目标,促进体、智、德、美全面发展,要靠幼儿园与家长、社会互相配合,方能奏效。《规程》提出,幼儿园应主动与家庭、社区相互配合,帮助家长建立良好的家庭教育环境,向家长宣传科学保教知识,共同担负教育婴幼儿的任务。《纲要》则进一步指出,家庭是幼儿园重要的合作伙伴,应本着尊重、平等、合作的原则,争取家长的理解,支持和主动参与并积极支持家长提高教育能力,这些都从幼儿园的角度提出了家园合作的相关内容

(一) 家长方面

1. 支持幼儿园的各项工作

家长应该为幼儿园提供必要的支持和帮助,这种支持包括人力、物力和财力的支持。如幼儿园的一些亲子作业,国庆要求家长陪孩子看"阅兵",同时和孩子共同完成一幅画,家长就要预留好时间,陪孩子共同完成。再如,幼儿园需要在"五一"劳动节的时候,婴幼儿能参与到劳动中,家长就需要利用自己的时间,和其一起劳动,体验亲子感情的同时,通过言传身教传递给婴幼儿劳动的快乐。

2. 参与幼儿园教育活动

家长参与幼儿园的活动可以丰富活动的形式与内容,因此,当幼儿园组织一些活动时,家长应当积极地参与到活动中来。如婴幼儿运动会,需要家长代表做裁判和志愿者,家长就可以参与进来,和幼儿园一起分工合作,体验幼儿园活动的乐趣,还能增强与孩子的亲子感情。重阳节幼儿园举办"敬老爱老"的活动时,爷爷奶奶、外公外婆就可以发挥优势,参与到活动中。

3. 参与幼儿园管理

家长参与幼儿园管理,有助于提高幼儿园的教育管理水平,也有利于更好地了解幼儿园

的保教工作,家长可以将自己对幼儿园的建议或者意见反馈给老师,也可以参与班级事务的管理,和本班教师一起制定教学与活动计划,帮助教师一起解决本班目前所面临的问题,还可以参与幼儿园的教育和决策。如:幼儿园的生成活动,每次做计划都请家长参与,家长可以充分考虑生成活动中,环境、材料的提供等问题,在一些生成活动中,家长还可以亲自参与。

> 幼儿园生成活动"香甜的桂花"中,在桂花飘香的季节,满园都是桂花的香味,于是老师决定带幼儿一起做桂花蜜。老师带小朋友们拿上筐子、剪刀等工具,门卫叔叔还替小朋友们搬来了竹梯。在欢声笑语中,金黄的桂花撒满了筐子,接下来就是清洗和晾晒工作。等老师和小朋友准备好这些,班级里牛牛和文文的奶奶来了,她们带着小朋友将挑选好的鲜桂花放上一层到瓶子的底部,浇上蜂蜜,继续添加桂花,再淋蜂蜜,装满以后密封,接下来小朋友们开始了充满期盼的静静等待。

(二) 幼儿园方面

1. 尊重家长,获取家长的信任

幼儿园与家庭合作的成功与否,往往取决于家长的态度,家长对幼儿园的理解、支持与信任是保证合作顺利开展的前提条件。因此,幼儿园应该以公平并且真诚的态度对待家长,尊重家长,珍惜与家长沟通交流的机会,努力获取家长对幼儿园及教师的信任。幼儿园应指导教师,将与家长沟通形成计划(见表9-1),计划中要包括计划沟通和随机沟通的内容,并且做好记录,避免教师按照个人喜好,以及和家长的熟悉程度做无效沟通。

表9-1　××家长沟通记录表

婴幼儿姓名:	家长姓名:	家长职业:
沟通内容:		
家长反馈:		
		访谈教师: 年　月　日

2. 帮助家长树立正确的教育观念和教育方法

相对于重视智力培养而不关注非智力因素,培养重视艺术教育而不重视素质教育的传统家庭教育观念,我国现在的婴幼儿家庭教育观念已经明显改善,但是目前仍然有很多家长的儿童观、发展观、教育观还存在着问题,在对孩子进行教育时,时常遇到不知道该用什么方法或者方法不恰当的情况。因此,幼儿园应该帮助家长树立正确的教育观念,掌握科学的教育方法和原则,这样才有利于保障幼儿园教育和家庭教育达成一致的效果。

（三）社区方面

1. 开发社区共育资源，为婴幼儿教育做补充

图 9-4

幼儿园、家庭、社会的教育统筹各方资源，进行优势互补，充分利用教育资源，创设不同的环境活动，婴幼儿通过担任不同的角色，从中得到锻炼。通过统筹协调社会群体关系，形成教育合力，促进婴幼儿全面健康的发展，如积极组织幼儿参加社会实践活动、"小鬼当家——超市活动"、公园写生活动等等。

2. 开展亲子活动，带动家长等人力资源为婴幼儿教育助力

利用特定的节日开展亲子教育活动，培养婴幼儿热爱妈妈、孝敬父母、尊敬长辈的情感。如"三八妇女节"可组织开展"我当妈妈"活动，家长和孩子参与其中。通过这些有益有趣的活动，不仅增进了家长与孩子的情感交流，更让孩子们在体验中学会交流、学会思考、学会合作，在快乐的活动中进行家庭教育。

任务三　掌握家、园、社区合作共育的原则和方法

🔧 案例导入

每学期令人期待的郊游即将来临了，幼儿园也开始策划起来，领导层多次开会讨论，大家各执己见。最终大家决定让家长一起参与。

家委会群

园长：各位家委会的大朋友们，我们想给孩子们组织一次春游，大家有没有什么好的地方可以推荐啊？

安安妈妈：幼儿园终于要春游了，好期待！

希望妈妈：日日春不错，我周末刚去亲子游，里面的亲子项目还挺不错的。

锦锦爸爸：大班了，可以独立了，让他们自己跟着老师去春游，嘿嘿！

元宝妈妈：动物园是个好地方，拓宽视野，还有趣味……

凯丽妈妈：野生动物园去过太多次了，不想再去了。

希望妈妈：可以带上大朋友吗？

……

双宝妈：不如大孩子自己和老师团队游，我们小宝宝来个亲子游吧！

　　凯丽妈妈:我赞同。

　　希望妈妈:我做家长志愿者。

　　锦锦爸爸:好的,我赞同。

? **案例思考**

　　1. 幼儿园与家长进行沟通时该秉持哪些原则?

　　2. 幼儿园可以用哪些方法与家长进行沟通?

一、家、园、社区合作共育的原则

(一) 主体性原则

　　幼儿园与家庭共育,要遵循主体性原则,始终以家长为主体,承认家长的地位,尊重家长的权威,发挥家长的作用。教师在与家长共育的过程中,要意识到家长具有自主性、主动性、能动性、独立性、创造性,能够树立正确的教养目标,端正教养态度,认识教养特点;能够做好自己的主人,决定自己的行为,把握自己的命运。教师在与家长合作时,一定要注意克服独断专行的问题,不能把自己的主观意志强加给家长,要求家长按照自己的意愿说话、做事。

(二) 互动性原则

　　幼儿园与家庭共育,要遵循互动性原则,使家长能通过与他人、环境的相互作用,不断得到发展。教师在与家长共育的过程中,要创造条件,想方设法、全方位地进行各种互动,既要重视教师与家长、教师与婴幼儿、家长与婴幼儿、家长与家长、婴幼儿与婴幼儿的深入互动,也要注意家长与活动材料、游戏情境、图书学具的充分互动。教师在与家长合作时,一定要注意克服单向、片面的问题,不能总是由自己出主意,单方面地组织活动,致使家长陷于被动接受信息的窘境。

(三) 活动性原则

　　幼儿园与家庭共育,要遵循活动性原则,寓教于各种活动之中,使家长能从做中学,通过多种感官的体验,掌握科学育儿的多项技能。教师在与家长共育的过程中,要注意活动的全面性。首先,要注意活动内容的全面性,既要有健康教育、社会教育、语言教育类的活动,也要有科学教育、数学教育、艺术教育类的活动。其次,要注意活动种类的全面性,既要有动脑、动口的活动,也要有动手、动眼、动耳的活动。再次,要注意活动场所的全面性,既要有室内活动,也要有室外活动。最后,要注意活动形式的全面性,既要有全园活动,也要有年级活动、班级活动。教师在与家长合作时,一定要注意克服形式主义的毛病,不能让家长静坐

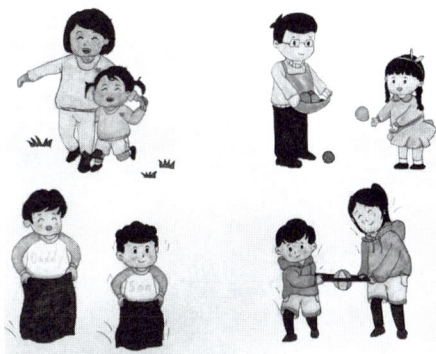

图 9 - 5

旁观,错失活动的有利机会,降低活动的实际价值。

(四)趣味性原则

幼儿园与家庭共育,要遵循趣味性原则,寓教于乐,使家长在轻松愉快的气氛中获取科学育儿的知识经验。教师在与家长共育的过程中,要认识到"兴趣是最好的老师"。首先,要使交流的话题具有趣味性。教师所选择的交流主题应是家长感兴趣的,这样,才能吸引家长的注意力,提高家长的出席率。其次,要使交流的手段具有趣味性。教师所使用的交流方式要生动形象,这样,才能激发家长的兴趣,降低交流内容的难度。再次,要使交流的过程具有趣味性。教师所安排的交流各环节都应充满乐趣,这样,才能使家长轻松愉快地投入其中。教师在与家长合作时,要注意避免交流的枯燥无味,不能把家长当作空容器,硬性灌输,导致家长失去参与的热情和动力。

(五)实效性原则

幼儿园与家庭共育,要遵循实效性原则,只有实事求是,贴近生活,与时俱进,才能事半功倍地促进教师、家长、婴幼儿的共同成长。教师在与家长共育的过程中,要尽力做到真实有效。首先,要做好沟通前的各项准备工作,做到胸有成竹,这是保证实效性的前提条件。其次,要灵活运用多种沟通方法,做到有的放矢,这是提高实效性的关键因素。再次,要营造良好的沟通氛围,机智打破各种僵局,这是增强实效性的必要条件。最后,要对沟通结果进行总结评价,不断反思改进,这是强化实效性的重要环节。在与家长合作时,一定要注意克服脱离实际的问题,不好高骛远,不故弄玄虚,要脚踏实地,量力而行,以免事倍功半,降低家园沟通的效率。

总之,幼儿园与家庭共育,不仅要注意科学性,而且也要讲究艺术性,只有遵循这些原则,才能提高家园共育的质量。

二、家、园、社区合作共育的方法

(一)教育活动的告知

图9-6

即将近期的教育内容告知家长,重要的是不仅告诉家长教师要做什么,还要指导家长学会配合教师,否则可能产生负面影响。例如,有一次,教师在"家园互动栏"上张贴的教育内容为"学习诗歌×××",家长看到了当天回家后就让孩子背诵,孩子背诵不下来家长很着急,就打了他,结果导致孩子开始惧怕学习,惧怕将幼儿园的事情说给家长听。

(二)家园联系栏的运用

周计划、月计划、保健知识、育儿知识、疾病预防和心理保健的知识。家长看家园互动栏的时间基本上是送孩子到幼儿园和接送回家的时间,一般时间都比较紧张,所以,教师从杂志和报纸上复印下来的文章应该稍做处理后再贴出来。例如,用记号笔把小标题画出来,家长如果没有时间详细读所有内容，浏览小标题也能够大概知道文章讲什么；还可以在文章旁边加上明显的导读信息，如"夏天该吃什么？请看此文""婴幼儿上学五点注意"等；也可以将一些相关文章的题目与杂志的页码公布出来，让家长有时间自己阅读。

　　一般家园联系栏共设置 5 个栏目，周计划（主要是让家长全面了解一周的教学内容、目标）、我学会了（向家长公布婴幼儿所学的具体内容，如儿歌、歌曲等，并请家长协助老师在家给婴幼儿复习巩固）、家长课堂（结合婴幼儿特点向家长介绍有关的育儿知识）、通知栏（向家长传达班级近期安排、活动）、温馨小贴士（提示家长可以协助幼儿园做的工作）。

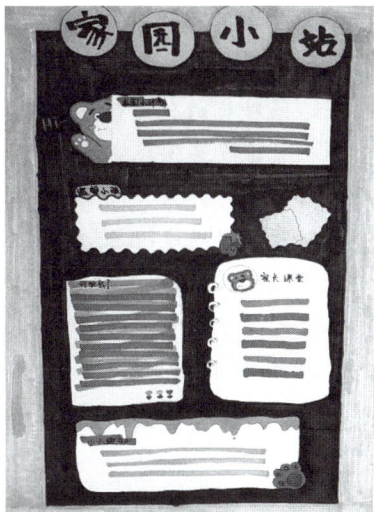

图 9 - 7

（三）家长会的组织

　　家长会是面对全体家长的会议，一般在开学初、期中、期末召开，每次召开的主题和重点工作都不一样。新学期开学由老师组织、邀请在园婴幼儿的家长到幼儿园与老师进行交流、互动、介绍性的会议，邀请家长在婴幼儿活动中出谋划策，更多的是介绍学期教育工作的重点和计划，以及一些重要的要求和需要家长配合的内容。学期中则更多的是阶段性的小结，有的幼儿园还会在期中给家长做半日开放，目的是让家长直观地看到孩子半学期的进步，以及根据上半学期情况对下半学期的教育教学做出调整。学期末的家长会重点是总结和评价，有的幼儿园会结合婴幼儿成长展示活动来开展，老师会将婴幼儿一些期的学习成果，增加一些趣味性，以婴幼儿节目汇报等形式展示给家长，家长可以在这样的汇报中看到一学期以来孩子的进步和成长。这些不同时期的家长会，都有助于争取到家长的认可，同时使其更加支持和肯定幼儿园的工作。

（四）家长委员会的成立

　　《规程》中规定，幼儿园应成立家长委员会，家长委员会的主要任务是帮助家长了解幼儿园工作计划和要求，协助幼儿园工作。家长委员会在幼儿园园长指导下工作，在幼儿园中，家委会的成员一般由各班家长代表选出，一般情况为每班一名。家委会成员应该具备这样一些条件：关心幼儿园的工作，热心为家长服务，在家长中有号召力和影响力，并且有时间参加幼儿园的一些会议。除家长委员会以外，一般幼儿园还会成立家长伙食委员会，简称伙委会。在园长和保健医生等的组织下为幼儿园的各项工作献计献策，同时也是对幼儿园膳食管理工作的一种有效监督。

　　儿童是祖国的未来，婴幼儿正当生长发育的旺盛时期，膳食营养对婴幼儿生长发育起着至关重要的作用，每天必须从膳食中充分获得营养物质。做好婴幼儿的营养搭配，保证其健康成长是每个幼儿园的重要职责，国家各级政府及劳动教育部门也十分重视，我国幼儿园保教内容中明确指出，要保证婴幼儿必需的营养，做好卫生保健工作，培养婴幼儿良好的生活卫生习惯和独立生活的能力。那么这项非常重要的工作，就可以由家长代表组成的伙委会对膳食提出意见和建议，辅助幼儿园既能做到营养均衡，又能最大限度地保障婴幼儿膳食的口味。

> 某幼儿园在营养膳食方面是采用家长建议和监督的方式管理,每周四的晚上保健医把食谱发在伙委会的群里,请家长们提意见。伙委会家长会在群里提出想法,如小朋友都不爱吃的猪肝,有家长在家里做的时候有特别的做法,家长就会提出帮助的建议。有时家长提的建议不切合实际,保健老师也会做解释。伙委会通过以后,保健医就会在周五定稿菜单,家长们则是把本周每一天的食物图片,转发到家长群,并且负责解答家长群里关于饮食的问题。

(五)家长助教的助力

幼儿园可邀请从事某个领域的、具有专业性的家长,来园为婴幼儿提供教学活动体验。例如,从事牙科医生的家长为婴幼儿带来牙齿知识和保护牙齿、预防龋齿的方法。家长助教不仅仅是补充了教师不了解的知识内容的不足,更是让家长近距离了解幼儿园,家长通过助教活动,可以充分理解幼儿园老师的工作特殊性,也会对幼儿园更了解和放心,减少很多误会。这种"请进来"的方式,积极有效地利用社区和家长人力、物力和环境资源开展活动,丰富、激活幼儿园的课程,让幼儿园的课程充满浓厚的生活气息,还在一定程度上给予婴幼儿更多的认知和发展的空间,从而促进幼儿园保教质量的提高。

主动融入社区,了解社区资源,并积极组织婴幼儿走出去,感知社区活动,培养婴幼儿的认知和情感。同时,在"请进来"的活动中,还可以将社区的精神文明请进幼儿园,教师可利用影像资料或者人物故事,让婴幼儿接触到社区的优秀文化。还可以利用一些节假日向社区开放园内活动,将社区的精神文明、语言类教育活动有机结合起来,如在重阳节邀请幼儿园小朋友的爷爷奶奶来园参加活动,组织婴幼儿为他们表演节目,同时,请这些祖辈们为婴幼儿开展孝道的教育,有助于婴幼儿在良好的氛围里形成积极的价值观。

(六)开办家长学校,转变家长观念为婴幼儿教育获得支持

在我国婴幼儿早期教育的过程当中,一些家庭教育重视早期智力的开发,忽视非智力因素的培养,尤其是忽视对婴幼儿进行做人教育,突出表现为家庭教育小学化问题严重,家长认为孩子只要认字、做加减运算、学习拼音等就是好的早期教育。忽视了培养孩子学会生存,学会做人,学会合作,学会交往,生活中一味地迁就孩子,保护孩子,必然导致孩子片面的发展。很多家长不能理解一个问题,就是婴幼儿在未来社会的生存质量取决于生理、心理和道德品质等方面的因素。同时,家长与教师之间也缺乏互相沟通。有些家长将孩子送到幼儿园,是怕孩子纠缠、闹心,图自己省事,并不关心孩子在园受教育的具体状况,有些家长认为,交了学费,孩子就该归老师管,教育应该是老师的事情,家长为孩子创造优越的物质条件就行了。有的教师在做家长工作时,为了省事和减少麻烦,在投入力度上打折扣,有的教师认为,教育是幼儿园能够单独胜任的,不必太费周折,或者感觉家长不配合,也就放弃了,认为在幼儿园就是教师的责任,在家是父母的责任,只要关心婴幼儿在园的表现,不出差错,不被家长批评就行了。这些诸多的问题造成了幼儿园与家庭之间缺少沟通,以至于在家园共育方面有许多的问题。为此,只有不断转变家长的观念,实现真正的家园共育,家园观念的

统一,才能在婴幼儿教育中取得质的飞跃。转变家长观念就是一件刻不容缓的事情,家长观念的转变,是对婴幼儿教育莫大的支持。为此,幼儿园可以联合社区,利用社区的人力资源等共同开办"家长学校","家长学校"的高质量举办,不仅能转变家长观念,让家长更多地关注、理解婴幼儿教育,更能全面提升全民的素质,对婴幼儿、家庭、社会、国家都是一件利国利民的好事。

除了开办家长学校,幼儿园应发挥自己的资源优势,将提高家长的教育素质作为园内一项重要工作来抓。定期组织家长来园学习,学习形式应灵活多样,学习内容侧重培养家长掌握现代家庭教育理念、家庭教育知识和家庭教育方法(见表9-2),最终实现提高农村家庭教育质量的目的。需要注意的是,家园间的合作通常会因为花样繁多的活动和各种不同的形式而在不知不觉中流于形式化、表面化。因此,要使家园合作落到实处产生实效,教师在组织开展家长工作时,要尽量为家长着想;在组织活动时,教师应考虑到家长的时间、精力、能力,不为难家长,不提出一些过高或无理的要求,确保家园合作的成效。

表9-2　××幼儿园家长学校内容计划表

时间	内容	主讲人	地点
2月15日(18:30—19:30)	优秀父母必修课	高校退休张教授	社区活动室
3月15日(18:30—19:30)	婴幼儿行为分析(一)	王园长	社区活动室
3月15日(19:30—20:30)	婴幼儿行为分析(二)	王园长	社区活动室
4月15日(18:30—19:30)	开明的父母大课堂	家长	幼儿园音体室
5月15日(18:30—19:30)	好父母、好朋友	家庭教育指导师刘博士	幼儿园音体室
6月15日(18:30—19:30)	孩子心里都在想什么?	小李老师	社区活动室
7月15日(18:30—19:30)	五好家庭的建立标准	社区巢主任	社区活动室
8月15日(18:30—19:30)	正面管教	家庭教育刘博士	社区活动室

(七) 环境资源的"进"和"出"

幼儿园与社区合作途径与方式很多,其中很有代表性的还有"走出去",为充分利用社区的基础设施,教师可以组织婴幼儿到小区去散步、参观,让每一个婴幼儿都能主动地去认识自己生活的社区,体验社区生活。教师也可以在节假日组织婴幼儿参与社区的一些活动,感受社区的精神面貌,或是与社区携手,利用社区的资源组织各种活动。

图 9-8

一方面,幼儿园要组织婴幼儿走出去,了解周围环境、感知社区生活。幼儿园老师和小朋友可以通过所在社区地区,以幼儿园为中心,一起调研后亲手制作资源地图。

社会实践活动的开展离不开社区提供的环境资源,某幼儿园在"小鬼当家——超市购物"系列主题活动中,积极帮助幼儿园联系超市负责人,征集家长志愿者维护秩序,让活动圆满结束。下面是一个幼儿园走进社区的活动方案。

大班组"三八"妇女节活动方案

一、活动目标

1. 使婴幼儿了解3月8日是全世界劳动妇女的节日。

2. 学习看商品的生产日期及保质期,使婴幼儿懂得初步的卫生健康知识。

3. 学习看价钱、计算价钱,提高婴幼儿的计算能力及初步的理财能力。

4. 通过为"我的女主角"选购健康礼物、送礼物的活动,激发婴幼儿爱"我的女主角"、关心"我的女主角"的情感。

二、活动准备

1. 每位婴幼儿准备20元钱为"我的女主角"购买健康礼品。

2. 活动前相关知识的了解、丰富(如:"三八"妇女节的由来,如何看生产日期、保质期及价钱的合计等)。

三、活动过程

(一)活动前谈话

1. 谈谈自己的"我的女主角",知道"我的女主角"工作很辛苦,小朋友应该关心、照顾"我的女主角"。

2. 明确购物活动的目的、要求(给妈妈或奶奶送礼物)。

(二)婴幼儿在教师带领下步行至麦德龙超市购物

(三)婴幼儿在超市内认真地为"我的女主角"选购健康礼物(引导婴幼儿关注商品生产日期、保质期、价钱等)

(四)回幼儿园,活动后谈话

1. 说说自己给"我的女主角"买了什么,为什么买这个礼物?

2. 谈谈购物用了多少钱,剩余多少?

3. 交流选购礼物的过程及心情。

4. 说说自己回家把礼物送给"我的女主角"时,如何对"我的女主角"说一句话表示感谢和祝贺。

(五)教师小结

另一方面,幼儿园要利用节假日组织婴幼儿积极参与社区开展的活动,让婴幼儿在耳濡目染中受到教育。如参加社区植树节活动、到敬老院看望老人的活动、照顾贫困儿童活动等,同时,幼儿园可以和社区携手共同组织活动,丰富婴幼儿的日常生活。

×××幼儿园"植树节"活动方案

早春三月,草长莺飞间,冬天的寒意还未褪尽,春天带着绿色的气息向我们走来,春风吹绿了枝头上的嫩芽,吹绿了地上的小草,也吹动了西二幼孩子们的热情。3月12日是一年一度的植树节,为使孩子们能够积极与社区环境"对话",主动参与植树节的相关活动,亲身体验劳动的乐趣,感受美化环境的意义,激发爱幼儿园、爱社区的情感,我们将在3月12日组织孩子们开展"种一棵小树,绿一方净土"的植树节爱树护树活动。

一、活动目标

1. 情感目标:在活动中,发挥主人翁和团队合作精神。遇到挫折要相互体谅,相互帮助,能像一家人一样相亲相爱。

2. 能力目标:在实践过程中每名幼儿要体现出自信勇敢的一面,发挥出绿色幼儿园成员的自豪与自律,从小锻炼身体,向大家展示我们××幼儿园的风采。

3. 知识目标:了解"植树节的来历""植树与环保""有关植树节的活动"等资料,向大自然学习,并去社区、街道向居民和行人宣传。

二、活动准备

1. 每个级部制作活动宣传版面:如小班"我和小树同成长";中班"珍爱绿色,珍爱我们共同的家园";大班"幼儿园社区齐携手,多片绿叶多份温馨"。

2. 制作"绿化环境,美化家园"宣传旗。

3. 大班幼儿组建"小骑士护绿队"。

4. 各班制作植树节版宣传报(关于"植树节的来历""植树与环保""有关植树节的活动"等资料)。

5. 浇树种树用的水桶铁锹等植树工具。

6. 树苗若干。

三、活动过程

(一)"种一棵小树,绿一方净土"——植树节活动开始仪式

1. 园长讲解植树节的来历,宣布活动开始。

2. 园林处工程师讲解种树所需要的工具、如何种树。

3. 社区居委会工作人员向小朋友介绍种树的意义,讲解护绿爱树的重要性。

4. 为"小骑士护绿队"揭牌,队员从园长手中接过"绿化环境,美化家园"宣传旗帜,提出口号"你来,我来,大家来,共创绿色幼儿园",并向大家倡议:"让我们的世界变成青青世界,从我做起,从现在做起……"

(二)分级部开展不同主题的植树节活动

1. 小班家园活动主题"我和小树同成长"。

流程:给校园内的树浇水、松土、修枝——给树挂牌,与小树合影,小树比比高——

和"树姐姐"(扮演)做游戏。

　2. 中班家园活动主题"珍爱绿色,珍爱我们共同的家园"。

　流程:在幼儿园种植园地,和家长一起种植小树——挂牌合影(写上种植人及名称如"爱心树""心愿树""成长树"等)。

　3. 大班家园活动主题"幼儿园社区齐携手,多片绿叶多份温馨"。

　流程:幼儿在家长护送下骑小自行车到××公园给树木挂牌——认识各种树木并做调查——绘画树木——把"小小绿意带回家"开展家庭种植活动。

　"十年树木,百年树人",教育是一项大工程,"人生百年,立于幼学"。人生这一辈子,建树立足在于幼年所受的教育。婴幼儿教育不是仅仅为小学做准备,而是要促进婴幼儿持续的、整体的、和谐的、富有个性的发展,为其一生幸福和成长奠定基础。让教育具有连续性和持久性,让帮助婴幼儿良好成长的资源链接起来,让家、园、社区形成合力,为他们一生的学习和成长助力。

三　同步实训

　家园社区共育是一项非常重要的工作,但是很多幼儿园并未将幼儿园将与家庭和社区的合作纳入园务工作中进行统筹和管理,请查阅资料,对至少一所幼儿园进行访问,完成一份调查报告。

1. 实训目的

加深学生对现阶段家园社区共育现状的了解。

2. 实训安排

(1)学生分成若干组,分别在网上查阅各幼儿园的园务计划,进行分类统计。

(2)根据本模块内容分析目前家园社区合作共育的途径、策略等,并制订出一份与社区共育的方案。

3. 教师注意事项

(1)联系见习幼儿园,提供一些园务计划,供学生讨论。

(2)调查表需要有固定的模板。

4. 资源(时间)

2课时、参考书籍、案例、网页。

5. 调查表模板

幼儿园名称	是否将家园社区共育进行统筹	合作途径	合作策略	合作效果

教学做一体化训练

一、重点名词

合作共育

二、课后讨论

1. 请结合现状说明幼儿园在与家庭,特别是社区合作中的注意事项。

2. 如何指导家长开展家庭教育,具体的策略有哪些? 举例说明。

3. 结合实际,写一份与社区合作共育的方案。

三、课后自测

1. 家、园、社区合作共育的方法有哪些?

2. 家、园、社区合作共育中的资源可以怎么利用?

课后推荐

图书:

1.《正面管教》([美]简·尼尔森著,玉冰译)

2.《如何说孩子才会听,怎么听孩子才肯说》([美]阿戴尔·费伯,伊莱恩·玛兹丽施著,安燕玲译)

3.《人生设计在童年——哈佛爸爸有话说》([美]高燕定著)

4.《一次管一生的教育》(齐大辉著)

电影:

1.《看上去很美》,中国,2006

2.《再见了,我们的幼儿园》,日本,2011

3.《小鞋子》,伊朗,1997

4.《想飞的钢琴少年》,瑞士,2006

图书在版编目（CIP）数据

婴幼儿家庭教育指导/翁治清主编. —上海：复旦大学出版社，2023.9
ISBN 978-7-309-16849-5

Ⅰ.①婴…　Ⅱ.①翁…　Ⅲ.①婴幼儿-家庭教育　Ⅳ.①G78

中国国家版本馆 CIP 数据核字（2023）第 086186 号

婴幼儿家庭教育指导
翁治清　主编
责任编辑/查　莉

复旦大学出版社有限公司出版发行
上海市国权路 579 号　邮编：200433
网址：fupnet@ fudanpress.com　http://www.fudanpress.com
门市零售：86-21-65102580　　团体订购：86-21-65104505
出版部电话：86-21-65642845
上海四维数字图文有限公司

开本 787×1092　1/16　印张 12.75　字数 302 千
2023 年 9 月第 1 版第 1 次印刷

ISBN 978-7-309-16849-5/G · 2497
定价：55.00 元